Song
Dynasty

大宋梦华

宋朝的开明
与风雅

萧盛◎著

重庆出版集团 ☯ 重庆出版社

图书在版编目(CIP)数据

大宋梦华: 宋朝的开明与风雅 / 萧盛著 . —重庆: 重庆出版社, 2023.12
ISBN 978-7-229-18220-5

Ⅰ.①大… Ⅱ.①萧… Ⅲ.①社会生活—历史—研究—中国—宋代 Ⅳ.①D691.9

中国国家版本馆CIP数据核字(2023)第234446号

大宋梦华: 宋朝的开明与风雅
DASONG MENGHUA:SONGCHAO DE KAIMING YU FENGYA
萧 盛 著

责任编辑:钟丽娟
责任校对:杨 婧
装帧设计:八 牛

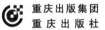

重庆出版集团
重庆出版社 出版

重庆市南岸区南滨路162号1幢 邮编:400061 http://www.cqph.com

重庆出版社艺术设计有限公司制版
重庆市国丰印务有限责任公司印刷
重庆出版集团图书发行有限公司发行
E-MAIL:fxchu@cqph.com 邮购电话:023-61520646

全国新华书店经销

开本:720mm×1000mm 1/16 印张:18.25 字数:325千
2023年12月第1版 2023年12月第1次印刷
ISBN 978-7-229-18220-5

定价:58.00元

如有印装质量问题,请向本集团图书发行有限公司调换:023-61520678

版权所有 侵权必究

/ 序 /

　　在我的读书生涯里，最早接触的历史读物是柏杨先生的《中国人史纲》，隐约记得那时十七八岁的样子，阅毕此书，眼前一亮，原来历史可以这么写！

　　接触朝代史时，最早的应是宋朝的历史，启蒙读物是蔡东藩先生的《宋史演义》，加上金庸先生的《射雕英雄传》《神雕侠侣》以及《水浒传》等作品的渲染，我一度对宋史十分着迷。

　　后来从事写作，连我自己都没有想到，在专职创作的十余年间，竟无一字涉及宋朝的历史。当我意识到这一点时，连自己也颇为震惊，为什么你一度迷恋于宋，真正走上写作道路后，却对其不屑一顾？

　　这当然是玩笑话，宋朝断非让人不屑一顾的朝代，只是专职写作颇耗心神，在几年甚至十几年时间内，只能专注于一头，如果想多头兼顾，到头来可能反会一事无成，因此，在过去的几年间，我连续写了几本明朝的书，无暇旁顾。及至去年，由于创作《衙探》一书，此小说的时代背景为北宋末年，一股熟悉的味道扑面而来，少年时期读宋朝历史的感觉亦袭上心间，所以在写完《衙探》之后，随即产生了写此书的念头。

　　这几乎是一种下意识的决定，似乎是一件非做不可之事。

陈寅恪先生说："华夏民族之文化，历数千载之演进，造极于赵宋之世。"如果单以文化而论，此言诚然不虚，我们可以毫不夸张地说，宋朝是中国或世界历史上，最好的以文化立国的典范，没有之一。

纵观北宋，名臣辈出，各种思想、学潮兴起，教人目不暇接，其中由范仲淹发起的"庆历新政"，以及由"庆历新政"而带来的"庆历兴学"，由王安石发起的"熙宁变法"，以及由此而来的"熙宁兴学"等，使宋朝在思想、学术、教育等方面，犹如涌起一股春潮，迅速袭遍全国，令人耳目一新。

具体到教育和科举的改革中，宋朝发明的诸如"糊名""弥封"等制度，在今天依然不过时，在教育上提出了以科考为次、教育为重的理念，提倡学生不读死书。在这种理念的倡导下，民间的学校得以快速普及，同时又出现了书院这样开放式的高等学府，书院里听课的不只有本院的学生，还有很多慕名而来的站在教室外走廊里的旁听生。

朱熹正是从书院里走出来的高级知识分子，由于讲课的风格独树一帜，往往旁征博引，滔滔不绝，因而名声大噪，朱程理学甚至奠定了明清两朝的文明、礼仪的基础。

这无一不在彰显着宋朝文化之盛。然而，文化的兴盛，思想的迸发，思潮的碰撞，需要有一个重要的前提，即开明。

在后世，朱程理学多为人所诟病，特别是"存天理、灭人欲"的理学思想，被认为是禁锢思想和言行的开端，如果这种说法属实的话，那么宋朝的开明自然就无从谈起了，然而事实上，那是断章取义的说法，并无依据。

朱熹是生活在南宋的人，理学在南宋末年方兴，且在理学兴起的这个过程中，发生了学术之争，在著名的"庆元党禁"发生时，朱熹被列为"伪学魁首"下狱，而此时距离南宋亡国不过几十年时间了，所以客观地讲，两宋不存在"存天理、灭人欲"的思想，以禁锢百姓。换句话说，理学推动了宋朝学术的争论，此即所谓的学术、言论的自由。真正落实并发扬理学的是后世的明清。

此外，以范仲淹变法为开端，新法和旧法派之争，拉开了宋朝改革的步伐，从宋朝改革的很多思想中不难看出，其有现代社会的影子。

以此为前提，本书试图以开明与风雅为切入点，去论述宋朝的衣食住行和思想文化，通过朝野内外之人的言行举止，述说这个开明、自信、朴素、风雅的时代。

本书的观点是，开明、自信和朴素、风雅是相对的因果关系，无论是个体还是国家，唯开明、自信，心中方才会有底气，形成一种特殊的朴素和风雅的时代底色。所谓腹有诗书气自华，宋朝就是这么一个充满了书香气息的朴素而风雅的时代。

大宋梦华
宋朝的开明与风雅

目
录

Contents

大宋梦华
宋朝的开明与风雅

/ 第一章 / 内敛奔放，优雅端庄

一、宋太祖吹了股俭朴风

> 自淳祐来，衣冠更易，有一等晚年后生，不体旧规，裹奇巾异服，三五为群，斗美夸丽，殊令人厌见，非复旧时淳朴矣。
>
> ——吴自牧《梦粱录》

以上这句话出自宋朝文人吴自牧所著的《梦粱录》，大意是说，自南宋理宗朝淳祐年以来，衣冠发生了极大的变化，特别是那些后生晚辈，不循祖宗旧制，特立独行，披着奇装异服，招摇过市，更有甚者，三五成群，公然在街上争奇斗艳，各自夸自己所穿的衣服才最为新潮，这种怪异之行为，我实在看不惯，十分地讨人厌，哪有旧时的淳朴？

这样的话，应该每个人都听过，并深有体会吧？没错，以前我也常听父母唠叨，说这儿破个洞，那儿打个补丁，这叫好看？那是以前穷得买不起衣服时没办法才穿的，你现在把它当时尚，丢不丢人？

大概吴自牧也是实在看不惯当时年轻人的衣着打扮，才发出如此感叹。不过，从这句话中我们可以得出一个结论，即宋朝的服装起初是比较保守的，后来，随着经济的发展，社会风气以及思想观念的变化，百姓的衣着穿戴也发生了根本性的改变。

每个朝代的初期都相对保守，这是正常的，宋之前的唐，宋之后的明，都是如此。在讲保守的原因之前，请容许我再多说一句，因为这句话可能关系到本章节或者是贯穿全书的核心——老百姓衣食住行等方面的变化，必然与经济发展有关，而经济的发展往往是随着社会发展的，在社会发展的同时，大多数时候会伴随着思想观念的变化，所以，言行举止、经济、社会的发展，是三位一体同时随着时代的潮流往前推动的。这世界上没有任何一个国家，可以在经济滞后、社会发展停滞的情况下，百姓的衣食住行会发生质的改变。如果衣食住行没有改变，那么个人的言行举止、思想观念，也不可能发生根本性的变化。

说穿了，一切的变化，皆以自由为前提，抛开自由论变化，那是无稽之谈。

好了，带着这句话，我们正式进入宋朝，一探这个王朝由俭入奢的演变过程。

有这么一则秩闻，话说在某年七月，永庆公主入宫去见太祖（注：宋太祖赵匡胤），穿了一件描金刺绣的襦衣，下套了件裙子，襦和裙都是宋时常见衣服，不想，太祖见状，皱了皱眉道："你今日将此襦衣脱下给我，今后不得再穿了。"

永庆不解，问道："为何？"

太祖道："过于奢华。"

永庆听了这话，莞尔道："这身衣裳不值几钱。"

太祖哼了一声，说道："你恁般穿戴，教宫中嫔妃、皇亲国戚见了，必争相效仿，若是这股风潮流于民间，小民逐利，追而求之，从此，朝野上下奢靡成风，一发不可收拾，此恶习便是由你而起矣。你既生于富贵，安享这太平，当思眼下之太平富贵来之不易，怎可造此恶业之端？"

永庆闻言，不敢作声。当时，王皇后坐在一则，宽慰了永庆几句，又说："大宋立国不过几年而已，当勤于治国，思虑民生，可有一句话我却不得不说，官家毕竟是当今天子，九五之尊，你那肩舆（注：小轿）也当换了，或是饰以金银，好歹体面些个。"

事实上，太祖的那顶小轿并不是他自己的，而是后周皇室留下来的，这些年他缝缝补补一直用着，看上去确实有些破旧了，别说是皇帝，连士大夫也未必看得上。可太祖却从没觉得坐那轿子不体面，笑道："我拥有四海，慢说是区区一顶小轿，便是将这皇宫里里外外装以金饰，也未尝不可，可这四海之财富不是我的，而是百姓之财啊，我不过是替天下百姓守财罢了，岂能乱用？古人云：以一人治天下，不以天下奉一人也。我若国器私用，以天下之财富用来享乐，天下百姓如何还会拥戴于我，此等做法又与昏君何异？"

这则秩事出自《资治通鉴》，真假无法考证，但是太祖的节俭确实是天下闻名的。如果说要将中国古代的帝王以节俭排名，宋太祖绝对能排在前三名之内。他纠正永庆在服装上过于奢华，没把旧衣服往她身上套就已经算是客气的了，因为他自己平时穿的就是旧衣服，有的甚至还是洗得发白的陈年旧衣。他不光自己穿旧衣服，还会把旧衣服送给大臣。这件事同样记录在《资治通鉴》上，有一次他拿出一件旧衣服，亲手交到大臣手里，说："这是我穿过的旧衣，现在送给你了。"

当时那位大臣的心里估计是五味杂陈的，皇帝送给你衣服，那肯定是件荣耀的事情，可这件衣服实在是太旧了啊，要是真穿着它上街，背上又没刻"皇帝御赐"四个大字，人家不知道它的来源，看上去得有多寒酸？

事实上，送旧衣这件事的性质与杯酒释兵权一事有得一比。这手段用得比较绝，属于是绵里藏针的狠招儿，皇帝既然送了你衣服，要是不穿，那就是赤裸裸地看不起皇帝，试问这天下哪个敢看不起天子呢？

那就穿吧！

于是乎，大臣们都穿了旧衣裳，争当朴素之表率，这样一来，还有哪个小吏小民敢以华贵示人？所以，北宋初期，整个社会的着装都是以朴素为主，勤俭成风。但是，太祖觉得这还不够。

衣服朴素了，要是一些有心机之人，在其他方面隐形显富怎么办呢？

众所周知，皇帝都有冠冕，冠指的是帽子，一般为贵族子弟所戴，男子成年时，有个仪式叫冠礼，束发戴冠，表示成年了。冕是天子、诸侯或大夫们在祭祀时所戴的一种帽子，其中以皇帝的冕至为尊贵。

有这么一个常识不知道列位有没有注意到，即越是尊贵的东西（包括事和物）往往越繁复，皇帝的冠冕就是这样的，它大体由延、旒、缨、纮、纩、纮等装饰物组成，其中的旒，指的就是悬挂在冠冕前后的珠玉帘，一般由五彩丝线和珠玉串联而成，这些珠玉当然也是十分名贵的。有一天太祖突发奇想，将那些珠玉全都给撸了下来，就光秃秃的几根丝线在冠冕上挂着。

这个举动在中国历史上可能是绝无仅有的，因为中国人最讲究一个"礼"

字，礼自从周朝开始形成，几千年来一直影响着国人，无敢不遵。皇帝的冠冕作为祭祀用的一种重要服饰，一代一代传承下来，几乎已经是一种标志性的存在了，而且作为皇权的象征，其意义自是不言而喻。尽管那玩意儿遮眼蔽耳，戴着又重，平时往往都是闲置着不用的，可你把冠冕上面的珠玉撸秃了，这事儿自古以来还真是没人干过。

这件事看上去有点极端，但也表明了太祖节俭的决心，皇帝冠冕上的珠玉都撸没了，士大夫们还有脸镶金戴玉吗？

穿戴上实行节俭之后，住的地方也不能太奢华。那么要如何让官民在住所上也尽量简约朴素呢？

太祖认为还是得从自己身上下手。当然，他不能把皇宫一把火烧了，在原址上盖茅草屋住着，那是不可能的，毕竟皇宫是从后周手里接过来的遗产，一把火点了于情于理都说不过去。但是，皇宫不能动，皇宫里面的装饰却是可以改造的。于是，太祖下旨，将宫里所有的珠帘全部撤下来，换成芦苇编制的帘，既环保又朴素，而且还有一股浓浓的自然气息，至于布帘，把宫里那些花花绿绿、描金刺绣的丝帛全都扯了，一律用青布挂上。

这么一布置，你还别说，皇宫大内真就大变样了。

有一年，有座宫殿年久失修，房顶有一根大梁得换掉，我们都知道，宫里用的木头，肯定是最好的木材，特别是那柱子，成年人合抱都未必抱得过来，大梁自然也得用大木材。工部报上来的材料果然是"一人合抱之木"。太祖一看，气不打一处来，宫里的装饰都有一股浓浓的乡土气息了，换大梁你居然敢用合抱之木？岂有此理！当下，御笔一挥，写下了震古烁今的十二个字：截你爷头，截你娘头，别寻进来！

用今天的话说就是：去你大爷，去你娘的，老子不要！

截就是裁的意思，合抱的木头砍下来后，量材时要取长截短，有一部分肯定得浪费了，在太祖眼里，浪费是绝对不允许的。工部的官员看到皇帝的批复，瞠目结舌，吓得冷汗都出来了，太祖虽是武将出身，可当了皇帝后，飙脏话的概率还是大大减少了的，现在他在文书上写脏话，说明气愤之极，再不依他，恐就要杀鸡儆猴了，于是赶紧重新做了方案，取短补长，用小木头拼成大梁，把宫殿给修复了。

太祖一看，颇是满意，有的时候同样一件事，用不同的方式去做，结果虽是一样的，但是过程却大为不同，而这个过程的不同体现的便是一个人的态度。

太祖也爱喝酒，大碗喝酒大碗吃肉是武将的风格。陈桥兵变时他喝酒壮了将军胆，当了皇帝后，他用酒调节气氛，轻轻松松地卸了众将的兵权。后来，国家渐趋稳定后，他忽想到北有契丹，南有后蜀，寝食难安，在建隆二年（961年）冬天的一个大雪纷飞的晚上，去寻赵普商议对策，史称"雪夜定策"，确立了先南后北、先易后难的对外方略。那晚二人也是你来我往、推杯换盏，总之，在太祖一生中的重要时刻，总有酒的影子。

他并不是没有想过戒酒，想戒，但没戒掉。所以酒后往往就开始自责，说："沉湎于酒，何以为人？"（注：语出毕沅《续资治通鉴》）成天沉迷于酒，老子还算是人吗？又说："或因宴会至醉，经宿未尝不悔也。"（注：出处同上）我经常喝醉，喝的时候倒是喝痛快了，可喝完躺下之后就开始后悔，后悔得要命，整宿都睡不着觉。

可见酒这东西一旦沾上了，想要戒掉真是不容易。你想，一个可以把冠冕撸秃之人，却对酒无可奈何，可见戒酒之不易。

看到这儿，可能会有读者疑惑，说了半天，我们都以为太祖会成功戒酒，给子孙近臣、后世百姓打一个不近酒色的样，原来没戒成功啊，那你说他有什么意义呢？

这里说的是一个反面教材，也是想从中佐证另一件事情，即一国之君的一言一行，足以影响整个王朝。

纵观北、南两宋，除了茶之外，酒是宋朝的一大特色。从太祖之后，几乎每个皇帝、每个朝臣、每个百姓都喝酒，甚至到了中期，酒发展成了宋朝的支柱产业，占到了总税收的六分之一，如果说这种现象与太祖无关，怕是说不过去的。

关于宋朝的酒文化，姑且按下不表，后文再说。这里先提一嘴，在太祖的影响下，宋朝的皇帝和士大夫对酒之崇尚到了一个怎样的地步。

话说有一次苏轼去东京城内的大相国寺拜访佛印和尚，时恰逢佛印外出，没见着人，却在墙上看到了一首诗，诗云：

　　　酒色财气四堵墙，
　　　人人都在里边藏。
　　　谁能跳出圈外头，

不活百岁寿也长。

该诗在苏轼眼里看来可能并不算好，却颇有些禅味，引起了他的兴趣，苏东坡当下提笔在墙上附和了一首，诗云：

饮酒不醉是英豪，
恋色不迷最为高；
不义之财不可取，
有气不生气自消。

佛印和苏东坡一唱一和两首诗出现在大相国寺之后。说来也巧，第二天，神宗（注：宋神宗赵顼）在王安石的陪同下，也去了大相国寺，二人见了墙上的诗，兴致盎然，神宗笑道："爱卿要不要赋上一首？"王安石领命，提笔就在墙上写了一首，诗云：

无酒不成礼仪，
无色路断人稀。
无财民不奋发，
无气国无生机。

如果说佛印和苏东坡一唱一和，还是在同一意境之下，那么王安石则是打破了桎梏，有些特立独行了，直接说无酒不成礼，无色就后代无人，很是大胆。

神宗一看，一时技痒，也提笔写了一首，诗云：

酒助礼乐社稷康，
色育生灵重纲常。
财足粮丰家国盛，
气凝太极定阴阳。

神宗的这首诗，如果只是文人之间喝酒之时的玩笑，无伤大雅，但是作为一国之君，把酒升格到纲常社稷的高度，实在有些不妥。不过，从这件事情中就不难看出，酒在宋朝的重要性，属于一种不可或缺之物事，究其因由，此事还是要归咎于太祖。

太祖没戒酒成功，虽导致整个宋朝喝酒成风，但是他节俭的良好风气，也一同流传了下来。至少在太宗（赵匡义）、真宗（赵恒）以及仁宗（赵祯）等朝，朝野上下还是较好地秉承了太祖之风。特别是真宗时期，与辽签订《澶渊之盟》后，社会趋于稳定，农业、工业得以发展，老百姓的口袋鼓了起来，奢靡之风开始抬头。由于真宗崇尚节俭，禁止朝野在服饰上镶金戴银，在位期间，至少发布了二十道诏书，以禁奢靡之风气。

当然，人类的本性是喜好享乐的，事实上这股风气一旦抬头，就很难压制，这从真宗发布的不下二十道诏书之中就能看出些端倪来，若非风气变化，何须皇帝一次次下诏禁止呢？

到了仁宗朝，由于他性情宽厚，不事奢华，在位四十二年，使大宋的经济、文化达到巅峰，而且他敢于广讷谏言，听取异耳之音，使这个开明治世的时代，在宋朝甚至是中国的历史上都留下了独特的一笔。这个时候，民间的风气已然改变，自由之风潮更是汹涌而起，但是仁宗依旧秉持了祖宗节俭之遗风。宋人陈师道在《后山谈丛》中记录了这么一件事，说是有一年秋天，官员入朝时带了二十八枚蛤蜊入宫，要献给皇帝。

这事要换到现在，去见一位尊敬的重要的人，提二十八枚蛤蜊过去，都不免寒酸了些，可仁宗一看这东西在中原地区从没见过，是生长在海里的，一时好奇，就问道："这东西要多少钱？"

臣下答道："一枚一千钱。"

仁宗一听，脸都绿了，一筷子下去就是一千钱，这哪里吃得下去，直呼："吾不堪也！"用现在的话说就是，"我不配吃它！"

仁宗真的不配吃蛤蜊吗？当然不是的，他就算是天天吃蛤蜊也不是不行，任性的皇帝历史上多的是，他只是节约而已。

由于几代君主的坚持，宋朝虽然富了，甚至当时宋朝的经济和文化之盛，在世界上都是独一无二的，是名副其实的天朝上国。但是，宋人至少在穿戴、言行方面，都是以素雅为主，朴素和风雅，几乎成了宋朝最为鲜明的特色。

当然，保持这样的特色是需要底蕴的。他不像是暴发户，一旦发家了，恨不得把所有的家底都体现在穿戴上，好教普天下所有的人都知道他是多么有钱，事实上这恰恰是一种没有底蕴的表现，因为他除了钱就没有什么值得炫耀的东西了。不光是暴发户，历史上不少君主也是这么做的，酒池肉林，醉生梦死。

可是在宋朝，没有出现过这样的君主，即便是风流如徽宗，留下了奢侈之恶名，但是，他的奢侈还是较为风雅的，缘由无他，因为他骨子里就是个文人。

这种底蕴一则是体现在修养上，朝廷求贤若渴，改革科举，使更多的寒士有了改变命运的机会，读书的人多了，整个社会的涵养自然也就提升了；二则是开明，印刷术的发明和改进，让书籍进入了普通百姓家，小报（注：宋朝民间的报纸）的出现，使街头巷尾讨论政治成为一种常态，于是朝野上下各种思想的碰撞，思潮的涌起，让社会充满了活力；三则是底气，太祖开国，令石匠在太庙立碑，谓之誓碑，曰：

> 柴氏子孙，有罪不得加刑，纵犯谋逆，止于狱内赐自尽，不得市曹刑戮，亦不得连坐支属；不得杀士大夫及上书言事人；子孙有渝此誓者，天必殛之（注：语出叶梦得《避暑漫抄》）。

太庙誓碑的真假存疑，史学界也一直有争论，大概率是属于杜撰附会之说，但有一点是毋庸置疑的，那就是优待文士的"养士"态度，以及不杀士大夫和上书言事之人。我们纵观宋朝史册，无论是朝中王安石、司马光、苏东坡、范仲淹等的人争论，还是陆九渊、朱熹等人心学、理学的学术碰撞，朝廷从未出手干预或是伤害文士，哪怕是如包拯之辈，在议论之时激动之下喷了仁宗一脸的唾沫星子，仁宗也只是默默地举起手擦了擦，然后继续听包拯讲话。

这般自由开明的风气，使得大多数人心中有了底气和自信，即便是街头小贩，也是温恭谦和，彬彬有礼，造就了大宋王朝独一无二的朴素和风雅。

或许在有些人看来，朴素和风雅是相对的，因为风雅在很多时候也代表了高贵，或者是一种高级。事实上在宋朝，风雅代表的是一种生命的底色，人生的态度，它是属于返璞归真的一种现象。所谓腹有诗书气自华，人到了一定的时候，即便是葛衫青衣，裳衣布鞋，亦可不失于风雅。换句话说，一个人是否风雅，与其身份是否高贵并无直接关系，风雅是一种气质。

二、从白衣到黑白配

> 士庶之间，车服之制，至于丧葬，各有等差，近年以来，颇成逾僭……旧制，庶人服白，今请流外官及贡举人、庶人通许服皂。
>
> ——脱脱、阿鲁图《宋史·舆服志》

书接前文，上一小节中说到宋太祖吹了股俭朴风，给大宋王朝上上下下打了个样，我们再来看看宋太祖吹了这股俭朴风之后，大宋上下在服饰上是处于一种什么样的状态。

与之前所有的朝代一样，宋朝初期的服饰体现的是严格的上下尊卑等级，说浅显一点就是，在什么阶层的人，就必须要穿什么样的衣服，穿错了那就是僭越，贵贱尊卑不分，是要治罪的。

首先来看官服，《宋史·舆服志》如是记载：

> 宋因唐制，三品以上服紫，五品以上服朱，七品以上服绿，九品以上服青。其制，曲领大袖，下施横襕，束以革带，幞头，乌皮靴。自王公至一命之士，通服之。

以上官员服饰之定制，后来在太宗、真宗、仁宗等朝略有改动，但大体未变，比如元丰元年（1078年）是"去青不用，阶官至四品服紫，至六品服绯，皆象笏、佩鱼（注：鱼袋，又称鱼符，以职位高下，分别用金或银饰为鱼形，刻有官员姓名、职务，由于放在袋里，系于腰带之上，故称鱼袋），九品以上则服绿，笏以木。武臣、内侍皆服紫……"

从《宋史·舆服志》前后两段记载比对可知，后期的官服中"去青不用"，九品以上官员服绿。那么省出来的青色去哪里了呢？

给老百姓了。

在最早的时候，老百姓能选择的服饰颜色极少，哦不，准确地说是无色可选，只能穿白色的衣服，而且必须是纯白的，不允许带一丝杂色的。

听起来是不是有点怪怪的？是的，在我们的印象中，通体服白只在治丧的时候才会见到。虽然在后世的小说中，常有一袭白衣、飘然如仙、不食人间烟火的描写，但在当时，白衣就是贱民的代名词。有一个词叫"白丁"，就是指穿白衣的平民，与之对应的另一个词叫"纨绔"，意思是用丝绢做的裤子，后专以"纨绔子弟"代称官员或富贵人家的公子。可见以服装划分贵贱之等级，在中国历史上留下了多么深刻的印记！

关于白色衣服的事情，这里顺带提一件比较有趣的秩闻。

宋朝有一种军服，因其颜色为深紫，所以叫做紫衫。这种紫衫的特点是，圆领窄袖、无胯，穿着轻便，它不像深衣那样下摆及地、臃肿，因此时人又称之为小衫、窄衫。宋朝中后期是一个崇尚自由的时代，怎么自在怎么来，于是读书人或文人就盯上了穿着轻便的紫衫。

我们都知道文人，特别是有一定影响力的文人，他们的一举一动是可以引领潮流的。由是，文人们紫衫上身后，民间就掀起了一股穿紫衫的风潮，上至高官文士，下至贩夫走卒，一律都穿着紫衫，大街上一片紫色！

朝廷闻悉，大是震惊。对于这件事，《宋史·舆服志》是这么说的：

> 紫衫，本军校服。中兴，士大夫服之，以便戎事。绍兴九年，诏公卿、长吏服用冠带，然迄不行。二十六年，再申严禁，毋得以戎服临民，自是紫衫遂废。士大夫皆服凉衫，以为便服矣。

这段话的意思是说，紫衫本来是军服，现在士大夫给穿上了，后来下诏禁止官员穿紫衫，但效果不大。到绍兴二十六年（1156年），估计是朝廷实在有些恼火，放着好好的朝服、官服不穿，非得穿紫衫是吧？再次重申，并严厉禁止，这下终于把流行的紫衫废止了。

可上有政策，下有对策。紫衫的流行不是因为它是紫色的，而是它的款式轻便短小，无论跑步干活都很方便。你不让穿紫色的，行啊，那我换种颜色，再换种说法嘛，我穿凉衫！

关于凉衫，《宋史·舆服志》是这么说的：

> 凉衫，其制如紫衫，亦曰白衫。

也就是说，凉衫其实就是紫衫，只不过由紫色换成了白色而已，典型的换汤不换药。

这下又有人看不惯了，乾道初（注：南宋孝宗年号），礼部侍郎王曮奏："窃见近日士大夫皆服凉衫，甚非美观，而以交际、居官、临民，纯素可憎，有似凶服。陛下方奉两宫，所宜革之……于是禁服白衫……自后，凉衫只用为凶服矣。"（注：语出《宋史·舆服志》）

这段话的意思是说，近日看到士大夫都穿凉衫，丧服一样，太不美观了，应该禁止。朝廷也觉得不太美观，于是禁凉衫，并特定凉衫为丧服，以凉衫皂带奔丧，又称孝衣。

这下真没人穿了，因为谁也不愿意老把丧服穿身上。

需要注意的是，紫衫的流行是在南宋，这事要是发生在太祖朝，即便不拉去坐牢，也得挨板子，但是从北宋的太祖、太宗之后，自仁宗开始，朝廷对百姓的干预越来越少，只要没有作奸犯科，没有干那些犯法的事情，官府一般会听之任之，这叫"从民欲"。

"从民欲"这个词最早出自司马迁的《陈涉世家》。事实上从汉至唐，包括后来的元、明、清，相对来说对民间的限制还是比较多的，只有赵宋一朝真正做到了"从民欲"。就以凉衫这件事来说，在太祖时期百姓只能穿白色的衣服，难道那时就不像丧服了吗？肯定也像丧服，但规制就是规制，容不得改变，就算是像丧服那也得穿。

白色是百姓专服的颜色，那么黑色衣服是谁穿的呢？穿黑色的是不入流的小吏。

有一个词列位一定经常看到，就是"皂役"，皂即黑色，皂役是公门之中打杂的不入流的差役，相当于不能领朝廷俸禄的临时工。

这个情况到了太宗时期已略有改观了，容许百姓也穿黑色，宋朝初期的非常有特色的黑白配就这么出现了。后来又进一步，许百姓在腰带上配有铁或角质的简单装饰物。到端拱二年（989年），允许已婚女性在衣服上点缀珍珠、泥金饰品。

请注意，这是一个逐渐松动的信号，很多时候女性服装的多样化，往往会引领某个时代的潮流。虽说在古代，女性的服饰不一定会给主流文化带来冲击，但是，太宗时期的这个变化，却犹如一记春雷，象征着万物萌芽，潮流复苏了。

潮流一旦成势，很难禁绝。本小节开篇提到的"士庶之间，车服之制，至于丧葬，各有等差，近年以来，颇成逾僭"出自《宋史·舆服志》，其年代为太平兴国七年（公元982年），即太宗时期，也就是说在太宗时期，朝野的衣着已"颇成逾僭"了，那么当时究竟"逾僭"到什么程度了呢？

我们可以从朝廷的禁令中反推百姓在穿戴些什么，比如太宗朝的宰相李昉于太平兴国七年奏曰：

> 近年品官绿袍及举子白襕下皆服紫色，亦请禁之。其私第便服，许
> 紫皂衣、白袍（注：语出《宋史·舆服志》）。

从这句话中可以看出，"三品以上服紫"的禁令首先在官员及读书人身上打破了，无论官大官小都有服紫的现象，因此，李昉申请禁之，但是可以在平时穿紫黑相间的衣服。又如端拱二年，诏：

> 县镇场务诸色公人并庶人、商贾、伎术、不系官伶人，只许服皂、
> 白衣，铁、角带，不得服紫（注：出处同上）。

结合这两条禁令，会发现一个比较有意思的现象，即在太平兴国七年的时候，"三品以上服紫"的禁令不但没管住官员和读书人，到了端拱二年，连老百姓也开始穿紫色的衣服了，然而太宗并没有大力惩戒，而是选择了从民欲，"至道元年，复许庶人服紫"（注：语出《宋史·舆服志》）。

太宗至道元年（995年），容许百姓穿紫色服装了，象征着权力、权威的只许三品以上官员服紫的禁令自此打破。这道禁令的打破可以说是一个开创性的举动，我之所以用"开创性"这个词，一则是因为国退民进的这个现象，从太宗朝起，几乎贯穿了两宋。二则是鲜明的贵贱尊卑等级至少在衣着上混淆了、平等了，这种平等，无疑是一个时代进步的重要标志。

我并不反对节俭，节俭永远是我们这个民族的传统美德，但节俭不能以不平等为代价。我也不是在刻意美化宋朝，不过太宗作为赵宋王朝的第二任皇帝，在这个时间节点上推行官民服饰上的平等，客观地讲，在其他朝代并不多见。

那么，为什么在宋朝会出现这样的现象呢？限于才学，我未能在史料中理出答案，但是纵观宋史，却依旧能够从宋代特有的人文气息之中看出些端倪。

三、文人对宋朝服饰的影响

> 方团金带，优宠辅臣，今文武庶官及伎术之流，率以金银仿效，甚
> 紊舆制。
>
> ——脱脱、阿鲁图《宋史·舆服志》

关于宋朝，有一个众所周知的常识，即两宋以文人治国。说起宋朝，大家就会想起文人，想到宋词，甚至想到宋朝的文弱等等。总之，弱宋俨然已成为很多人心中固有的印象。可能另一小部分人，还认为宋朝弱倒罢了，且很死板，为啥啊？存天理、灭人欲、裹小脚呗！

确实，因为朱熹的"存天理、灭人欲"这种思想实在是太深入人心了，以至于我们不少人直接将这句话套在了宋朝的大环境上。

这些问题我们后面再展开来说，本小节首先来讲讲文人与服装的关系。我的理论是，文人天生的不喜被约束的自由天性，以及或放达或散漫或随性的书生气质，加上宋朝对文人的宠爱、放任其自由的大环境，促使了文人在各种方面的"逾越"，这里所谓的逾越我之所以打上双引号，因为文人并非是故意犯上不尊，而是其行为是大环境所允许的，由于文人自身所具有的影响力，这种逾越自上而下被跟风效仿，这才促成了朝廷虽屡出禁令，却禁而不绝，最后皇帝不得不做出让步的局面。

以上仅是一家之言，列位可以持保留意见。下面，请容许我自圆其说，讲讲文人在宋朝的生存环境，以及他们是如何逾越规制并带动潮流的。

我们先来看文人是如何获得优先权力的。

在中国几千年的封建王朝历史中，统治者对文人一直是怀有戒备心的，其原由不外乎两种，一种是唯恐文人的言论危及统治的稳定；另一种是皇帝最忌讳的拉帮结派，也就是所谓的朋党，一旦形成朋党或某种势力，势必会危及皇权。出于以上两种因素，要么不重用文人，限制文臣的权力，要么控制言论，使文人的言行皆在可控范围之内。

事实上，无论是唐宋还是明清，都存在朋党，不只是在中国，便是放眼世界，也存在拉帮结派、党同伐异现象，这似乎是人类社会无法避免的一种因人情、地域或思想等原因，把人与人区分开来后再进行重组的特有的现象。以仁宗

朝为例，宋仁宗时代被后世誉为中国历史上文人的黄金时代，文人所享受到的待遇是空前绝后的。仁宗成立谏院，从善如流，我们所熟知的欧阳修、范仲淹、包拯、司马光、韩琦等都是谏院出身。但是，仁宗朝轰轰烈烈的"庆历新政"改革还是失败了，其主要原因就是仁宗忌惮朋党，朋党这两个字几乎是每一个皇帝的死穴。

那么既然朋党是皇帝的死穴，为什么宋朝还要以文人为中心来治理国家呢？

其原因并不是说宋太祖有多重视文人，而是国家稳定、统一之后，非文人不可。

我们都知道，宋太祖在披上皇袍之前是武将出身，他所处的是"天子宁有种邪？兵强马壮者为之尔"（注：语出《新五代史》）的乱世。在长枪大剑行天下的时代，文人地位低下是毋庸置疑的事情，太祖出生于那样的时代，且又是一介武人，若硬是说他重视文人，未免有些牵强。最典型的例子就是以"半部论语治天下"的宋初宰相赵普，他虽有治国之才能，但读书不多，后来太祖"每劝以读书"，赵普才"手不释卷"。之后的卢多逊也是如此，《宋史》说："太祖好读书，每取书史馆，多逊预戒吏令白己，知所取书，必通夕阅览。"意思是说，太祖每次去取书时，卢多逊就会让书馆的管理人告诉自己，太祖取的是什么书，拿到与太祖同样的书后，就通宵阅读，以便次日能对答如流，这种临时抱佛脚的举动，不难看出卢多逊的文化水平也不高。当朝宰相尚且如此，底下官员的文化素养就可想而知了。

针对这种情况，太祖也并非没有考虑过，最开始的想法是，以武为主，以文为辅，毕竟建国初期，国家尚未完全统一，还是要靠枪杆子打天下的嘛，于是让武将读书，以达到文武兼备的效果。但是，这可能吗？

当然是不可能的。一个人能文能武属于是天纵奇才，可你让一个打小就习武，甚至是目不识丁的武人，突然放下兵器，硬塞一本书给他，那不是作难人吗？除了让他脑壳疼之外，起不到任何效果。

经过一段时间的实践，太祖可能也觉得这种方法行不通，于是就试着想找那种既是文人，又能来两下子的人才。

这样的人才有吗？肯定是有一些的，比如被太祖认为是"胆辨宏博，纵横可用"的辛仲甫，就是在这样的历史背景下被予以重用的，只是这样的人才不多。

人才不多的原因，一方面是当时南方尚未统一，后周遗留下来的文人不多；

另一方面是五代特殊的历史环境决定的，诸国纷争，导致"四海瓜分豆剖，斯文道熄"（注：语出胡仔《苕溪渔隐丛话》）。在社会动荡、文人地位低下的环境下，出现了"智不如愚，仕不如闲"的情况，真正有才华的人纷纷退隐，以避那乱世之锋芒。宋朝建国初期，文人便是处于这样一种对新朝的观望状态。

由此可见，在太祖时期，朝中大臣文化水平普遍不高，文人也没有大举入主朝廷。但是，有一点却是可以肯定的，即太祖的思想观念在随着时势发生变化，从以武为主，以文为辅，到以文为主，以武为辅的转变，在后世产生了巨大的影响。

真正举贤纳士、扩大科举的是太宗，且太宗一出手，其取士的记录就打破了唐朝，诚可谓真正的大手笔。

为了让列位有个更为立体的了解，我具体地说几个数字。唐朝国祚两百八十九年，历二十一帝，开科取士268次，所招录的进士为7448人，平均一下每科录取的人数为二十几人，录用最多的一次是唐玄宗天宝十二年（753年），计56人，由此可见，在唐朝想要考得进士是非常困难的一件事。

到了宋太祖时期，开科15次，一共录用189人，每次十几个人，平均下来的话，比唐朝还低。

再来看宋太宗时期的科举情况，他即位的第二年，即太平兴国二年（977年），举行第一次科举，当时录取的进士是109人，其他诸科录用207人，一下子就打破了唐朝的取士记录，但太宗觉得还不够，于是又亲自调阅考生的试卷和个人档案，经过考量之后，御笔一挥，又增录了进士和诸科士子184人，也就是说，仅太宗朝的这一科就录取了500人！

这500人不仅择优授官，太宗还亲自赐宴，向士子道贺。

这个空前的手笔，犹如一场春雨，一下子使萎靡的人文环境复苏了，读书人看到这种情况，个个都两眼发光，读书人的好时代真的到来了！

从太平兴国二年到淳化三年（992年）的这十六年间，太宗共开科八次，累计录取进士及诸科士子达6692人，纵观太宗一朝，朝中一时人才济济。

除了开科大量取士之外，太宗的另一个开创性的大手笔是，考卷实行弥封制度，目的是防止舞弊，故将试卷中考生的姓名、籍贯等用纸糊封，编号并加钤印，称为"弥封"，相当于现在的匿名制。

弥封制不是太宗独创的，唐武则天时就曾用过，《通典》记载：

武太后又以吏部选人多不实，乃令试日自糊其名，暗考以定等第，糊名自此始也。

武则天启用糊名制后不久，在天册万岁元年（695年）年末又给叫停了，后来唐玄宗时期虽又曾重启，但使用时间不长。五代时也曾启用过糊名制，没多久也叫停了，直至宋太宗时期启用后，成为定制，此后一直沿用至清末。

毫无疑问，弥封制的启用，使"广纳天下寒士"不再是一句口号，而成为了一种现实，封侯拜相也不再是贵族的特权。由此，宋朝整个社会刮起了一股读书潮，缘由无他，因为读书就是希望。

宋人汪洙有一首著名的《神童诗》便是当时社会风气的写照，此诗颇长，我只摘录几句，以飨诸君：

天子重英豪，文章教尔曹；
万般皆下品，惟有读书高。
少小须勤学，文章可立身；
满朝朱紫贵，尽是读书人。
……
别人怀宝剑，我有笔如刀。
朝为田舍郎，暮登天子堂；
将相本无种，男儿当自强。
学乃身之宝，儒为席上珍。

太宗之后，经真宗的传承、完善，到仁宗时，科举达到顶峰，著名宋史学家邓广铭先生认为："宋代是我国封建社会发展的最高阶段，两宋的物质文明和精神文明所达到的高度，在中国整个封建社会历史时期内，可以说是空前绝后的。"

这个话题到此打住，关于宋代的科举我们后面再讲，了解了宋朝的人文环境后，我们再来看文人对宋朝服饰产生的影响。

由于文人受到器重，他们不拘一格、敢说敢做的品性，不只体现在朝堂、政事上，于言行衣着也不拘泥于一时，前文提到的"紫衫事件"，"紫衫，本军校服……士大夫服之"，后来朝廷禁了紫衫，"士大夫皆服凉衫"，你看，这都是读书人干的事。还有，"品官绿袍及举子……皆服紫色"，这也是士大夫干的。

不光是服装颜色、款式上读书人带头僭越，腰带也是不问贵贱尊卑之区别，只求个好看。宋朝的腰带分得很细，有玉、金、银、犀，以及铜、铁、角、石、墨玉等，按照规制，三品以上用玉带，四品以上用金带，五品及以下用银饰金带，其余官员则用黑银或犀角带。但是，这个制度也让士大夫们给打破了，《宋史·舆服志》说：

> 景德三年，诏通犀、金、玉带，除官品合服及恩赐外，余人不得服用。大中祥符五年，诏曰："方团金带，优宠辅臣，今文武庶官及伎术之流，率以金银仿效，甚紊彝制。自今除恩赐外，悉禁之。"

在宋真宗景德三年（1006年）时，曾下诏说，犀、金、玉带，除了官品符合或者特别恩赐的以外，其他人一律不得佩戴。可是到了真宗大中祥符五年（1012年），仅仅时隔六年，文武官员无论官大官小，都戴了金、银带，甚至连手工艺人也仿效士大夫，以金银束身了。

还有出行的轿子，宋初是不能坐轿子的，官员上朝也只能步行，这当然与太祖的俭朴风有关，老百姓就更不能乘轿了。

王安石罢相归隐，有一次出门时牵了头驴就走，门人看不下去了，毕竟被罢免了的宰相，也是一时名流，再说当时别说是官员了，富豪都是出门乘轿，你又何必牵头驴呢？

王安石则不以为然，他认为人不是牲口，以人代畜是有悖天理、有伤风化的，所以坚持骑驴。

王安石是改革派，并提出了"新故相除"的哲学理论，以推动改革。他的思想基本代表了当时的主流，人是不分贵贱的，各个阶层、各个行业的人不过只是身份不同而已，没有谁就一定比谁高人一等。所以在宋朝，没有奴隶、家奴买卖的事情，法律上也是禁止的。

在王安石之前的范仲淹，也是改革派，推行了仁宗的"庆历新政"改革，他的"先天下之忧而忧，后天下之乐而乐"的思想，与王安石是一脉相承的，二者都有那种家国天下、怜悯苍生的大格局。他们的目光并不放在坐于宝座上的那一位，而是放在天下黎民身上，这与那些只忠于君主、目光只局囿于君主之好恶的官僚便有了根本性的区别。而宋朝的文明，或者说中华民族的文明，就是因为有了范仲淹、王安石这样的人方才能够不断向前迈进。

闲话表过，再说回坐轿子这件事，起初官员、百姓都禁坐轿子，后来全乱套了，哲宗绍圣二年（1095年），侍御史翟思说："京城士人与豪右大姓，出入率以轿自载，四人舁之，甚者饰以棕盖，彻去帘蔽，翼其左右，旁午于通衢，甚为僭拟，乞行止绝"（注：语出《宋史·舆服志》）。

意思是说，京师的官员和那些豪门大户，出入都坐轿子，要用四个人抬着，甚至用皮质的轿顶，大批的仆人护于轿子的左右，旁若无人地行走在大街上，实在是太过分了，理应禁绝。

这也是官员和有钱人率先突破禁令的案例，于是工商庶人竞相效仿。

士大夫和文人并不是说要刻意地挑战朝廷的权威和禁令，在他们的思想上根本就没有尊卑等级的观念，或者说文人天生就有那种追求自由、放荡不羁的天性。在他们眼里，衣服除了遮羞这个基本功能外，还有一样非常重要的要素，那就是穿着必须松快、自在、舒服、合体，只要是他们认为穿着比较舒服自在的，就什么衣服都敢往身上套。就好比紫衫，他们才不在意是什么颜色，给什么阶层的人穿的，他们看重的是紫衫的款式，这就是贯穿两宋的"贵贱通服"的现象。

所谓"贵贱通服"就是说，无论这件衣服是给官员穿的，还是给庶民穿的，只要给文人、士大夫看上了，他们就敢往自己身上套。

与其说"贵贱通服"是一种现象，不若说是一种精神，这种精神从广义上来讲也可以理解为"宋朝精神"，因为它不只是体现在衣着上，可以说宋朝的方方面面、角角落落到处都在散发着这种随性、自在的气息。

这是一种自由的精神，这种精神在范仲淹、王安石、欧阳修等意见领袖的引领下，在吕惠卿、蔡确、苏轼、苏洵、苏辙等人的倡导、发扬下，演变成了一种宋朝独有的气质，敢为天下先，敢革一切不合理之制度，由是，在这种气质的浸润下，宋朝拥有了这种独特的风采。

最能体现这种"贵贱通服"现象的一种服饰叫褙子。

褙子，又叫做背子，始于隋唐，流行于宋，直领对襟，两侧从腋下起不缝合，是一种罩在外面的外套，有点类似于我们现在的风衣。这种外套的流行并不是因为它美观，而是方便，随便一套就可以出门了，根本不需要整理，而且无论走路还是骑马都不碍事。还有一个原因是，褙子没有纽扣，款式可以随人的身高胖瘦调整，可大可小、可瘦可宽、可长可短，袖型可分为长袖、短袖和无袖，长袖又可分为窄袖和宽袖。换句话说，你可以定制修身型的，也可以定制休闲风的，你可以在夏天披上它，也可以秋天披上它，如果你乐意的话，衬些棉絮，也可以在冬天穿上它。总之，褙子在宋朝是一款百搭的服装。

褙子在隋唐的时候是民间妇女所穿的一种服装，属于平民服饰。还有一种说法，说是奴婢穿的，因为奴婢往往站在主人的背后，且需要挺胸直背，所以这种衣服被称为背子。总而言之，褙子是下层妇女专用的服装。

可谁叫它穿着方便自在且又百搭呢？及至宋朝，不光是妇女穿它，男人也穿，不光是庶民穿它，士大夫也穿，不光是士大夫穿它，连宫里的皇帝、妃子都穿它，不分贵贱，朝野上下都是同一款式。

于是下至妓女伶人，上至皇帝妃嫔，在休闲之时，身上无不套褙子，褙子成为了宋朝最具代表性的一种服装。

褙子之所以会流行于宋朝，归根结底，跟这个朝代的文化息息相关。褙子的特点是朴素、简约，体现的是一种素而不俗、含而不露、露而不裸的简约优雅之风格。这种风格与宋朝社会的文化和审美情趣几乎如出一辙，也与文人的脾性高度贴合，说到底它符合了文人或是宋朝社会的文雅风尚。统观宋朝的服饰文化，无论它的款式、材质如何变化，有一样它是不变的，即藏而不露、素而不俗、简约风雅，以纯色为主，最多是在袖子、衣领上点缀些刺绣而已，与唐朝时期的华丽风截然不同。

除褙子外，襕衫也非常流行，几乎是士大夫或文人的标配。据《宋史·舆服志》记载，襕衫"以白细布为之，圆领大袖，下施横襕为裳，腰间有襞积，进士、国子生、州县生服之"。也就是说这种服装以白色为主，用的是材质较好的布料，其特点是轻便、舒服。后来庶民也穿，贵贱同服，只是材质不一罢了。

此外，属于贵贱同服的还有直裰，又称直掇，样式与襕衫差不多，"袍，无横襕谓之直掇"（注：冯鉴《续事始》）。又有深衣，男女都穿，样式上略有不同；还有道袍，并不是指道士所穿的服饰，上至士大夫，下至底层百姓都可以穿。

综上所述，宋朝的服装，至少是流行的服装，在文人的带动下，体现了自由而无拘束，视禁令若无物的特点，从而出现了"贵贱同服"的现象。总之，在以文人为主的宋代社会，文人的举止对当时服装的影响至为深远。

四、服妖与时人的精神世界

> 靖康初，京师织帛及妇人首饰衣服，皆备四时。如节物则春幡、灯球、竞渡、艾虎、云月之类，花则桃、杏、荷花、菊花、梅花皆并为一景，谓之一年景。而靖康纪元，果止一年，盖服妖也。
>
> ——陆游《老学庵笔记》

我们首先来解释一下什么是服妖。

从现代人的角度来看，服妖实际上等同于潮流，属于是一种衣着上的时尚和创新，别出心裁，标新立异。这种观念以及私人化的举止，于现代来说不算什么，甚至可以说是一种常态了。但是，在古代却是不行的，会被视为异类，所以在古人看来，服妖就是僭越。这种僭越的行为，由于超越了精神上的礼制，以及规制上的法令，不只会受到一些保守的官员的批评，也有可能受到朝廷的禁止，而且往往会被上升到危及个人命运或江山社稷的高度。

说简单一点，就是你逾之礼，越之法，就是服妖。

有人可能会感到震惊，我穿了一件跟别人不一样的衣服，会被视作异类或被骂，这可以理解，但是，一件与众不同、标新立异的服装，怎么就会涉及个人命运和江山社稷呢？衣服和江山风马牛不相及，扯得上关系吗？

要是硬扯的话肯定是扯得上关系的。当然，这种硬扯其实就是迷信，任何事情一旦与封建迷信、神话论沾上边，就不需要讲什么逻辑了，下面我就展开来讲一讲服妖与精神世界的关系。

要说清楚服妖与精神世界的关系，我们首先需要知道什么是礼法。

礼即《周礼》，周代之后，各个王朝皆以《周礼》为标准，制定出了符合所处时代的法，即所谓的礼法。

以服饰来说，什么样的人穿什么样的衣服，戴什么样的帽子、头巾，这就是以《周礼》为标准制定出来的礼法，前面我们提到的，"三品以上服紫，五品以上服朱，七品以上服绿，九品以上服青。其制，曲领大袖，下施横襕，束以革带，幞头，乌皮靴。自王公至一命之士，通服之"。这就是宋朝的衣冠礼，从法令上限制并规定了服饰上的上下尊卑之礼。

为什么要限制呢？不言而喻，这是一种从意识形态上控制底层百姓思想的手段，因为在封建专制时代，只允许一种思想存在，唯如此，才能得以达成所谓的长治久安，所以在封建专制时代，对意识形态的控制是非常严苛的。在儒家思想的影响下，一切行为与道德捆绑到了一起，哪怕只是穿一件衣服，也必须体现出君王的高贵，官吏的威严，而且这些高贵、威严是神圣不可侵犯的。为此，君王、官吏所穿之服、所服之颜色，庶民都不得染指，这就是服妖论产生的理论基础。

从服妖论的理论基础来看，还不算太过分，至少只是在礼法的限制之内，但是，当服妖与迷信挂上钩后，愈加可怕。

我们都知道，古代社会除了推崇《周礼》之外，《周易》也是必学的典籍，上至君王，下至庶民，阴阳五行论可谓是深入骨髓，融在血液里的，其重要的理论就是"男为阳，女为阴，阳为主，阴为辅"，从阴阳理论上，又衍生出阴阳五行说，"夫天地之气，不失其序，若过其序，民之乱也"。（注：语出《国语·周语》）从天地、阴阳到个人、王朝的命运就这样被紧密地联系在了一起，极富哲学意味，又颇具中国传统的儒家学说色彩，这个时候，礼法与阴阳的关系基本就建立起来了。进而就是以阴阳为基础的尊卑理论，即"君为阳，臣为阴；夫为阳，妻为阴"之说也随之而出。

尊卑与阴阳关系的建立，看似是一个哲学命题，颇耐人寻味，但从另一个角度来看，却是件非常可怕的事情。如果把它跟"夫天地之气，不失其序，若过其序，民之乱也"这句话结合起来，是不是透出来一股凛然的肃杀之气？

于是《尚书大传》说："貌之不恭，是谓不肃，厥咎狂，厥罚常雨，厥极恶，时则有服妖。"意思是说，一个人如果形貌不端正，就是不敬，破坏了阴阳伦常，于是天降大雨，以为惩戒。为什么会受到这样的惩戒呢？因为穿了不合人伦纲常的奇装异服。

所以，《礼记·王制》曰："作异服者，杀。"

如果把一个人的行为，与天地阴阳结合起来，与个人和国家命运紧密联系，将奇装异服视作有违天道，破坏阴阳，那么，以法律的手段将他杀了，似乎也是符合这套理论的。

可现在我们都知道，这是歪理，说穿了，这套严谨的理论就是为了把人与人区分开来，不让庶民以下犯上而已。

那么，自打这套歪理出世后，有没有人出来反抗呢？

当然有，而且每朝每代都有。反抗的时间节点一般是在统治阶级统治薄弱，或是社会动荡之时，这时候新的思潮就会大量冒出来，推翻那套固有的理论；另一种情况是在盛世之时，经济高速发展，百姓受教育的程度提高，在经济和人的素养达到一定高度之后，那套理论虽不至于被彻底打破，但统治者一般也会对服妖的现象听之任之。

前一种可称之为反抗，后者可视之为文明的进步。

我们先来说前者。如果要说服妖现象之盛，当属魏晋南北朝时期，而在两晋南北朝最典型的则是竹林七贤。

由于时局动荡，短命的王朝如雨后春笋般林立于世，政权更是走马灯似的来回替换，佛、道、玄学并立，武将成了香饽饽，儒学旁立，读书人也失去了立世的根基，于是选择避世归隐，纵情山泉，放荡不羁，以此来彰显读书人的个性，以及对世事、政治的藐视，这种所谓的藐视其实就是一种反抗精神。

文人这样的一种状态，作为生活在太平盛世里的人看来，是无奈的、悲凉的。无论竹林七贤的举止有多么地洒脱，其实归根结底是社会环境赋予他们的一种对乱世表现出来的愤慨情绪，于是他们便通过自己的言行，来表达对环境的不满，乃是叛逆的逆反心理在作祟。

1961年，在南京西善桥的一座南朝墓中，出土了一幅《竹林七贤》砖画，该画自左而右横向展开，依次为手执如意的王戎、喝酒的山涛、啸歌的阮籍、弹琴的嵇康、静思的向秀、恋杯的刘伶、拨阮（注：一种拨弹的乐器）的阮咸。这七人虽形态各异，但有一个共同的特点，即衣衫不整，有的赤足，有的袒胸，有的露腹等等，那叫一个自在。

这七人或学富五车，或怀济世之才，个个都是一时无两的人物，但是当时高度压抑的环境，容不下有思想且敢言之辈，他们只得以避世佯狂来作为发泄的一种方式。他们的这种亦癫亦狂的行为，在统治者眼里当然是服妖的表现，为人所不齿，但这正是他们所想要达到的效果，实际上就是对当时社会环境的一种反抗。

"薄帷鉴明月，清风吹我襟……徘徊将何见？忧思独伤心。"阮籍的这首《咏怀》诗，正是他内心的一种真实体现。他亦歌亦哭，对酒当歌，可在夜深人静时，思及所处之环境，却又不免独自忧伤。因此，这种形式的反抗，多少带有一种悲凉的色彩。

再来说另一种情况。前文提到，在盛世之时，经济高速发展，百姓受教育的程度提高，在经济和人的素养达到一定高度之后，那套理论也会受到威胁，与竹林七贤的反抗相对应的是，盛世之时的僭越，可视之为文明的进步。

所谓文明的进步，其实就是思想的进步。如果把这个"思想进步"的概念放到民间的话，事实上就是民智已开、思想觉醒的表现。当人们的眼光、思维被打开之后，他们便不甘心被固有的思想和条条框框限制，会试图挣扎、反抗并跳出束缚，如果这种反抗和挣扎被朝廷默认的话，那么，就是政治清明、思想开放的表现，会得到当时以及后世的赞颂。

把这种现象再说得具体、通俗一些就是，为什么有的服饰、颜色宫里的人、士大夫可以穿，普通人就不行呢？难道只许州官放火，不准百姓点灯？在这样一种心理的支配下，某些官员眼中的"风俗狂慢、变节易度"（语出《汉书·五行志》）的服妖现象就出现了。

服妖的现象在唐、宋、明、清都不同程度地存在，出现的情况也大同小异，下面我们具体来看看宋朝的服妖现象。

首先来看第一种现象，也就是陆游在《老学庵笔记》里提到的这种情况，他说："靖康初，京师织帛及妇人首饰衣服，皆备四时。如节物则春幡、灯毬、竞渡、艾虎、云月之类，花则桃、杏、荷花、菊花、梅花皆并为一景，谓之一年景。而靖康纪元，果止一年，盖服妖也。"

这段话大意是说，靖康（注：宋钦宗年号，从1126年到1127年）初期之时，开封的纺织品或妇女的衣服、首饰之图案，所用的都是四时之物，比如春幡（注：亦作春幡，一种在立春时戴的头饰）、灯毬（注：球形的彩灯，一般是元宵节时会制作这种彩灯）、竞渡（注：赛龙舟）、艾虎（注：一种动物，肉可入药）或是云月之类的，花也是代表了四季的桃、杏、荷花、菊花、梅花等，这些四季之花放在一起，称之为"一年景"。果然，靖康也只持续了一年，这正是服妖惹的祸啊。

我不知道列位看完这段话是什么心情，反正我是挺惊讶的，要知道在衣服上绣四时之物、四季之花并不算是什么出格之事，就算是在太祖时代也算是正常的，更别说是在北宋末期了，但陆游生生把靖康之耻跟百姓的服饰扯上了关系，说靖康纪元之所以只延续了一年，就是因为百姓的服饰上绣了四时之物。按照他这逻辑，只要老百姓的衣服上绣了"江山永固""大宋万年"，或是松柏、神仙之类的，北宋就不会亡国了。

我们都知道这是纯粹的封建迷信，且跟相声段子一样地搞笑，但这种现象在各朝各代都存在，而且深入人心。不信的话，再来说一件类似的事情，岳珂《桯史》载：

> 宣和之季，京师士庶竞以鹅黄为腹围，谓之腰上黄；妇人便服不施衿纽，束身短制，谓之不制衿。始自宫掖，未几而通国皆服之。明年，徽宗内禅，称上皇，竟有青城之邀，而金虏乱华，卒于不能制也，斯亦服妖之比欤！

宣和之季，说的是宣和末年，是宋徽宗的第六个年号，也是他的最后一个年号，当时金国在东北崛起，吞并了辽，正对北宋用兵呢，徽宗禅位，让给了钦宗，第二年徽、钦二帝都给金兵掳走了。

那为什么徽钦二帝会给金兵掳走呢？民间认为，是服妖之祸。这第一个祸端就是腰上黄，当时京师的士大夫和百姓都流行系黄色的腰带，时称腰上黄，那腰上黄不就是"邀上皇"的谐音吗？不吉祥，凶兆，你看，果不其然，太皇上和皇上都让人给"邀"走了。

第二个祸端是通国皆服的不施衿纽的衣服。这件衣服从款式上看，应该就是我们前面提到的褙子，是宋朝最流行的男女、贵贱通服的爆款衣服。这件衣服像风衣一样，因为不施衿纽，当时又称作不制衿，不制衿那不就是"不制金"的谐音吗？不吉祥，凶兆，你看，果不其然，我们果然制服不了金兵，连皇上都让人给掳走了！

这种谐音梗要是拿来说脱口秀，或还能逗人一笑，可拿到政治上来用，却是可以要人性命的。

岳珂是岳飞之孙，名将之后，他自然不相信这种妖言，因此反驳说："而金虏乱华，卒于不能制也，斯亦服妖之比欤！"金兵入侵，是统治者的无能，怎能说是服妖之祸呢？

我们现在看这些类似于段子的事情，往往会报以一笑，心说：古人真是迷信！不过，列位莫笑，这种事情不只古人信，现在的我们其实也信，它是融在我们这个民族血液里的一种潜意识的东西。

比如，平时我们都不敢把"死"字说出口，某人病故时，只说"走了"，无非就是因为"死"字不吉祥；还有，我们走亲访友什么都送，就是不送钟，为啥？我就不说了，心照不宣吧！只能说是这种谐音梗，我们是忌讳的，有时不小心说秃噜了，还要"呸呸呸"地把它吐掉，表示我吐掉了呀，前面说的不算！

诸如此类，不胜枚举，可见传统的基因是多么地深入人心！

我们继续来看宋朝的这处服妖现象，《宋史》记载：

> 建隆初，蜀孟昶末年，妇女竞治发为高髻，号"朝天髻"。未几，昶入朝京师。

建隆（注：宋太祖的第一个年号）初年，后蜀孟昶末年，当时后蜀国内的妇女流行梳高髻，时人称之为"朝天髻"，不吉祥，凶兆，你看，果不其然，广政二十八年（965年），孟昶降宋，入朝觐见宋天子去了吧？

还有，李煜末年，有卫士"秦友登寿昌堂榻，覆其鞋而坐，讯之，风狂不瘳。识者云：'鞋，履也，李氏将覆于此地而为秦所有乎？''履'与'李'、'友'与'有'同音，赵与秦，同祖也"。

这段话同样出自《宋史》，翻译过来的意思是说，那南唐后主李煜，他有一个叫秦友的侍卫，有一天在寿昌堂床前脱了鞋，也不知是有意还是无意，把鞋翻过来倒覆着放，说也奇怪，很快狂风大作。这时候，有见识的人就说了："鞋就是履啊，履倒覆就是李氏将覆灭于此，而为秦所占领了。"

有人不明白，鞋是履，覆是覆灭，都可以理解，可这跟秦有什么关系？因为当下是宋的天下啊。那个有见识的人解释说："鞋是履，履与李同音，友与有同音，赵与秦同祖，这下明白了吗？"

好复杂！列位明白这段绕口令的意思了吗？我给大家来理一理，首先说一下这段绕口令可以成立的前提：即赵与秦，同祖也。赵即赵宋王朝，秦即秦王朝，他们是同祖的说法自古有之，说是秦、赵的祖先都源自天水，"国之姓望"（注：此语出自《宋史》）。后来，天水一朝常被用作宋朝的代称，民国史学大师陈寅恪有这么一句话："贬斥势利，尊崇气节，遂一匡五代之浇漓，返之淳正。故天水一朝之文化，竟为我民族遗留之瑰宝。"先生是赞赏宋朝有气节，其中的"天水一朝"指的就是宋朝。

弄清楚了这个前提，我们再来看上面那位有见识之人的话，就比较好理解了。那个卫士叫秦友，他把一双履倒覆在李煜的榻前，如果按"履是李""友是有"的说法，那就是"秦有意颠覆李氏政权"。因为赵与秦同祖，所以"秦有意颠覆李氏政权"就可以理解为"赵宋很快就要颠覆李氏政权"了。

听起来是不是很荒唐？但同样的事在南宋也有过，同样记录在《宋史》里面：

> 理宗朝，宫妃系前后掩裙而长窜地，名"赶上裙"；梳高髻于顶，曰"不走落"；束足纤直，名"快上马"……

由于理宗朝时期，蒙古全面侵宋，当时贾似道持政，朝政混乱，于是有人杜撰这些言论，将朝政之崩溃，与朝野上下所穿的服饰联系起来，谓之服妖。

此外，由于宋朝禁民间佩戴金、银、玉等贵重物品，于是琉璃大行于道，但是琉璃的谐音是"流离"，被认为不吉利，也被归为服妖之列。总而言之，都是谐音梗惹的祸。

那么这种近似迷信的谐音梗当时有人信吗？

当然有人信！现代都有人信，更何况是古代？但具体怎么信却要分情况。

从上面的例子中，相信很多人也能看得出来，有些属于马后炮，事情已经发生了，然后再去把杂七杂八的各种所谓的社会现象硬扯过来往上面套，认为是早有先兆，赶上裙、不走落、快上马就是南宋灭亡之后，有人杜撰的服妖现象，腰上黄、不制衿、一年景等等都属于马后炮。

那么被认为是不吉祥、有凶兆的衣服就不穿了吗？

穿，照样穿！

无论是"腰上黄"的黄色腰带还是"不制金"的褂子或是一年景的纺织品，宋室南渡之后照样穿。那么既然有人信，这种被认为是"凶兆"的衣服为什么还有人穿呢？

这世上永远存在两种人，一种是守旧派，死守传统，包括传统中的那些糟粕，且深信不已，他们当中有朝廷的官员，也有民间的百姓，将潮流或时尚称之为服妖；另一种是潮流派，往往思想新潮或激进，无所顾忌，他们当中也有朝中的官员和民间的百姓，那帮官员可能也有参与改革的变法派，他们一心想除旧革新，所以在行为上也是潇洒自在，挑战并抵制权威和禁令，引领风潮，并带动一群同样喜欢潮流的百姓，穿戴着花样百出的服饰堂而皇之地穿梭在街道上，引人瞩目，或是议论。

从表面上看，穿戴什么服饰只是个人行为，或者仅仅是一种个人的喜好罢了，但是，或许当时的宋人并没有想到，他们的那种个人行为和喜好，推动了人类的文明和服饰上的革命以及创新，在中国的文明和文化史上留下了颇为灿烂的一笔。

事实上，在人类的文明进程中，无论是科技还是文化的进步，在最初的时候，大部分都是个人行为，个人的某一个举动、想法都有可能改变人类的文明史。不管你承不承认，文明的发展就是如此玄幻、奇妙。

闲话表过，言归正传，我们来看看宋朝的另一种服妖的现象——时尚潮流。

还是从陆游的"一年景"说起吧。"一年景"这种穿戴的形式不只是体现在服装上，对于爱花的宋人来说，很多时候也会体现在头饰上面。

宋人爱花是件尽人皆知的事情，不只是女人爱在头上插花，男人也喜欢，对于宋朝男人头上插花这件事，可能很多人最直观的印象来自于《水浒传》，比如小霸王周通：头戴撮尖乾红凹面巾，鬓傍边插一枝罗帛像生花。

又如阮小五：那阮小五斜戴着一顶破头巾，鬓边插朵石榴花，披着一领旧布衫，露出胸前刺着的青郁郁一个豹子来……

别看彼时阮小五有些落魄，"披着一领旧布衫"，也透着一股野蛮，"露出胸前刺着的青郁郁一个豹子来"，而且他的形象是手似铁棒、眼如铜铃的凶悍汉子，可他的鬓边依然插了朵石榴花。还有那蓟州刽子手、病关索杨雄，也是"头巾环眼嵌玲珑，鬓边爱插翠芙蓉"。燕青就更不用说了，"腰间斜插名人扇，鬓畔常簪四季花"。从中我们不难看出，宋朝男人是真的爱花。这种风潮来源于宫中或是士大夫，宋朝诗人杨万里有首诗说：

> 春色何须羯鼓催，君王元日领春回。
> 芍药牡丹蔷薇朵，都向千官帽上开。

说的就是士大夫头上戴花的情景，从这首诗中我们也能够看出，当时的男人什么花都戴，不分颜色，也没有所谓的贵贱。沈括的《梦溪笔谈·补笔谈》里，记载了一个"四相簪花"的故事，说是在庆历五年（1045年），韩琦在扬州任太守，当时扬州府的官衙有个后园，园内栽有一种芍药，名叫"金带围"，一枝四杈，每杈各开了一朵花，花瓣呈红色，花蕊金黄，那圆圆一圈的金黄色花蕊十分醒目，因此被称为"金缠腰"或是"金带围"。

敢情这芍药比较少见，且十分名贵，韩琦见这一年花开了，便想邀友人来赏花，彼时王安石、王珪、陈升之三人刚好就在扬州，于是就请了这三人前来赏花，高兴之余，韩琦将那四朵花剪下，一人一朵戴在了头上。说来也怪，"后三十年间，四人皆为宰相"。

说这个故事是想给大家透露这么一个信息：宋朝男人插花是一种日常行为，没有什么仪式感，想戴就戴，且随时随地都可以戴，跟梳头一样，极其普通。

如果说男人戴花都属于日常行为，那么女人就更不用说了，用花枝招展或花团锦簇去形容宋朝的女人是没有任何问题的。或许有人会觉得奇怪，用花枝招展形容女人是没有问题的，花团锦簇不恰当吧？

我认为是恰当的。彼时女人头上戴的有一种叫做"一年景"的花冠，准确地说叫做"一年景"花钗冠，就是把四季花卉都插在一处，做成了一顶花团锦簇的冠戴在头上，因冠由杏花、荷花、菊花、梅花等花卉拼插而成故名。现藏于台北故宫博物院的《宋仁宗后坐像轴》，画中有三位宋代女子，分别是曹皇后及两名宫女，那两名宫女戴的就是"一年景"花钗冠，一眼望去，端的是花团锦簇。

说到这儿，可能有人会疑惑，一年四季的花是怎么拼凑到一块儿去的？

其实也不难，不知列位注意到没有，前文提到的小霸王周通戴的是"罗帛像生花"，这种像生花其实是假花，布绢做的。

在像生花发明之前，百花凋零无花可戴的情况下，宋人戴的是花腊，其实就是干花，我们现在有些雅兴的人，会把鲜花摘下夹在书页中间，过几天就成了干花。但是这种干花颜色不鲜艳，戴着不怎么美观，而且碰一下就碎了，戴着也容易掉，于是像生花应时而生。一般用精致的帛绢制成，鲜艳、好看，还不用担心它凋零，实在是方便、好用且美观！也有名贵的一些的像生花，用金、银、玉、琉璃、玳瑁等制成，跟我们现在的首饰差不多了。

宋朝女性的花冠是千变万化的，除了一年景之外，还有一种叫"重楼子"花冠，顾名思义，这种花冠的特点就是像楼房一样，一层接一层，层层叠叠，远远望去，就像是一幢高层楼房。

那么，它究竟有多高呢？从《花石仕女图》（注：此画藏于台北故宫博物院）上那位头戴"重楼子"花冠的仕女来看，她头上的花冠高度约是脸部长度的两倍。

还有玉兰花冠，其形仿照玉兰花，远远望去好便如顶着一朵大大的玉兰而行；又有山口冠，两侧高如山峰，中间凹，其形如山；又有花苞冠，状如儿拳大小的花苞，上方放一只，左右各一只，整体呈一个"品"字形，远远望去，就像头上插了三个包子，或许是审美的原因，我看上去总觉得怪怪的。但是潮流就是这样，别说是一千多年前流行的东西了，便是十年前曾经流行过的衣服，我们现在也羞于穿上身。毋庸置疑的是，这种又高又大的花冠在宋人看来，绝对是美的。

只是美虽美矣，戴行动方便吗？

可以肯定的是，不方便。

当时有一种白角冠，《宋史·舆服志》如此记载：

> 皇祐元年，诏妇人冠高毋得逾四寸，广毋得逾尺，梳长毋得逾四寸，仍禁以角为之。先是，宫中尚白角冠梳，人争仿之，至谓之内样。冠名曰垂肩等肩，至有长三尺者；梳长亦逾尺。议者以为服妖，遂禁止之。

所谓的白角冠就是在冠上插了根白色的角，据说是用犀牛角做的，后来也有用象牙的，那白角左右对称，两边各插两根，由于冠饰很长，垂至肩部，所以又叫垂肩或等肩冠，那冠饰最长的达三尺，差不多有一米。梳长（注：指白角）也有一尺多长，远远望去，就像是头上长着四只一尺多长的白角。

我们且不论它美不美观，毫无疑问它是贵重的，属于奢侈品，奢侈品往往有一种魔力，令天下爱美之女子竞折腰。它先是流行于宫内的嫔妃中，后来士大夫家的夫人及民间有钱人家的贵妇，争相仿之，跟宫里的嫔妃一样，人人头上都长了角，且一长就是四根。

我们可以想象一下，四根犀牛角或长象牙插在冠上，往头上一戴是什么感觉。我想第一感觉应该是头重脚轻，走路肯定不方便，得小心翼翼。另外，戴了这种白角冠的贵妇人，出入都是马车或轿子，一般不会步行，那么问题就来了，头上长着四根角，如何入轿坐车呢？

由于那种白角长逾尺，两侧的角加起来有两尺多，根本没办法从正面上车入轿，于是"登车舆皆侧首而入"（注：语出周辉《清波杂志》），只能侧着头进。所以，当时有人认为此现象是服妖，应禁止。仁宗皇祐元年（1049年）果真就下诏给禁了。

可是仁宗时代已经相当开放了，况且仁宗还是个从善如流的开明的君主，虽诏令禁止，却禁而不绝。《东京梦华录》在"诸色杂卖"的条目中提到了"掌鞋、刷腰带、修幞头帽子、补角冠"等服务，可见补角冠已成为了一种与修鞋、修帽子，甚至是如磨剪刀一样十分普遍的行当了，便不难从侧面看出角冠的普及程度。

可见时尚这股潮流大势，一旦流行，很难禁止。

宋朝还有一种比较流行的头饰，叫做闹蛾，这种头饰以繁乱取胜。我给列位做一个形象的比喻吧，夏天晚上路灯上的飞虫、飞蛾多不多？闹蛾差不多就是这意思，这种头饰上面不只有花，还有草和虫，乱糟糟的，故又称"闹蛾金钗"，花红柳绿，蝶蛾闹飞，取"闹"和"乱"两字，花花绿绿、金灿灿的，不得不说颇为华贵。

不过这种闹蛾也有单卖的，也就是说它像花一样可以随手往头上戴的，"妇女首饰，至此一新，髻鬓参插，如蛾、蝉、蜂、蝶、雪柳、玉梅、灯球，袅袅满头，其名件甚多"（注：语出朱弁《曲洧旧闻》）。《水浒传》第六十五回"时迁火烧翠云楼"一章中，亦有类似描述，曰："却说时迁挟着一个篮儿，里面都是硫磺，焰硝，篮儿上插朵闹蛾儿走入翠云楼……时迁上到楼上，只做卖闹蛾儿的，各去阁子里去看。"

从这段话里不难看出，闹蛾儿是单卖的，元宵节这天晚上，类似于闹蛾儿的首饰满大街都是，所以时迁扮作卖蛾儿的才不会引人瞩目。具体佩戴的方式是"闹蛾斜插"，走起路来，那闹蛾儿也跟着一颤一颤的，特别是年轻貌美的女子，戴着这首饰，俏皮可爱，又不失美丽大方，"闹蛾儿转处，熙熙语笑，百万红妆女"（赵长卿《探春令·元夕》），委实是一道美丽的风景。

可以肯定的是，无论是闹蛾金钗，还是一年景、重楼子、白角冠，起初都是由宫廷或士大夫等上层阶级开始穿戴的，从中也不难看出，当时潮流的源头大部分是在上流阶层，你上层人士能穿，下层百姓为何就不能呢？于是，在经济条件允许的情况下，诸如闹蛾儿之类的头饰就满大街都是了，不分贵贱，也没有高下，于是百万红妆女，斜插闹蛾儿，这头上热闹了，整个社会也就热闹了，透着股人情味儿。

宋朝女子除了头冠外，还有一样经典的服饰，叫做抹胸，后世也称之为宋抹。需要注意的是抹胸不是肚兜，它们是两种服装，肚兜是亵衣，也就是内衣，但抹胸不是，它是穿在外面的。不少人常将这两种衣服混为一谈，甚至有人说宋朝内衣外穿，于是得出一个宋朝"非常开放"的粗暴结论，其实这是一种误读。因为内衣外穿不是一种开放的表现，而是粗俗、下流，这跟文明的进程和发展没有一点关系。

另外，需要注意的是宋朝之前没有肚兜，也没有肚兜这个词。有人认为，春秋的袙服、秦代的膺、汉代的抱腹，以及宋代的抹胸、明清的肚兜，是亵衣的一种传承和发展的过程。这个观点从传承和发展的角度来说有一定的道理，但是，抹胸和肚兜本质上却是不一样的。

抹胸在宋人眼里它不是亵衣，而是一种可以防御风寒且固定胸部的兼美观和防寒效果的衣服，所以宋朝女子常常将其跟褙子搭配，褙子是没有纽扣的，上半身的抹胸就会示于人，有种酥胸半露的意思。但是，宋朝的露胸与唐朝时的相比，收敛不少，一般只露锁骨，最多露出乳沟，仅此而已。宋朝时期的《中兴瑞应图》《茗园赌市图》等当时的画作中，皆可看出宋朝妇女穿抹胸的场景，并不十分暴露，却又不失干练、简约、性感。

到了明清时期，理学盛行，风气大变，社会渐趋保守，抹胸退出历史舞台，取而代之的是现代人认为是亵衣的肚兜。这是时代的潮流，也是思想变化的一个具体表现，虽然说宋朝妇女没有"内衣外穿"那么夸张的行为，但是与明清相比起来，宋朝确实要开放一些。而且褙子和抹胸这个经典搭配，也体现了宋人穿衣的风格——简约而不简单，休闲而不失时尚。它不像唐朝时那么火辣热烈，却也尽显宋朝清新简单的时代气息。由于褙子是"贵贱通服"的一种服装，抹胸与之搭配，也是人人都穿，上至皇后嫔妃，下至民妇妓女，几乎人人都着抹胸。这个时候虽依然有声音说是服妖，但这种声音几乎被潮流的浪潮淹没，几不可闻，当然，即便闻听了，也没人理会。

上襦下裙也是宋朝妇女常见的搭配，秋冬则上袄下裙，也会穿裤子御寒，但裤子在当时是内穿的，即罩在裙子里面，颜色多以素雅为主，即便布料是珍贵的绫罗绸缎，其色调也是趋于素雅，这个前文已有提及，不赘述。

最后，再说一种服妖现象，即穿胡服。澶渊之盟后，南北通商，所谓的"胡风"浸润中原，民间刮起了一股胡服风，《宋会要辑稿》如此描写此现象：

> 士庶仿效胡人衣装，裹番样头巾，着青绿，及乘骑番鞍辔，妇人多以铜绿、兔褐之类为衣。

这里提到的胡人，指的是契丹，凡是着契丹衣服或是佩戴契丹头巾、帽子、马鞍等服妖行为，一律禁止。这道禁令在宋徽宗之前或之后，可能并没有严格执行，因此往往禁而不止，但是在徽宗时代，随着与金朝关系的紧张，曾被严厉禁止。

由于篇幅关系，关于服妖的话题到此为止。总而言之，所谓服妖，可以分为三种现象：一是以阴阳五行论为主的迷信神怪之说，认为有些服饰本身就是凶兆，因此被认定为服妖；二是时尚潮流，这种潮流由于难入身居高位的保守派的法眼，被称之为服妖；三是胡服，由于跟政治相抵触，故以服妖视之。

其实说到底，限制服妖就是一种禁令，也是规范上下等级、维护社会稳定的一种工具，说穿了，都是统治者或个别保守的官员搞出来的，但它与百姓是脱节的、隔离的，没有一点关系，因为无论古今，作为一个普通的百姓，没人愿意被看低，被视作是低等的人群，被压迫、被驱使，低头哈腰、低三下四地做人。生而为人，每个人都是有尊严的，谁愿意被圈在某一个区域，被人规定你只能待在这个地方，只能穿什么样的服饰呢？这种严苛的封建制度，本身就是对人的一种不尊重，从这个角度上来看，服妖论被打破是合情合理，符合历史发展的潮流和趋势的。

说到这里，不知列位有没有发现，其实服饰发展的潮流，不只与文明的发展是同步的，它跟历史大势的推进也是同步的，一次次冲击禁令，一次次突破藩篱，就是朝着更加文明的方向前进的一个历史过程。服饰的发展本身就代表了思想的进步，文明的发展，故窥一斑而识全豹，见一叶而知秋近，服饰文化的发展与思想的发展、文明的进程可谓同频共振，紧密相依。

下一个章节我们将谈到市场，其实所谓的"市"，也是由一个相对封闭的空间（坊），朝着一个更开放的领域（市）冲击、发展的过程，其性质与服饰的发展是一样的。借着这个话题，我们基本上可以得出这么一个结论：历史的潮流向着大海的方向汹涌澎湃，奔流不息。它真正的目的就是使人类愈发文明和自由，尽管在这过程当中会有曲折，甚至倒流的现象，但毋庸置疑的是，它永远在朝着更加开放、自由、文明的方向前进。

/ 第二章 / 通宵达旦，夜不闭市

一、城市革命：从坊市制到厢坊制

> 夜市直至三更尽，才五更又复开张。如要闹去处，通晓不绝。
>
> ——孟元老《东京梦华录》

关于宋朝的市场，我其实在《明朝烟火味儿》那本书里谈到过，那本书虽然说的是明朝，但是，要论市场的形成、发展，就必须提及宋朝，原因无他，因为宋朝是市场的成形和巅峰时期。记得当时我还提到了这么一段话：

> 从"古者相聚汲水，有物便卖，因成市"始，到唐朝出现的市坊，再到宋朝时由"坊"而"市"，当"坊"的那堵墙被打破，"市"的潮水便汹涌地涌向街道……从这个角度看，这不仅是市集的变化而已，而且是历史的演变，制度的改革，以及时代的进步。

从这段话中我们隐约能够看到由"坊"到"市"形成的痕迹，也能看到市场成形过程中的大概脉络。另外，在《明朝烟火味儿》中还有一句话，可以说是对"市"出现后的一种评价：

从商业角度来说，宋朝街市的出现，与其说是坊市制度被打破，倒不如说是打破了那道墙，那道坊墙是有形的，亦是无形的，有形之墙立于各坊之间，人们虽然相对自由，但那自由终归是被封闭起来的，于是在人们的心中便亦立了道墙，谓之无形之墙，彼此皆知不可逾越，自然就鲜有人为了寻些刺激，以身试法。所以宋朝至少在商业上，是人们彻底解放的一个时代，亦是标志性的一个时代。

我既然在其他书里论及过宋朝的市场，再说一遍，就不免有炒冷饭的嫌疑了，但本书的主题是"宋朝的开明与风雅"，所以下面我将从这个角度切入，来说一说由"坊"到"市"的形成过程。

我们常说市井买卖，由于古代士大夫阶层看不起商人，所以市井买卖不免带着有粗俗、铜臭味儿等贬义的味道，从市场发展的源头而言，最初在市井做买卖的确实也是些底层的百姓。《史记》有句话说："古者相聚汲水，有物便卖，因成市，故曰市井。"说的是古人聚集在有井的地方，目的是方便取水把物品洗干净，洗干净后就地叫卖，渐渐地大家就习惯于在井边叫卖，因此渐而成市。

这就是市井的源头，它确实是底层百姓聚集的地方。那时候上流人士虽也要做菜吃饭，但他们打心眼里看不起市井那种地方，甚至从国家层面出台法令，禁止上流人士涉足市井，去了就要罚款，《周礼·地官》如是说：

夫人过市，罚一幕；世子过市，罚一帝；命夫过市，罚一盖；命妇过市，罚一帷。

可以说这是对市井赤裸裸的歧视和侮辱。这种情况一直延续到隋唐方才逐渐改观。

唐朝实行的是坊市制，坊是居住区，而市则作为专门的交易区，两者严格区分并进行管理，由此便形成了两个相对封闭的交易和居住的区域。

当时，长安城以贯穿南北的朱雀大街为中轴线，分为东西两个部分，街东归万年县管辖，并置东市，领五十三坊，街西归长安县辖制，又设西市，领五十五坊，共计一百单八坊，万年、长安两县统属京兆府治下。整座城市纵横交错，形如棋局，东市、西市居两翼，这些坊市之间都立有高墙，坊有坊正，市有市令，也就是说无论市、坊，都有管理和守门人员，除非正常开放时间，否则，不能随便出入。比如，城内百姓要逛集市，是需要听号令的，《唐会典》如此记载当时的坊市情形：

> 凡市，以日午，击鼓三百声，而众以会；日入前七刻，击钲三百声，而众以散。

你要逛市集，需要等到中午，听到鼓声后，才可以去市集，日落前，听到击钲（注：一种青铜所制的乐器，形似倒钟，有手柄）声后，不管你有没有置办完货物，必须得回家，回家后只能待在坊里，是不能出来随便逛的。

与"市"配套的还有宵禁制度，《唐律疏议》作了如下规定：

> 五更三筹，顺天门击鼓，听人行。昼漏尽，顺天门击鼓四百捶讫，闭门。后更击六百捶，坊门皆闭，禁人行。

结合集市、宵禁制度，我们就不难发现唐人的日常活动轨迹了，早上五更三筹（注：约早上六点），顺天门晨鼓一响，宵禁结束，大家可以出门了，上班的上班，逛街的逛街，到了中午，就可以去东西两市买菜了，只要在日落之前离开集市就行。不过话虽如此，有一点令我非常困惑，就是集市要到中午才开放，上班的人怎么买菜？毕竟日出而作，日落而息，无论古今都是一样的，难道上班族就活该没新鲜菜吃？

当然，在我们的传统社会中，男主外、女主内，女人一般是待在家里的，可能就由家庭主妇专门负责赶集了。

日薄西山之时，钲响闭市，无论远近，都得尽快从集市或街上往家里赶，因为日落后昼漏尽，各大城门关闭，宵禁就要开始了，四百下鼓响之后，如果还有人在街上，是要挨打的，一般"犯夜者，笞二十"（注：语出《唐律疏议》）。而且最为恼人的是，古代没有精确的时间，只能抬头看太阳的位置，来估算个大概的时辰，所以"昼漏尽"这个时间算法，中间伸缩可就大了去了，按照我们现在的时间估算，大概是在下午的五点半到七点五十分之间，这个时间跨度不可谓不大，也正是因为"昼漏尽"的随机性太大，你敢冒着挨打的风险卡着点逛街吗？

就算你运气好，卡着点到七点左右回去，那不后面还有坊门关闭的时间等着你吗？而且，坊门关闭的时间随机性也很大，所谓"后更击六百捶，坊门皆闭"，这个"后更"按现在的时间估算，大概是在晚上的七点十几分到九点三十几分的样子，要是卡着点七点左右往坊里赶，被关在坊门外的概率还是比较大的。一旦在街上落了单，挨一顿打是免不了的，所以回家宜早不宜晚。

宵禁开始之后，唐朝有两套行政系统维护并执行宵禁制度，首先是金吾卫、武侯、卫士等组成的警备系统执行巡逻，"左右街使，掌分察六街徼巡"（注：语出《新唐书》），此外，还有一套监察系统，由监察御史负责对全城的宵禁执行情况进行监督或暗访，"掌左右街百坊之内谨启闭，微巡者也，各察其所巡之有不法之事"（注：语出《通典》）。执行不到位的，撤职查办，"其坊正、令市非时开闭坊市门者，亦同城主之法"（注：语出《唐律疏议》，同城主之法，按律徒一年）。

对于这样一套规定，老百姓除了必须严格遵守外，还不能妄议，唐玄宗在《禁止街坊轻浮言语诏》里说："口无择言，行不近礼者，宜令府县长官左右金吾明加训导，若有犯者，随事科绳。"情节较轻的，金吾卫加以训导警告，写保证书，令其纠正错误思想，情节严重的，随事科绳。这"随事科绳"四个字量刑的空间可就大了，可以笞刑，可以流放，甚至可处以死刑。

看到这样的描述，身在现代的我们可能会觉得不可思议，但这就是唐朝人的生活，不得不说，过得有些压抑。

古人的心情我们无法猜测，站在不同的时空下，或许我们也无法真正去体会唐朝百姓的心理，但是，唐玄宗既然出了《禁止街坊轻浮言语诏》这么一道诏令，或许我们可以想象，唐人对自己所处的环境是有异议或者反抗的。

这世间所生存之万物都是需要自由的，自由是一切文明的基石，没有自由，也就没有所谓的文明，所以，无论我们把唐朝想得有多么美好、绚丽，在相对封闭的环境下，百姓的幸福指数就需要大打折扣了。

什么是相对封闭呢？其一，针对宵禁制度而言，至少白天是可以自由活动和贸易的；其二，集市、街道虽有禁令，但是坊内却不在宵禁制度的禁止范围之列，也就是说，宵禁开始之后，百姓依然可以在各自居住的坊内自由活动。

所谓的坊，我们可以将它理解为一个村子，有人将坊比喻为现在的小区，其实是不太恰当的，因为当时的坊肯定要比小区大很多，所以，百姓在夜晚依旧有相对自由的活动空间。

千万不要小看这个相对自由的空间，它为之后的改革，或者说给"城市革命"留下了余地。

众所周知，唐玄宗时期是大唐盛世的一个分水岭，"安史之乱"生生将那盛世割裂。从此之后，唐朝开始走下坡路，乱象频生之下，统治者无暇限制百姓的生活，其原有的制度自然也就逐渐崩乱，于是坊内慢慢有了商业活动，从小商小贩到酒楼店铺，民间资本犹如雨水浸润大地，并渐成一股潮流，生生不息，且不可逆转。

这个时候看上去似乎"乱"了，却也因了自由而有了益然生机。请注意，我并不是说社会秩序乱了好，写小说我们需要走进当时的历史环境下，去理解人物的感受，而讲历史，我们则是站在今天的视角，去分析当时那套制度的优劣性，以史为鉴，以史为镜，从而不断地完善我们今天的文明和制度。

实事求是地讲，唐朝的坊市制度并不符合老百姓生活的基本逻辑，那种相对封闭的生活和贸易环境，也会阻碍社会经济的发展。最为关键的是，那套制度是在所谓的礼制的框架之下，去强制限制老百姓的生活的，也就是说老百姓是在压抑的环境下被迫那样生活的，一切的强迫和压抑早晚都会受到抵制和反抗，这是历史的潮流，也是人类文明进步中必要的过程。所以，晚唐时期市如流水流入坊内，也就是水到渠成的事儿了。

当时，《唐会要》记录了这么一条禁令，说是：

> 诸坊市街曲，有侵街打墙，接檐造舍等，先处分，一切不许，并令折毁。

这条禁令发布于大历二年（767年），是在唐代宗李豫时代，安史之乱虽已过去了十余年，并得以平息，但外有吐蕃侵略，内有藩镇、宦官作乱，朝野上下乱成一片，朝廷对侵街的市场行为虽有禁令，却是禁而不止，可见在内忧外患的环境下，朝廷已然无暇去规范百姓的商业行为了。所以后来，部分官员见有利可图，索性也加入进去，一起去发财。为此，唐德宗很生气，颁诏书曰：

> 王公百官，既处荣班，宜知廉慎。如闻坊市之内置邸铺贩鬻，与人

争利，并宜禁断。仍委御史台及京兆尹纠察。（注：语出《册府元龟》）

唐德宗李适是代宗之子，从代宗时代的百姓侵街，到德宗时代的官员从商，我们能够清晰地看到坊墙在倒塌，市场行为正在社会的角角落落冒出来，而且可以说是无孔不入的。德宗看到祖宗的礼法被破坏，十分生气，说你们这些王公百官，身份显贵，个个鲜衣怒马，却去坊市之内开店做小买卖，跟小民争利，怎如此不知廉耻呢？

站在德宗的角度看，那帮王公百官的确是不要脸之极，因为那套礼制规范本身就是他们制定的，目的是要让老百姓懂礼守制，不要乱来，现在倒好，那帮人他们自己也跟着捣乱，这像什么话？但是，我们换个角度看，其实也能理解那帮士大夫的行为，首先是社会乱了，上层人士心里也慌，那要怎么样才能让心里不慌呢？家有余粮才不会慌；其次，人心变了，或者说是心态变了，以前是在高压下被迫生活着，现在机会来了，哪个还愿意傻傻地守在坊里？于是人人都跟打了鸡血似的活跃了起来。

在盛唐时期，坊墙要是倒了，坊内居住的百姓是有义务将之修复的，后来就没人修了，本来就巴不得它倒呢，修它干吗？白送的自由不要，非得把自己给圈起来？在这么一种思想的影响下，最终形成了晚唐独特的坊内坊外两种同时存在的商业形式，到了晚间，我们能在长安城内看到这么一幕奇怪的场景：

整座城市灯火通明，各个坊内也热闹不凡，但是，街道上却连狗都寻不到一只，各坊之间自己过日子的日子，各玩各的，互不相干，诚可谓是一坊一世界。

大唐谢幕后，又经历了五代的纷乱，唐朝时期遗留下来的坊墙所剩无几。

讲完了唐朝，宋朝的市场开始了。在谈宋朝的市之前，我们首先要弄明白两个问题，第一个是，宋朝有坊吗？第二个是，宋朝有宵禁吗？

这两个问题很重要，因为坊市和宵禁制度是一种封闭式的管理模式，它有利于管理，但不利于发展，说穿了其实就是制度不够先进、思想不够开放的体现，如果那两项举措没有被废除，就谈不上什么进步和发展。

我先说答案，宋朝有坊，也有宵禁制度。下面，我将逐一分析这两个问题。

前文说到，大唐谢幕后，又经历了五代的纷乱，唐朝时期遗留下来的坊墙所剩无几，这正是后周所面临的一个局面。我们都知道，后周的时局也并不稳定，所以可以想象郭威灭了后汉之后定都开封，他不大可能对开封城的格局进行颠覆性改造，更不可能违背民意，不让老百姓临街做生意，再把他们圈起来。及至柴荣继位，在开封城原有基础上，发动十万民夫，又修建了外城，这才使开封渐具皇城之气象。

柴荣的性格较为宽厚，颇具开明君主之气度，而且柴荣是吃过苦的，家道中落后，曾一度靠卖茶以资家用，登基后，立下了"十年开拓天下，十年养百姓，十年致太平"（注：语出《五代史·补》）的宏愿，这样的一个人，在国家尚未稳定的情况下，也不大可能为了管理方便，而实施控制百姓的行为。

对于日益严重的侵街行为，柴荣的策略是，城市必须扩建，但百姓的利益也必须维护。这两个"必须"执行起来有一定的难度，《资治通鉴》如是记载：

> 大梁城中（注：指汴京内城）民侵街衢为舍，通大车者盖寡，上命悉直而广之，广者至三十步。

当时城内都把房子搭到街上去了，大车过不去，柴荣命令把街道打直，并拓宽至三十步。但是这样的扩城之举，招来诸多议论和怨言，因此，柴荣感叹说：

> 近广京城，于存殁扰动诚多，怨谤之语，朕自当之，他日终为人利。（注：语出《资治通鉴》）

意思是说，近来扩建京城，拆迁的时候确实扰民了，损害了百姓的利益，这些骂名由我一人承担，但是我相信，这些举措是对的，他日城内的百姓一定能感受到此番城建的便利。

柴荣终归是仁慈的，不遗余力搞城建，却默默地承受了骂名。他深知伤害到了百姓的利益，所以在城内的街道扩建完成后，做出了让步：

> 其京城内街道阔五十步者，许两边人户各于五步内取便，种树掘井，修盖凉棚。其三十步以下至二十五步者，各与三步，其次有差。（注：语出《册府元龟》）

这道诏令基本上是对沿街设棚摆摊的商业行为的一种认可。后来开封修筑新城（注：外城）时，在政策上更加倾向于百姓，《五代会要》记载：

> 宜令所司于京城四面别筑罗城，先立标识……其标识内，候宫中擘
> 画，定军营、街巷、仓场、诸司公廨院，务了，即任百姓营造。

这句话的大意是说，在旧城四面建外城，先画好标识，在标识内，把规划内需要建造的衙门机构或者街道等一一圈定，除了这些政府指定的地块外，其他地方随便百姓去建，不加限制。

唐朝的坊市至此彻底消失。

宋朝从后周接手过来的就是这么一座汴州城，有城而无坊，侵街行为之严重，几乎到了有街道的地方就有店铺，有人的地方就有小贩的地步。还有那些衙门，像珠子一样散落在街道和民居之中，像太学、国子监这些机构甚至还设在外城。换句话说，宋太祖接手的是一座官民杂居、坊市不分的都城。

不信的话，我们可以去看一下北宋时期的开封地图，城市的建设充分考虑到了百姓的生活和商业活动需求，无论是城墙、街道还是衙门，在建造、设立之时，都有意识地规避了扰民行为，跟老百姓绕着走，其城墙、街巷要么是歪的，要么是斜的，比如东京最热闹的汴河大街，就像是一条弯曲的虫子，完全没有如唐长安城那样有棱有角、方方正正，这是国退民进的一种体现。还有唐代著名的像格子一样的坊市，在开封城图中也不见了，取而代之的是四通八达的开放的街市。

说到这儿，有人可能会觉得奇怪，你前面不是说宋朝有坊吗，怎么这里又说开封未见坊市呢？

其实前面我玩了个文字游戏，只说宋朝有坊，但没说宋朝有坊市。别看只是一字之差，却有天壤之别。

事实上宋朝是有坊的，据《宋会要辑稿》记载，太宗在"至道元年十一月二十五日，诏张洎改撰京城内外坊名八十余"。从这条记录中我们可以看出，从后周到宋初，坊在开封就一直存在，只不过宋朝的坊与唐朝的坊市有一个根本性的区别，那就是宋朝的坊有坊无墙，所谓的坊只是以一个地区名称的形式存在，行政区域的划分而已。

那太宗为什么要改坊名呢？《宋会要辑稿》说："太宗以旧坊名多涉俚俗之

言，至是命美名易之，唯宝积、安业、乐台、利仁四坊仍旧名。"说是以前的坊名太俗了，所以命"美名易之"。于是，旧城内左第一厢二十坊，第二厢十六坊，右第一厢八坊，第二厢二坊，新城内城东厢九坊，城西厢二十六坊，城南厢二十坊，城北厢二十坊，除了"宝积、安业、乐台、利仁四坊仍旧名"之外，其余的坊都改了坊名。

我将开封城内几厢几坊列出来，当然不是为了凑字数，而是这里出现了一个新的名词——厢，厢的出现是将坊市制推向了厢坊制，这甚至可以说是一个革命性的名词。

厢坊制与坊市制根本性的区别在于，坊市制是将居民和市场严格分割了，每一坊、一市之间都立有高墙，违禁和翻墙者都会受到惩罚，而厢坊制没有墙，百姓出入时也没有时间和空间上的限制。诚如前文提到的一样，有街道的地方就有店铺，有人的地方就有小贩。说实话，很乱，不光是城市的秩序很乱，城市卫生也好不到哪里去。这个时候，考验城市管理者水平和能力的时候就到了。摆在执政者面前的有两条路，一是模仿唐朝的模式，再把老百姓圈起来，禁止一切非商业区的商业活动，这么做最简单粗暴，也最有效果，不光清净了，还干净了，宵禁的时候让环卫处去打扫一下街道，多方便！但是，这种一刀切的模式不利于经济发展，所以，宋朝选择了第二条路，既要开放，又要规范起来，这条路就是实行厢坊制。

简单地说，厢相当于现在的区、县等基层的行政机构，因为随着城市和经济的发展，大量的农民涌入城市，各种商业如雨后春笋般地冒出来，光靠开封府是管不过来的，必须得分而治之，每一厢的规模有大有小，小的二坊，大的二十几坊，均设置厢吏、厢虞侯，负责防火防盗、狱讼刑事、街市管理等等。

从此以后，厢负责城市区域管理，县负责郊区治理，一套接近于现代化的城市管理模式基本成形。这套城乡分治的管理模式在开封试验成功后，又推向全国，宋朝商业和经济的繁荣，正是得益于此。

那么宋朝在厢坊制推广之初，有没有抵制或反对的声音呢？

要说绝对没有那是不太可能的，每一个朝代在开国之初，总有那么些守旧的声音，以及怀念前朝的思想存在，这并不是说唐朝没有可取之处，仅就坊市制而言，其弊端是显而易见的。只不过从统治者的角度来看，唐朝的模式更容易管理罢了，比如北宋初期的士大夫吕大防在《隋都城图》如是说道：

隋氏设都，虽不能尽循先王之法，然畦分棋布，闾巷皆中绳墨，坊有墉，墉有门，逋亡奸伪无所容足。而朝廷宫寺、门居、市区不复相参，亦一代之精制也。

其大意是说，长安城形如棋局，一坊一巷方方正正，中规中矩，坊有墙，墙有门，严严实实的，使那些心怀不轨之徒没有容身之所。而且，宫殿、寺院、民居、集市都是隔开的，没有交集，这样的设计，实在是一大创举啊。

吕大防是仁宗朝的进士，在哲宗时代官居宰相，属于实权派人物，如此举足轻重的人物尚且怀念唐朝的坊市制，我们便不难想象，当时朝中一定有不少人想要恢复唐朝的管理制度，毕竟整齐划一的格局好治理，治安又好，能使心怀不轨者没有容身之所，省心啊。连太宗在诏张泪改撰坊名时，都说过"分定布列，始有雍洛之制"的话，可见在是否继承唐制这个问题上，宋廷曾左右摇摆，并且有过恢复坊市制之念头的。

那么，朝廷既有此心，为什么没有实施呢？

我想有两个因素，第一个是历史因素，前文说过，从晚唐到五代时期，社会动荡，朝廷的精力放在了对外战争或是对内平乱上面，无暇理会老百姓的那些小心思、小动作。特别是到了五代时期，国家尚未统一，征伐依旧，稳民心自然是重中之重，所以对那些侵街做生意的行为就听之任之，甚至在建设城市时也注重以民为本，建筑绕开店铺，予民以生息；第二个因素是，终宋一朝多是以仁治国，特别是到了太宗时代，政局渐趋稳定，这时候朝廷如果真想要铁腕治理，恢复"雍洛之制"，也并不是不可以，但一则宋朝的君主普遍仁慈，不忍伤民，二则由坊入市，市场打开之后，整个社会确实欣欣向荣，充满了活力，虽说乱则乱矣，但要是治理好了，那可就是开天辟地的创举，所以如吕大防之类的言论，可能在短期内会有一定的市场，然而我们不要忘了，宋朝是一个伴随着改革的时代，新法派和守旧派之争占据了大半个北宋的时空，恢复"雍洛之制"在宋朝是不大可能实现的。

让老百姓自由经营，乱是肯定的，比如临街的房子砸墙开店，在街侧违规搭建，导致街道拥堵等等，给管理带来了一定的挑战。在太宗雍熙二年九月十七日（985年），皇城失火，楚王宫烧了，太宗决定索性把皇宫往外拓展一下，于是诏殿前都指挥使刘延翰等人规划设计。可是设计图一呈上来，太宗就反悔了。

北宋的皇城前后左右要么是民居，要么是繁华的街道，就算是居住区，也是店铺林立，皇城要扩建就必须要动用民居店铺，太宗一看，不忍心了，说："内城褊隘，诚合开展，拆动居人，朕又不忍。令罢之，但迁出在内三数司而已。"（注：语出徐松《宋会要辑稿》）说是皇宫内城狭隘，理该拓展，可是要让百姓搬迁，我又于心不忍，于是打消了这个念头，最后只动了附近的几个衙门。

君主的宽仁为宋朝宽松的营商环境提供了良好的土壤，如在仁宗朝，除了沿街的店铺外，还有摆地摊的以及流动的小商小贩，街道拥挤不堪，皇帝有事出趟门都要堵车，即便是轻车简从，也很难从街上从容而过，"士庶观者，率随扈从之人，夹道驰走，喧呼不禁"（注：语出马端临《文献通考》）。街上的百姓看到皇帝堵车了还挺高兴，跟看演出似的上去围观，导致跟随皇帝出行的百官和侍从都夹杂在百姓丛中，岂一个乱字了得！

有人可能会说，一国之君出行，为什么不清道？

是的，官员出行清道尚且是司空见惯的事了，皇帝出行清道更是合情合理，仁宗为什么不清道呢？我们说直白一点吧，耀武扬威谁不会啊，可拿权力的棒子指哪儿打哪儿，那是任性，终归不是一个管理者该有的素养。仁宗的不清道与太宗的拆民居不忍如出一辙，正是他们的忍让、低调、亲民，这才迎来了大宋亘古未有的繁华。

当然，忍让、低调、亲民并不是让百姓为所欲为，如果任由百姓肆意做生意，把路给堵了，那不叫亲民，那叫失职，或是管理上的无能。不过，客观地讲，宋朝在侵街违建这件事情上，有些两极分化，即对民宽仁，对官严厉，或许是为了起到示范作用吧，杀鸡给猴看，涉及官员侵街行为时，朝廷往往雷厉风行，比如太平兴国五年（980年）七月，"八作使段仁海部修天驷监，筑垣墙侵景阳门街，上怒令毁之，仁海决杖。"（注：语出李焘《续资治通鉴长编》）说是有个专门负责修缮的官员，名叫段仁海，他扩建了天驷监（注：皇家养马的机构），所筑的围墙直接侵占了景阳门街，太宗闻悉大怒，令其拆毁，并赐杖刑，处罚不可谓不严。

又在真宗时期，咸平五年（1002年）二月，"京城衢巷狭隘，命德权广之。既受诏，则先撤贵要邸舍，群议纷然。"（注：语出《宋史·谢德权传》）由于京城街道狭窄，诏命谢德权拓宽街道。

这谢德权原是南唐的官员，善土木工程，降宋后，授殿前承旨，专门负责营建工作，他接旨后，首先向权贵开刀，要拆除他们的违章建筑。

谢德权的做法是没有错的，百姓固然有侵街行为，但权贵侵街更甚，他们不光扩建自己的住宅，还将临街的房子改造成店铺，对外租赁，规模宏大，想要拓宽街道，拆除权贵的违建房舍就是重中之重。可如此一来，却捅了马蜂窝了，有权有势者往往手眼通天，或直接或间接地把状告到了真宗面前，真宗顶不住了，于是下诏撤之。

扩建工程还没开始呢，就下诏禁止了，谢德权啥也没做，却惹来一身骚，把京城里的权贵都得罪光了，把心一横，跑去跟真宗说：

"臣已受命，不可中止。今沮事者皆权豪辈，吝屋室僦资耳，非有他也。"上从之。（注：语出《宋史·谢德权传》）

说这差事我既然接了，那就不可以中止。那些来阻止拆迁闹事的都是权贵，他们为什么闹得这么凶啊？因为动了他们的利益，除此之外，再没其他原因。如果因为怕损害权贵的利益而中止市政工程，这事怎么说都说不过去。

真宗一想也是，拆民居就可以拆，拆到权贵手里就下不去手了，那今后还怎么做事情？于是"上从之"，真宗终于痛下决心，拆！

同样是在真宗时代，对待百姓的违规建筑，则要柔和一些，大中祥符五年（1012年），诏"开封府毁撤京城民舍之侵街者，方属严冬，宜俟春月"（注：语出《续资治通鉴长编》）。要撤侵街的民房时，由于正值冬天，许到来年春天再行拆除。

仁宗时代拆除民居的方式延续了真宗的方式，天圣二年（1024）六月，"京城民舍侵占街衢者，令开封府榜示，限一岁，依元立表木毁拆"（注：语出《续资治通鉴长编》）。让开封府先贴出告示，一年内要拆除，好让百姓提前有个准备。不过，这句话里也透露了另外一个信息，即"依元立表木毁拆"。

表木就是立在地上的标识，"依元立表木毁拆"就是说，按照标识拆除，在标识内的不视作违建，可不拆。

这个信息说明什么呢？我想，它清晰地给我们传递了一个信号，即在侵街这件事情上，官民之间的对抗是一直在持续的，没有断过，最后朝廷没办法了，于是立表木，并令"京旧城内侵街民舍在表柱外者，皆毁撤之"（注：语出《续资治通鉴长编》）。

令在表木外者皆毁撤之的诏令，公布于仁宗景祐元年（1034年）十一月，不难发现，自打立了表木之后，朝廷拆除违建的力度很大，否则城市便无秩序可言。

只是，即便立了表木，侵街依旧在持续。不光侵街，神宗时期还出现了侵河现象，"盗凿汴堤以广之"（注：语出杜大珪《名臣碑传琬琰集》）。汴河的河堤都被占了，其建筑甚至还往河上延伸。

从侵街到侵河，从五代到北宋末期，官民之间就像是一场拉锯战，几乎没有消停过。这一来固然暴露出了城市治理的难度，二来也体现出了时代的变化。从五代到北宋末期，城市和经济的发展不可同日而语，特别是在仁宗到徽宗时代的这百余年间，可以说是中国古代历史上经济最发达、最活跃的黄金时代，北宋也是当时世界上最为发达的国家，时代在变，政策当然也需要与时俱进，所以在神宗时代就出现了一个新词，叫"侵街钱"。

我们都知道，一个新词的出现，往往意味着时代的变革，在我个人看来，"侵街钱"是一个划时代的词语。尽管当时的百姓对它有所抵触，甚至是深恶痛绝，但毋庸置疑的是，它把宋朝的市场带入了更加开放的领域。

所谓的侵街钱，说直白一点就是向沿街的小贩收税。换个角度看，事实上是朝廷承认了侵街的合法化，允许小贩占道摆地摊了。

收缴侵街钱这个创举，是一个李稷的官员发明的，《宋史》说他"创使纳侵街钱"，可能《宋史》是元朝修撰的，且元朝与宋朝相比起来，在商业和商业管理手段上大大退步了，他们并不认可宋朝的工商管理手段，所以李稷在《宋史》的记录中，其名声并不太好，说他在任陕西转运使、制置解盐期间，沿途向路旁的店铺收钱，惊扰百姓，并因此给李稷定性为"苛暴著称"。

那么《宋史》对李稷的评价符合事实吗？

我个人认为，有一半可信。毕竟他向沿途的百姓收钱了，而且就当时来讲，的确也不合法，神宗时代还没有收侵街钱的说法，所以要是较真的话，说他剥削也无不可。最关键的是，老百姓沿街摆摊一直是不用交钱的，你突然搞这么一个举措出来，民间肯定有怨言，史书说他"一路扰怨"也算是忠实记录了。但是，众所周知，史书是后人写的，而且修撰《宋史》的时间是在元末至正三年（1343年），距离李稷所生活的时代足足相差三百余年，三百年后，再去评价李稷的行为，说他是"苛暴著称""一路扰怨"便不免有失客观了。而且，神宗谢幕，徽宗上台后，很快就实行了"侵街房廊钱"（注：语出《文献通考》）的政策，很显然，站在宋朝当时的环境来看，李稷的行为，虽有"一路扰怨"现象的存在，但"苛暴著称"的定性则失之偏颇。

徽宗时代的"侵街房廊钱"实际上就是对沿街的违规建筑的认可，你只要不挡道，只要不是太过分，你要建就建、要摆就摆吧，前提是，我要收税了。

现在，我们再来看《宋史》的描述中，李稷收侵街钱的情况，说是"秦民作舍道傍者，创使纳侵街钱"。说的是陕西的百姓在道路旁边建店铺，李稷向他们收侵街钱了，你看，道理一辩即明，站在历史的角度，李稷的行为并无不妥，他只是提前做了徽宗要做的事情而已。

如果说李稷的行为是创举的话，那么徽宗的举措则是明智之举。徽宗时代对百姓在商业上的限制彻底消失，百姓富了，国家自然也就富了，于是，徽宗时期成为了两宋最富有的时代。

至此，从坊市制到厢房制的改革彻底完成，后世将之称为城市革命。既然是革命，便不会是一帆风顺的，它总是在磕磕碰碰中阶段性地递进，在这阶段性递进的过程中，我们看到宋朝的商业在逐渐繁荣，看到商业的潮流大势以其汹涌之势，冲破层层障碍，冲向城市的角角落落，最终在徽宗时代实现了市场向城市包围的形态，再没有坊墙，再没有限制，熙熙攘攘的街道上，到处都存在着"市"的行为。虽然，今天我们已看不到宋朝繁荣热闹的街市情景，然一幅《清明上河图》，羡煞古往今来多少人！

现在，我们再说第二个问题，宋朝有宵禁吗？

事实上说到现在，基本上已经没必要谈这个问题了，你想啊，侵街都被朝廷认可了，宵禁这个问题还算是个问题吗？

不过，虽然说这个问题已不再是什么问题，但实事求是地讲，宋朝是有宵禁的。

我们先来看《东京梦华录》是怎么说的：

> 夜市直至三更尽，才五更又复开张。如要闹去处，通晓不绝。寻常四梢远静去处，夜市亦有燋酸豏、猪胰、胡饼、和菜饼、獾儿、野狐肉、果木翘羹、灌肠、香糖果子之类。冬月虽大风雪阴雨，亦有夜市，

梨子、姜豉、抹脏、红丝水晶脍、煎肝脏、蛤蜊、螃蟹、胡桃、泽州饧、奇豆、鹅梨、石榴、查子、漓理、糍糕、团子、盐豉汤之类。至三更方有提瓶卖茶者。盖都人公私荣干，夜深方归也。

《东京梦华录》上的这段话很有意思，也透露了不少信息，下面我就通过这段话，来跟大家解释一下宋朝的宵禁。

首先来看第一句："夜市直至三更尽，才五更又复开张。"很多人都将这句话看作是宋朝夜市繁荣的体现，因为这句话的后面紧接着就是"通晓不绝"四个字嘛，所以就将之理解为宋朝的夜市通宵达旦，或是没有宵禁，也并无不可。但要注意的是，在这句话里面还有一个很重要的细节，即"三更尽……五更又复开张"，那么四更去哪里了呢？

四更的夜市是给禁止了。

"夜市直至三更尽"的意思就是说，到了三更天，夜市就结束了，到五更又开张，换句话说，从三更到四更天就是宋朝的宵禁时间。这个结论当然不是我的个人推测，乾德三年（965年），太祖诏曰："京城夜漏未及三鼓，不得禁止行人。"（注：语出《续资治通鉴长编》）

这句话很好理解，就是没到三更天不得禁止行人。换个角度理解的话就是，到了三更天就要禁止。太祖的这句话给宋朝的宵禁定了调，之后就成了国策，并一直延续。

我前面说《东京梦华录》的这段话有意思，其耐人寻味的地方就是，"夜市直至三更尽"了之后，紧接着第二句又说："如要闹去处，通晓不绝。"

什么意思呢？意思是说，如果要是特别热闹的地方，通晓不绝。

这就有趣了！夜市三更尽、五更复，但也有特别热闹的地方，并不受宵禁的影响。从这句话中不难看出，宋朝有宵禁，可是执行的时候其实并不严谨。

或许有人会奇怪，为什么会这样呢？

其实很好理解，这就跟侵街现象一样，朝廷向来是禁止的，颁布了很多诏令，却没有收到什么效果，后来不得已沿路立表木。但立了表木后禁止了吗？也没有，所以才有徽宗时代的收"侵街房廊钱"。从这个角度去理解宵禁的松弛，我们就可以释然了。

继续说《东京梦华录》的这段话。中间段落说的是街上的小吃，我们暂时忽略，看他的最后两句话："至三更方有提瓶卖茶者。盖都人公私荣干，夜深方归也。"

到了三更的时候，街上有提着热水瓶卖茶的人，为什么三更半夜还有人提着热水瓶卖茶呢？因为那些办公事或私事的人，很忙，往往要到深夜才回家。

这句话的信息量也很大，宵禁虽然开始了，但街上依然有卖茶的小贩。这说明宵禁开始后，街上还有小贩，他们可能是偷偷出来的，因为大一点的饭馆酒庄，太醒目了，宵禁时间一到，明目张胆地营业，容易惹事儿，或是街上搭了棚的夜市摊，遇上查夜的，也不可能卷了摊就跑，所以，三更一到，绝大部分的夜市就歇业了。但像提着热水瓶的小贩没关系啊，遇上巡街的官兵跑就是了嘛。

或许有人会问，宋朝的小贩不怕被逮着了挨打吗？其实后半句话，已经给出了答案。小贩的茶卖给谁？卖给在京师里办公事或私事的人，卖给办私事的人自无不可，然卖给办公事的人，这就颇耐人寻味了不是？说明那些办公差的人，人家对这样的事情根本就没在意，或是早已见惯不怪了，市场经济时代，不就是半夜出来卖个茶吗，而且赚的是辛苦钱，民生本就不易，何至于上纲上线？

宋朝宽松的营商环境，必然导致宵禁制度的松弛，这是一个必然的因果关系。但是，还有一点不得不提一下，那就是良好的人文关怀环境。

从上面的文字中，已然能够看出，宵禁政策主要针对的是店铺，而且可以看出店铺是执行了宵禁的，因此才有"夜市直至三更尽"的说法。但是这个政策具体落实在小贩身上，却体现出了宽容，对那群生活在都市最底层的百姓并没令行禁止，如此宽容，令人动容。这样的事情要是出现在唐代，无论是做生意，还是半夜出去溜达，抓到了就要"笞二十"，如此做虽然法律的威严有了，公正性也有了，但却少了些温情，百姓也苦。

什么是社会？社会的主体是人，有人的地方就是社会，所以有人的地方就应该有温情，不然的话，一个冷冰冰的没有温度的社会，发展得再好，也不是一个文明的社会。在这一点上，宋朝的做法令人肃然起敬。

纵观北宋，其宵禁制度是一直存在的，关于这一点，我们可以在《东京梦华录》上面找到大量的证据，比如早市开张时的情景：

> 每日交五更，诸寺院行者打铁牌子或木鱼循门报晓，亦各分地方，
> 日间求化。诸趋朝入市之人，闻此而起。诸门桥市井已开，如瓬羹店门

首坐一小儿，叫饶骨头，间有灌肺及炒肺。酒店多点灯烛沽卖，每分不过二十文，并粥饭点心。亦间或有卖洗面水，煎点汤茶药者，直至天明。

明确交代了"交五更……诸门桥市井已开"，又如说鬼市子：

> 又东十字大街，日从行裹角，茶坊每五更点灯，博易买卖衣服图画花环领抹之类，至晓即散，谓之"鬼市子"。

同样说了茶坊五更点灯开张。类似的记载很多，我就不列举了。最后，在本小节结束之前，还有一个问题需要解决，我们前面说到，从侵街到侵河，从立表木到收侵街钱，一场轰轰烈烈的城市革命胜利了，沿街做生意的行为最终合法化，那么，宋朝的宵禁有没有撤销，如果撤销了，撤销于何时？

事实上，列位读到这里，应该已经预料到宋朝宵禁是一定会被扔到历史的纸篓里的，因为在那样一个生机勃勃的时代，大部分不合理的制度都会被抛弃，不然的话，它不符合宋朝社会的发展。所以，我先给出答案，宋朝的宵禁制度一直存在，但到了后期已沦为一张废纸，对人们没有任何约束作用。

那么它废弃于何时呢？我没有找到答案，但这也可以理解，要知道在宵禁制度没有被从法令条律中拿下来的时候，史官是不可能记载的。不过，没有找到答案并不意味着就没有答案，这个答案我们可以从老百姓的生活规律里找到，比如成书于南宋时期的《梦粱录》，在描写临安的街市时，已经看不到三更闭店五更开张的宵禁情形了，我们先来看一段同样描写天晓诸人出市的段落：

> 每日交四更，诸山寺观已鸣钟，庵舍行者头陀，打铁板儿或木鱼儿沿街报晓，各分地方。

列位发现了没有？《东京梦华录·天晓诸人入市》里说"每日交五更"，到了《梦粱录·天晓诸人出市》说的是"每日交四更"，而四更正是宋朝宵禁的时间，这个时间的变化，足以说明宵禁在南宋已然名存实亡。再来看一段《梦粱录》记载的临安夜市的情景：

> 杭城大街，买卖昼夜不绝。夜交三、四鼓，游人始稀。五鼓钟鸣，
> 卖早市者又开店矣。

"夜交三、四鼓，游人始稀"这句话很有意思，他没说三鼓，而是说"三、四鼓"，说明无论是三更还是四更回去都无所谓了，并且三、四鼓之后，也并不是说街上就空无一人了，只不过人稀少了一些而已。

这个小节说了这么多，相信大家对宋朝的市场已经有了个比较立体的了解，我就不再啰唆了，行将结束时，做一个简短的总结吧。

从唐代的坊市制到宋代的厢坊制，它是一个从时间和空间的整体变化的过程，是从逐渐松弛到裂变的过程，也是从保守走向开放的伟大进步，坊市制的打破，从空间上不再约束于人，人们冲出坊市，看到了更加广阔的天地，在这个无限大的天地之中，能够看到无数的可能性，只要你有智慧，够勤劳，一切皆有可能。而宵禁的松弛、消失，可以说是锦上添花，时间上不再限制，使空间愈发地饱满而有活力，人是需要自由的，自由是创造一切价值的前提，宋朝在商业上的空前发达，与自由密不可分，这一点毋庸置疑。

二、从吃饱到吃好有一口锅的距离

> 更有百姓入酒肆，见子弟少年辈饮酒，近前小心供过，使令买物命
> 妓，取送钱物之类，谓之"闲汉"。
>
> ——孟元老《东京梦华录》

在这颗星球上的动物，都是靠进食才得以生存，所以，就我们人类来讲，饮食文化与人类的文明史是同样漫长而悠久的。

都说民以食为天，那么食以什么为依靠呢？

靠一口锅。要做出美味可口的食物，必须得有一口好锅。理由很简单，没有一口好锅就炒不出好菜，要是炒不出好菜，那么也就谈不上享受美食了。当然，这里我说的所谓的美食，是站在当时的时间维度去定义的，以现代的眼光往回看，去定性古人吃得好不好，这是不准确的。

为什么这么说呢？我打个直白点的比方，我们现在认为自己能享受到所有的

美食，认为自己在饮食上很丰富，过得很幸福，五百年后，或者往后推更长的时间，那时候的人们回头来看我们现在的饮食，他们对我们现在吃的东西会有一个怎样的看法？

从这个角度去看问题，过得好不好，幸不幸福，吃得好不好，是否享受，一个时代有一个时代的体验，处在不同的时空，去评论另一个时空饮食是否匮乏或丰富，都是一种错误的观念或体验，吃得好不好，快不快乐，只有当时之人的体验最为真实。更何况，幸福、享受、快乐与否，与食物的丰富程度是没有直接关联的，原始时代的人，吃到第一口熟食时那种美妙的感受，断非现代人所能真正体验的，或许我们面对一桌的美妙佳肴，也未必能体验得到那种旷古未有的美妙。

我看到很多人说，发明锅之前古人吃什么，他们能吃到什么？完全是以一种现代人坐拥众多美食的姿态，去评价古人食物的匮乏，就像一个暴发户，坐拥百万资产朝贫穷的人讥讽一样，或许他们并非是刻意的，只是一种下意识的表现而已，但我认为，这样的态度是要不得的。私以为我们今天去回溯过去的饮食，需要从文化或文明发展的角度去阐述，毕竟过得好不好、吃得好不好是没有标准的，好与不好很大程度上是一种心态，只要内心是快乐的，即便粗茶淡饭亦是甘之如饴。

说明了我的观点后，下面我们就从一口锅入手，看看从没锅到有锅的过程中，饮食文化发生了哪些变化。

说到吃，我们就会油然想到中国历史上最著名的一场宴席——鸿门宴，说到鸿门宴，我们又会油然想到那不是一场好宴。

不是一场好宴，指的是当时的政治局面以及斗争形势，跟宴席上的菜好不好没关系。你想啊，赴宴的都是一方霸主，即便是时间仓促，准备得不是很充分，或者说安排这场宴席乃是别有用心，没有人会把心思放在吃喝上。但是，咱中国人讲面子，你既然宴请了人家，招待什么样的人，用什么样的规格还是很讲究的，关键是你不能一进门就让人家看出这不是一场好宴，那人家不得刚进门就跑了啊？所以，无论从哪方面讲，鸿门宴都是一场国家级别的宴席。

那么鸿门宴上项羽和刘邦吃的是什么呢？

不好意思，我也不知道，史书上没有记录，我不能瞎猜。但没有记录并不代表找不到答案，我们来看一段《秦律》的记载：

御史卒人使者，食粺米半斗，酱驷分升一，采羹，给之韭、葱。其
有爵者，自官士大夫以上，爵食之。使者之从者，食粝米半斗；仆，少
半斗。

不更以下到谋人，粺米一斗，酱半升，采羹，刍稾各半石。宦奄如
不更。

这是《秦律》规定的一条规格比较高的招待标准，意思是说御史的使者出
差，招待标准是糙米半斗，酱四分之一升，一道菜羹，外加韭菜和大葱。有爵位
的大夫或官大夫，按照爵位等级供应。其他随从人员，粗米半斗，仆人减半。

爵位为不更至谋人的，每餐糙米半升，有菜羹，并供应刍稾各半石。宦官与
不更同样的待遇。

是不是很简单？岂止是简单，简直是简单到令人发指，比如刍稾，在我们今
天看来，其实就是一种草。在以上的菜单中，菜羹算得上是一道最名贵的菜了，
是唯一的一道用菜和肉一起炖的肉菜。

那么鸿门宴是否就是按此标准上的菜呢？

可能稍微要丰富一些，至少有烤肉。我们来看《史记》的这句话：

项王曰："赐之彘肩。"则与一生彘肩。樊哙覆其盾于地，加彘肩上，拔剑切
而啖之。

当时项庄舞剑，意在沛公，眼见着刘邦危险，张良急了，"于是张良至军门
见樊哙"，樊哙入内救急，项羽见了他，问是什么人。樊哙报了名后，项羽喊了
一声："壮士！"先令赐酒，樊哙拜谢，"立而饮之"。这时项羽又说："赐之
彘肩。"

我们重点来说"彘肩"，所谓的"彘肩"就是猪蹄，这说明鸿门宴上是有肉
的，而且是烤肉。

为什么说是烤肉呢？这要从秦代做菜使用的器具说起。

当时主流的器具大概有鬲和釜两种，鬲是釜的前身，是一种粗糙的圆形的大
陶罐子，广口圆底，底部有三只脚，主要用途是煮饭或煮水，它出现的时间与鼎
差不多，鼎则主要是用来煮肉的。到了先秦时期，鬲经过改良后就出现了釜，它
保留了圆底的设计，但去掉了底部的三只脚，这么一来，它就可以直接放在灶台
上煮了，又将广口改为敛口，也就是说口子更小了，热量不易散发，煮东西的时

间自然也就跟着缩短了。

不难看出，从鬲到釜，古人的设计思路很明显，就是怎么样才能把东西快速地煮熟，或者说是怎么样才可以把肉炖烂，这个目的在炒菜尚未出现之前很重要。

器具决定了饮食的方式和品类，所以我们可以肯定鸿门宴上的菜，除了煮、炖、烤的菜之外，就没有其他的菜品了。

现在再说回到鸿门宴上来。当时项羽叫了声好汉，赐了酒后，又赐樊哙一只猪蹄，于是有人上来，给了樊哙一只"生彘肩"。从字面上理解，我们可以得到两个信息，第一，生彘肩肯定不是煮烂了的猪蹄子，不然汤汤水水的搞得地上都是油汁，不像话；由此，我们可以得到第二个信息，这生彘肩肯定是干的猪蹄。

那么这干猪蹄子究竟是生的还是烤熟了的呢？这是一个颇具争议的地方。有说就是生猪蹄，目的是侮辱樊哙；有人说是谬误，可能司马迁的原文中没有"生"字，是后人加上去的；有人说"生"字本来是个"全"字，在印刷术没有发明之前，抄来抄去到后面抄错了等等，有很多说法，也各有各的理儿。

我个人的观点已经给出了，就是一只烤猪蹄。大家也可以持保留意见，毕竟史书上没有明确的说法，列位可以展开想象，并得出各自的结论。

下面我来说说我认为是烤猪蹄的理由。

首先，鸿门宴的背景是刘邦带着礼物去跟项羽请罪，这里刘邦作为一个颇有心机之人，在局面处于劣势的情况下，他必须夹着尾巴做人，所以他态度诚恳，在项羽面前自称为臣，并表明自己没有异心。而项羽作为粗放豪迈，且又有些刚愎自用的英雄人物，他接纳了刘邦的道歉，并放下了戒心，认为他们之间之所以有误会，乃是小人作祟。况且，彼时以实力而论，刘邦确实不是项羽的对手，所以项羽可能真是没把刘邦放在心上，于是宴请刘邦。

这是鸿门宴的前提，项羽要的其实是刘邦的一个态度，不管你是龙是虎，在他面前都得乖乖趴着，而刘邦则是要通过此宴消除项羽的戒心，以便留出足够的时间，反杀对方。从这场宴席的前提来看，更像是一场两国之间最高领导人的谈判，当场引起冲突的概率其实很小。

说清楚了前提，我们再来说"生彘肩"这个事情。在刘邦这边让樊哙进去之前，范增多次暗示项羽动手，但项羽却当作没看到，《史记》的原话是"默然不应"，也就是说项羽没动杀心，要不然的话，当时摔杯为号，然后刀斧手齐入，刘邦还能活着出来吗？

请注意，项羽"默然不应"的这个态度很关键，他的这个态度直接决定了樊哙吃的是生猪蹄还是烤猪蹄。

范增看项羽没反应，有些着急了，起身出去找到项庄，说君王太仁慈了，你进去借敬酒助兴为名，把沛公杀了。项庄入内，敬完酒后，说是要给君王和沛公舞剑助兴。于是项庄舞剑，意在沛公的把戏就开始了。

旁边的项伯一看，瞧出了玄机，说你一个人舞太单调了，不如我陪陪你吧，就这样，上演了一段历史上最为紧张刺激的"双人舞"，一个要借舞剑杀人，一个要借舞剑救人，一攻一守，看似和谐，实则暗流汹涌。

这时候傻子都能感觉得到涌动的杀气，如果项羽真要是撕破了脸，在这个时候动手，刘邦大概率逃不出去，可项羽还是没动，不但没动，还眼睁睁地看着张良离席而出。

张良离席自然是去外面请帮手了，实际上项羽此时拦下张良还是有机会的，可他依然视而不见。

种种迹象表明，项羽在鸿门宴上并无杀刘邦之心，这才让张良有机去请了樊哙入内，上演了樊哙吃猪蹄的戏。

那樊哙是个屠夫，为人忠义，一听里面的状况，一手提刀、一手持盾，就要往里闯。门口的士卫想要拦他，樊哙把盾牌一推，将人推倒，径往里闯。他提刀往席间一站，气呼呼地看着众人，一副谁敢再闹事老子就杀了谁的架势。接下来项羽问他是何姓名，然后道一声"壮士"，又令赐酒，我个人的理解是，项羽想趁樊哙入内之际缓和气氛，一碗酒下肚后，项羽又令赐彘肩，《史记》写道："则与一生彘肩。"

谁递的生彘肩，文中没有交代，我们不妨做一个假设，如果是名将文臣递上去的，《史记》不可能不交代，那么唯一的可能就是现场的厨子递上去的。

两位大名鼎鼎的英雄聚会，自然不能自己烤肉吃，旁边是有厨子侍候的，厨子烤好之后，一般会将肉切成片状，送到大家的桌前，桌上有酱，可以按照各自的口味蘸着吃。"则与一生彘肩"这句话，个人认为可以理解为，没有切片、没有蘸酱，但是放了盐的整只猪蹄，理由是，厨子没有这个胆量也没有必要违背项羽的意愿，去羞辱樊哙。

说清楚了鸿门宴上的大致的菜肴外，我们还可以再继续想象一下，除了烤猪蹄外，可能还有烤狗肉，或是煮狗肉。中国历来是一个农业社会，牛作为农业作业中最主要的劳作工具，在没有大范围养殖的情况下，是不大可能作为肉食来源的，但吃狗肉在汉代相当普遍，樊哙就是屠狗辈出身。

以上大致就是秦汉时期的食物，而且这还是贵族所吃的食物，普通老百姓都吃煮菜为主，想要吃上一口肉还是比较难的。而且受到器具的影响，做菜的方法相对来说还是比较简单的，只是煮、炖、蒸、烤等方式而已。普通人家只要把菜煮熟了能吃就行，稍有些条件的，不怕浪费柴火，便将食物炖烂了吃。

从已知的史料来看，周、秦、汉、晋是没有炒菜的，当时的人根本不知道炒菜的概念。但也正是因为当时的人不知道有炒菜这个东西，所以他们在吃煮的、炖的、蒸的、烤的食物时也非常享受，特别是在不能经常吃到肉的时代，要是能吃到一块肉，管它是蒸的还是煮的，那简直赛似神仙啊。

记得我小时候，过年的时候父母才会买大块的肉，煮熟了后放着，要等到吃年夜饭或者有客人来时吃，当时那煮好的肉放着却又不能吃，端的是百爪挠心一般，后来有一次我百般哀求，才征得父母同意，去割了一块煮肉，蘸着酱油吃，一口下去，那叫一个美味，一晃二十余年过去了，那一口肉味至今依旧难忘，而且你如今无论将肉怎么变着法儿地做，都吃不出当年那一口煮肉的美味，所以前面我说，食物的丰富程度与幸福、快乐与否是没有直接关系的。

需要特别说明的是，从鬲到釜，已然呈现出了一种文明的递进，因为鬲是有脚的，所以它不挑地方，只要有火就能煮东西，但是釜对环境则是有要求的，有釜就必须有灶，有灶就必须得有专门做菜的一个地方，于是厨房就出现了，厨房的出现，绝对是人类文明的一个巨大的进步。

那么炒菜究竟是在什么时候出现的呢？

众所周知，要想炒菜首先得有炒锅，你如果拿"鬲"那种大陶罐子炒菜是不现实的，太厚了，而且还容易烧裂，菜没炒好锅先裂开了。拿釜来炒更不可能，它的口子比较小，主要的功能是炖或焖食物。

很多人说最早的炒菜出现在南北朝，理由是《齐民要术》里明确记载了炒鸡蛋的做法：

打破，着铜铛中，搅令黄白相杂。细擘葱白，下盐米、浑豉、麻油炒之，甚香美。

从"炒"的定义来说，不可否认，这确实是炒菜之鼻祖了，但你如果愣要说这是道炒菜，个人以为不妥，因为炒菜除了需要一口炒锅外，还得有油，这两样东西缺一样都不能称之为炒。但你看《齐民要术》里炒鸡蛋所用的是铜铛，严格来讲铜铛不是锅，据南北朝墓中出土的铜铛来看，它浅底三足，外壁是凹凸纹路，底部是双鱼纹，形状更像是鬲，从其结构和雕刻的纹饰来看，根本不利于炒菜，实际上它是一种当时的上流人士煮茶的器具。

我们再退一步讲，假设铜铛就是一口炒锅，它可以炒菜，但是，《齐民要术》里的那道炒鸡蛋也够不上炒菜的标准。不信的话，我们对照前面的原文，来还原一下这道炒鸡蛋的做法：

首先，把鸡蛋打破，放在铜铛中，然后再搅，让它黄白相间，再撒点葱白，放盐，加点浑豉（注：一种豆制的调味料），最后放点麻油，炒一下，起锅。

看完这些步骤之后，列位是否觉得哪里不对劲？

没错，他第一步放鸡蛋，最后一步放油。最关键的是，铜不耐热，如果真要按现在炒菜的做法，用大火猛炒，菜没炒好，铜铛就已经变形了，当时铜是稀缺品，是要铸钱的，国家严格管制，谁敢这么去糟蹋铜铛？这也正是《齐民要术》里所说的先把蛋炒熟，再用麻油在热锅里拌一下的原因，如果先放油，用油锅热炒的话，铜铛很有可能就毁了。

综上所述，《齐民要术》里所说的炒鸡蛋，你可以说它是炒菜之鼻祖，但距离真正意义上的炒菜，还差了那么一截。从中也不难看出，一口锅在饮食当中的重要性。

那么锅是在什么时候出现的呢？

锅的出现必须满足一个大前提，即冶炼技术的发展，而且必须是发展到高峰时期才行。理由很简单，如果仅仅是冶炼技术发展的初期，那么生产出来的铁自然是宝贝儿，必是先要拿去制造兵器、铁甲，加强边防，以维护国家安定，再是宫廷或士大夫阶层还要拿一部分去生产贵重的装饰品等等，哪儿轮得到去生产铁锅这种生活用品？而且就算是想要生产铁锅，那也得有技术支持才行啊。

一般认为铁锅出现在唐朝，因为唐朝出现了"豉汁锅中沸，粔糗案上葩"的类似于锅的文字描述。但是，从唐朝的冶炼技术来看，远没有到铁锅普及的程度，唐朝街头的菜主要还是以蒸煮为主。

我们不妨来粗略了解一下唐宋两代的矿业情况。

据《旧唐志·职官志》记载，"凡天下出铜铁州府，听人私采，官收其税"。唐代矿业采用的是官营、民营共同开采的制度，因得益于此制度，唐代的冶炼快速发展，其起初铁矿的数量为42处，高峰期达到104处，钢铁的年产量约为3900吨。

宋代承袭唐代的公私分开开采制度，有铁矿194处，仅以铁矿的数量而论，从汉代以降至清代，宋代的数量是最多的（注：汉代拥有铁矿数为68处，唐代104处，元代49处，明代130处，清代至鸦片战争前134处），年开发的钢铁产量约为11500吨。

不过，宋代钢铁的年产量史学界一直存有争议，这里我给出各位史学家得出的数据，供列位参考。日本汉学家吉田光邦估算，北宋时代铁矿的年产量为3.5万吨到4万吨之间；美国汉学家郝若贝认为，北宋元丰元年（1078年），铁矿的年产量在7.5万吨到15万吨左右；我国宋史研究专家漆侠认为，宋代铁产量在15万吨上下更接近实际情况，中国宋史学会副会长葛金芳也认同此观点，他说宋代全年采铁量在15万吨上下。

15万吨是什么概念呢？18世纪初整个欧洲的铁总产量为14.5万到18万吨之间。

虽说赵宋一朝，铁的年产量究竟有多少尚有争论，但就铁矿数量来看，宋代钢铁的产量可能要高于11500这个数值，另外，还有一个无可争议的事实就是，冶铁技术在宋朝飞速发展，甚至可以说是达到了中国封建王朝的巅峰。

于是，铁锅在合适的时机便适时地出现了！

它的出现，改变了中国人的饮食习惯，推动了饮食文化的发展，毫不夸张地说，铁锅是一个划时代的产品，在人类的文明史上，它也绝对是一个标志性的产品。由于小而精的一烹即起的炒菜的出现，中国人从分餐走向了合餐形式。

在宋朝以前，大家吃饭时每人一张小桌子，因为菜是煮的嘛，吃的是大锅菜，由下人舀好后分送到各人的桌前。如有烤肉，多是大块的，得像西洋人一样用刀叉割着吃。相互之间敬酒，也是隔着很长的距离遥敬。到了宋朝之后，中国人的饮食才被赋予了灵魂，大家围在一张桌上，其乐融融，团团圆圆，敬酒也是面对面的，"当"的一声，一饮而下，这才有那氛围。

此外，炒菜催生了快餐和外卖两个行业。现在我们再回头来说本小节开篇的这句话：

更有百姓入酒肆，见子弟少年辈饮酒，近前小心供过，使令买物命妓，取送钱物之类，谓之"闲汉"。

此话出自《东京梦华录》，其中提及的"闲汉"就是给人跑腿的人，与现在替人跑腿购物买菜或送外卖的小哥并无区别。

有些本就住在街边的，但饿了不愿下楼，站在窗户叫喊一声，吊只竹篮下去，让街上的快餐店把饭菜放在篮子上，直接吊上来，《三径野录》（注：此书亡佚，作者未知）如此描述这一场景：

妇女骄惰，皆不肯入庖厨，饥则隔窗索唤，市食盈筥，至不下楼。

说是有些妇女矫情，不肯下厨，饿了就站在窗前喊一声，用竹篮把食物吊上来，根本不需要下楼。

还有一种沿街叫卖的流动摊贩，只要生活在城市之中，到了饭点，往街上一站，满大街都是吃的。不过，这种流动摊贩以售卖小吃为主，用《梦粱录》的说法是"应干市食，就门供卖，以应仓卒之需"，意思是说，你去街上吃小吃，是在不方便的时候打发一下，至少管饱肚子。不过小吃的种类倒是很丰富，有"馒头、炊饼及糖蜜酥皮烧饼、夹子、薄脆、油炸从食、诸般糖食油炸、虾鱼子、常熟糍糕、瓦铃儿、春饼、芥饼、元子、汤团、水团、蒸糍、栗粽、裹蒸、米食"（注：语出《梦粱录》）等等，熟食有"肉、炙鸭、鹅、熟羊、鸡鸭等类，及羊血、灌肺、擀粉"（注：语出《梦粱录》）等。

当然，你要是有时间下馆子，那肯定能吃到更好的，诸如"炙腰子、鹅鸭、排蒸荔枝腰子、还元腰子、烧臆子、入炉细项、莲花鸭签、酒炙肚肱、虚汁垂丝羊头、入炉羊、羊头签、鹅鸭签、鸡签、盘兔、炒兔、葱泼兔、假野狐、金丝肚羹、石肚羹、假炙獐、煎鹌子、生炒肺、炒蛤蜊、炒蟹、炸蟹、洗手蟹"（注：语出《东京梦华录》）等等。

真可谓是一物生而百业兴，一口炒锅的出现，改变了一个时代，也使人类文明向前迈进了一大步。

三、精致文雅的饮食文化

> 浪涌晴江雪，风翻晚照霞。醉忆山中味，浑忘是贵家。
>
> ——林洪《山家清供》

美国有一位汉学家叫安敏成（注：Marston Anderson，又译为安德森）曾说过这么一句话，他说："中国伟大的烹调法也产生于宋朝。唐朝食物很简朴，但到宋朝晚期，一种具有地方特色的精致烹调法已被充分确证。地方乡绅的兴起推动了食物的考究，宫廷御宴奢华如故，但却不如商人和地方精英的饮食富有创意。"

这句话颇教人玩味。作为生活在现代的人，我们都知道，菜肴的制作方法朝着精致和创意的方向递进，需要有几个重要的前提，即生活的富足、食物的丰富、器具的完备，这三样东西缺一样都谈不上精致和创意。比如我们前面讲到的鸿门宴，一场国家级别的重要宴席，在我们现代的眼光看来，也够不上"丰盛"二字。

随着时代的变迁，丰盛这个词的词义也发生了变化，在食物匮乏的时代，丰盛一般指的是大鱼大肉，吃得满嘴油光，那才够得上丰盛。可到了生活富足、食物丰富的时代，丰盛则指向的是菜品的精致和创意，往往每道菜都含有寓意，或看上去像是件艺术品，那才叫丰盛。这实际上是时代变化下人们心态的一种变化，能吃饱了自然想要吃好，能吃好了则会返璞归真，朝着精致淡雅的方向发展，以前穷人吃的野菜山笋被制作成各式各样的菜肴端上餐桌，为富人或士大夫津津乐道，开始追求意境。相反，那种大鱼大肉的吃法则会让人瞧不起，认为那是穷或是没见识的表现。

可以说宋朝的菜和茶是两条并进前行的饮食线，他们把点茶发挥到了极致，将茶文化直接推到了天花板，使后世几乎没有发挥的空间。菜也是如此，现在我们吃的菜系，大多数都是在宋朝就已经发展成熟的。下面我从雅、精、素、鲜四个角度，来说说宋朝菜系，以及当时之人对待食物的态度。

什么是雅呢？雅就是不故弄玄虚，不矫情，有真才情，并以真性情示人。所谓的雅不是装出来的，而是发乎于身体内的一种特质。

我们来看本小节开篇这首诗，曰：

浪涌晴江雪，风翻晚照霞。

醉忆山中味，浑忘是贵家。

这首诗出自《山家清供》，作者叫林洪，是南宋的文人，他自称是北宋林和靖（林逋）的七世孙。此人生卒年不详，只知是绍兴年间的进士，除此之外，就没有更多的资料了。从《山家清供》这本书的内容来看，不难看出作者是一位颇具才情且追求风雅的文士。

这首诗其实写的是他涮火锅时的情景，说他有一年去武夷山拜访一位友人，刚巧遇上大雪，友人下山来接迎，二人寒暄两句就往山上走，说来也巧，在爬山的途中竟抓到一只兔子。

林洪是个吃货，得此一只活蹦乱跳的兔子高兴不已，然到了友人家中后，难题随之而至。那友人乃是位隐士，生活简朴，家中也颇为简陋，更无烹调所需要的各种调味品，所谓巧妇难为无米之炊，更何况是两条光棍？

没烹调所需之用品，莫非要将那兔子放了？对吃货而言，那是万万办不到的，那友人笑了笑说道："无妨。将兔肉切成片，用薄批，酒、酱、椒料腌一腌，把风炉放在火架上，倒上小半锅水，等水开了，用筷子夹兔肉到水里涮一下，涮熟了后，随各人的口味蘸些调料汁便能吃了。"

林洪一听，心想妙啊，这吃法不光省事，而且两人围着火炉涮肉吃，还颇有氛围。

过了五六年，林洪又在杨泳斋的席上见到这种吃法，因又想起当年武夷山之行，有种恍如隔世之感，心想这杨家是世家，世代治学，过日子又是以清雅为主，真的是十分适合这种有山林野趣的饮食之法，于是就随口吟诵了一首诗句，"浪涌晴江雪，风翻晚照霞。醉忆山中味，浑忘是贵家。"又将这兔子火锅命名为"拨霞供"。

可能林洪当时也没有想到，当年他一句"风翻晚照霞"以及"拨霞"之举，竟会流传千年。

事实上流传千年的岂止是"拨霞"之举，我们的这个社会，在千年的流转之中，一直在由俭入奢、由奢入俭的怪圈之中循环，基本没有哪一个朝代能够从这个怪圈中脱离。即便是到了今天，当我们的物质得以满足之后，最先进入城市的那批人，或者是在城市里出生的那些人，厌烦了城市的喧嚣和拥堵，开始逃离城市涌向农村，在山中置办一套别墅，吃着野味，品着香茗，过着"醉忆山中味，浑忘是贵家"的逍遥日子。即便是尚未逃离城市的人，也开始向往山村的宁静，这几乎成了盛世之下独有的特色。

这样的趋势我个人认为是社会发展中的一种必然的体现，说明人们满足了物质生活以后开始追求精神上的享受，而精神上的享受必然要满足"雅"的条件，因此，雅之一字，是人们追求精神生活的基础，脱离了这个字，所谓的精神上的追求便无从谈起。

当然，要真正做到雅，还是要数文人。文人的雅是与生俱来的，可以毫不夸张地说，世人所谓的雅几乎都是在模仿历朝历代的文人之行为，所以，林洪之雅是真的雅，他简直是把日子过成了诗。再来看林洪提到的一道名菜：

> 泉之紫帽山有高人，尝作此供。初浸白梅、檀香末水，和面作馄饨皮。每一叠用五分铁凿如梅花样者，凿取之。候煮熟，乃过于鸡清汁内。每客止二百余花可想。一食，亦不忘梅。后留玉堂元刚有和诗："恍如孤山下，飞玉浮西湖。"

这段文字同样出自《山家清供》，这道菜和兔肉火锅一样，说穿了其实也非常普通，别看他描述得十分之优雅、诱人，其实就是碗鸡汤馄饨，然林洪则将它称之为"梅花汤饼"。更绝的是，一碗馄饨居然还留下了"恍如孤山下，飞玉浮西湖"，如此清绝风雅而有想象力的诗句！

不过，话又说回来，这碗鸡汤馄饨也并非没有丝毫特色，他说这馄饨是泉州紫帽山的一位高人发明的，要用浸了白梅和檀香末的水和面皮，并且用模具将馄饨做出梅花状，煮熟以后，将馄饨放入鸡汤汁内。而且这是限量供应的，每位客人最多只能买两百个，想要多买点的，不好意思，不给。于是，吃过的人，都忘不掉那味道，后来诗人留玉堂（注：留元刚，字茂潜，今福建泉州人）和诗云："恍如孤山下，飞玉浮西湖。"将馄饨比作飞玉，将鸡汤比作西湖，真正是雅之极也。

古人将梅兰竹菊称作四君子，也常以吃此四味食物而觉高雅。前面提到的鸡汤馄饨就有白梅作为原料，宋朝的文人雅士更以食笋为雅。苏轼有首诗叫《於潜僧绿筠轩》，诗云：

可使食无肉，不可居无竹。

无肉令人瘦，无竹令人俗。

人瘦尚可肥，士俗不可医。

旁人笑此言，似高还似痴。

若对此君仍大嚼，世间那有扬州鹤。

翻译成现在的话说就是：我的饭菜里可以没肉，但住的地方绝不可没竹子。为什么这么说呢？因为没吃肉大不了让人瘦一些，而没竹子却使人俗不可耐。一个人如果瘦了，可以再胖回来，但俗了就无药可医了。有些人笑我，说我说这话要么是太清高，要么是痴人说疯语。可你们想过没有，一个人如果既想对着竹子装高雅，又想大口吃肉，有这样的事情吗？

由于文人对竹子的推崇备至，竹便成了风雅之象征，从而，吃笋也成了件高雅之事。《山家清供》里面有道菜叫做"傍林鲜"，其实就是烤竹笋，然却被描写得不染凡尘，其曰：

> 夏初，林笋盛时，扫叶就竹边煨熟，其味甚鲜，名曰傍林鲜。文与可守临川，正与家人煨笋午饭，忽得东坡书，诗云："想见清贫馋太守，渭川千亩在胸中。"不觉喷饭满案，想作此供也。大凡笋贵甘鲜，不当与肉为友。今俗庖多杂以肉，不才有小人，便坏君子。"若对此君成大嚼，世间哪有扬州鹤"，东坡之意微矣。

说是在春末夏初的时候，竹林里的笋最多，这时候把竹叶一扫，就地生把火烤笋，味道非常鲜美，因此称作"傍林鲜"。不得不说，《山家清供》真的是把野味做到了极简极雅的境界，挖了笋后直接就在山上生堆火烤熟了吃，这样的事情有几个"雅人"做得出来？

你还别说，真有这样的人！文与可（注：文同，字与可，四川绵阳人，北宋仁宗皇祐元年进士，苏东坡的表兄）在临川（注：江西抚州境内）做太守时，有一次正和家人一起烤着笋吃午饭，忽收到苏东坡的一封书信，信中有诗云："想见清贫馋太守，渭川千亩在胃中。"文与可见到此诗，不禁喷饭大笑。

为什么见着此诗会大笑呢？这里有个典故。苏东坡和文与可是表兄弟，亦是文友，二人惺惺相惜。文与可擅长画竹，当时有人为了求他所画之竹，不惜捧着丝绢来求画。文与可岂会将这等俗物放在眼里？将丝绢扔地上，骂道："我要将这些丝绢拿去做袜子！"似乎只有糟蹋了这些丝绢，方解心头之恨，后来索性告之来求画的人说，苏东坡画竹也画得好，你们去向他求画吧。为此，文与可还挺得意，说这回做袜子的材料都送到苏东坡那里去了。

可见，文与可是一位真正的雅士。有一次，他把所画的一幅《筼筜谷偃竹》赠给苏东坡，并让他作《洋州三十咏》（注：现今的《和文与可洋川园池三十首》），其中一首便是《和文与可洋川园池三十首·筼筜谷》，诗云：

> 汉川修竹贱如蓬，斤斧何曾赦箨龙。
> 料得清贫馋太守，渭滨千亩在胸中。

因了这个典故，苏东坡来信取笑文与可说"想见清贫馋太守，渭川千亩在胃中"，将"渭滨千亩在胸中"，在信中改成了"渭川千亩在胃中"，文与可不觉喷饭满案。这种文人间的打趣，恰恰反映出了文与可的风雅，也因此成就了这道"傍林鲜"，所以林洪说，大凡是笋，都以甘鲜为美，不应该跟肉一起煮着吃，否则就俗不可耐，太不像话了。可偏偏有些厨子，在笋里加肉，就是因为这些鄙俗的小人，才坏了君子的清雅。"若对此君成大嚼，世间哪有扬州鹤"，苏东坡这句诗实在是太精妙了！

从"傍林鲜"这道菜中不难看出，雅士之所以雅，乃是发乎于心的雅，他绝对不是装出来的。如文与可之辈，一方之太守，在宋朝高薪养士的大环境下，他会缺食短衣吗？肯定是不会的，可他却情愿在竹林中烤笋吃，也不愿大鱼大肉，此举一来固然是因为笋之鲜美，二来则是发乎于心的清雅。不难想见，宋朝之文士是有其风骨和坚守的。

我曾在前文说到，幸福、享受、快乐与否，与食物的丰富程度是没有直接关联的，说到底，只是跟心态有关罢了，文与可以食烤笋为乐，关键在于心雅，自然非那些酒池肉林之辈可比。在《山家清供》里面还说了这么一件事，说是有一天宋太宗问苏易简（注：字太简，北宋进士）道："食品称珍，何者为最？"意思是说，在珍贵的食物之中，哪一种最为名贵？

苏易简答道："食无定味，适口者珍。臣心知齑汁美。"世上的食物很多，味道也千变万化，只有适合自己的才最为珍贵。臣觉得，腌菜汁最好吃。

太宗一听就笑了，腌菜汁那东西又咸又涩的，也可称之为美味吗？于是就问他为什么。

苏易简说道："臣一夕酷寒，拥炉烧酒，痛饮大醉，拥以重衾。忽醒渴甚，乘月中庭，见残雪中覆一齑盎。不暇呼童，掬雪盥手，满引数缶。臣此时自谓上界仙厨，鸾脯凤腊，殆恐不及。屡欲作《冰壶先生传》记其事，未暇也。"他说有一天晚上非常冷，我坐在炉子旁边温酒痛饮，大醉后盖了被子就睡，也不知睡了多久被渴醒了，就踏着月色走到庭院去，看到雪中露着只腌菜罐子，当时渴急了，等不及去唤下人，直接就用雪搓了搓手，洗干净了，端起那腌菜罐子就喝，一罐喝完了又取一罐来，哎呀，那味道没法描述，怎么说呢，就算是天界的仙厨做的世上最好的珍馐美味，都不及那几罐腌菜汁好喝啊。我曾想把此事写下来，篇名都想好了，唤做《冰壶先生传》，只可惜还没闲下来去做此事。

太宗闻之大笑，不过也认可了苏易简的说法。

什么叫美味？文无定法，食无定味，这个问题永远都不可能有答案，但有一样却是肯定的，即只有适合自己的才是最美的。

后来，苏易简与太宗的这段对话传了出去，有人听说那腌菜汁如此好喝，就专程来向苏易简请教，问那东西是怎么做出来的。苏简易道："用清面菜汤浸以菜，并消醉渴一味耳。或不然，请问之冰壶先生。"就是用清面菜汤泡菜，大醉醒来之后去喝，非常地好喝，如果你不信，那就去问冰壶先生吧！

腌菜汁真的好喝吗？若真是好喝，那才见了活鬼了！那东西又咸又涩，腌了几日后还有股闷臭味，焉有好喝的道理？我不知道苏易简是不是真的喝过腌菜汁，听起来是件雅事，可实际更像是一则寓言故事，这世上没有最好吃的食物，只有最教人回味的食物。

人到了一定的时候，吃饭也能吃出个境界来，比如"采芙蓉花，去心蒂，汤瀹之，同豆腐煮，红白交错，恍如雪霁之霞，名'雪霞羹'"（注：语出《山家清供》）。一朵芙蓉花，与豆腐同煮，红白交错，简简单单，却雪霁之霞，因有了这个"雪霞羹"的美名，何等地诗意！又如，"剖香圆作二杯，刻以花，温上所赐酒以劝客。清芬蔼然，使人觉金樽玉斝皆埃壒之矣"（注：语出《山家清供》）。

所谓香圆，其实就是产自闽南的佛手柑，将之对半切开，刻上花，当成杯，酒自然就有了柑橘之自然香味，顿时觉得那些金樽玉盏都成了粪土，因得"香圆杯"之名，实在是又雅又有情趣。

以上所说，大部分源自《山家清供》这本书，并不能代表两宋所有人的审美情趣和口味，但林洪是南宋文人，此时物质条件已相当好了，追求山林野趣之味，寻找诗酒花茶之雅，应该是众多文人和士大夫所寻求的雅趣之生活。

列位应该都听说过这么一句诗，叫做"人间有味是清欢"，此话出自苏东坡，在这句诗的前面还有两句，叫做"雪沫乳花浮午盏，蓼茸蒿笋试春盘"，意思是说一盏好茶，一盘新鲜的野菜，人间真正的绝味还得是清淡才教人欢愉啊！

在文人和士大夫的推崇之下，吃食之素雅几乎是深入到宋朝人的骨髓里的，像海参、鱼翅、燕窝之类的名贵滋补食材，翻遍两宋的史料，也未必能找出宋朝人吃这些东西的记录，即便是在宫廷御宴之中，都找不出鱼翅、燕窝的字眼，这不得不说是咄咄怪事。为了消除我的疑惑，也为了避免出错，我专门去翻了一下《武林旧事》里面记载的那一场宋王朝规格最高的宴席菜单，即南宋大臣张俊宴请宋高宗的那场盛大宴席，由于被周密记录在《武林旧事》里面，我们今天才有幸能看到完整的菜单。

那菜单有近一百五十道菜，食材都很普通，只是做得比较精致而已，比如鹅梨饼子、雕花蜜饯、荔枝甘愿饼、羊舌签、荔枝白腰子、鸳鸯煠肚、螃蟹酿橙、洗手蟹、水母脍、虾橙脍、血粉羹、姜醋生螺、煨牡蛎、莲花鸭签、蛤蜊羹等等，有水果、羊肉、动物内脏，也有海鲜，但就是没有海参、鱼翅、燕窝这些东西。

为什么呢？是一国之君、一朝之大臣吃不起吗？如果说在宋高祖时代吃不起燕窝、鱼翅，那么可以毫不夸张地说，中国历史上就没有哪一个朝代能吃得起海参、燕窝了。可问题是，在明清的史料记载中，大量记载了海参、燕窝、鱼翅，为什么偏偏宋朝没有？

这个问题我想了很久，并不是说宋朝的厨子做不出来，而是风雅之宋人，已超脱于口腹之欲，他们在饮食上更追求风雅和精致。汪曾祺先生曾说："宋朝人的吃喝好像比较简单而清淡，连有皇帝参加的御宴也并不丰盛。"先生以《东京梦华录》里的一篇"宰执亲王宗室百官入内上寿"来加以佐证，我们不妨一起来看一下《东京梦华录》是如何描述皇室之宫廷御宴的：

每分列环饼、油饼、枣塔为看盘，次列果子。惟大辽加之猪、羊、鸡、鹅、兔连骨熟肉为看盘，比以小绳束之。又生葱韭蒜醋各一碟。

这就不需要我特意翻译了，确实很简单。在宋朝人眼里，吃不是最重要的，重要的是氛围，是食物所具备的情调，而食物之情调，恰恰也反映出了宋人的情调。

那么宋人有什么样的情调呢？个人以为，一是清心寡欲，二是温和随性，这和现在世界上那些发达国家的人民十分神似，由于他们食物充足，更无生活上的后顾之忧，因此才有了这种独特的情调。而宋朝距离今天的我们上千年，却已具有了这样的情调，委实难能可贵。

不过需要说明的是，宋朝人除了食物偏向于精致之外，对盛食物的器皿也有特别的要求。

众所周知，在中国历史上瓷器最为有名，而历代瓷器则又以宋瓷为最。可是，在当时的宋人眼里，瓷器却是最上不得台面的东西，连普通老百姓都看不起那玩意儿。

这是一个很有趣的现象，可为什么会出现这样的现象呢？

原因很简单，因为所有的瓷器，都有一种特性，那就是生活用品，即便是放在客厅的花瓶，在宋人眼里也仅仅是一只花瓶而已，能有多珍贵？还有像瓷碗、瓷杯、瓷盘这些玩意儿，哪一样不是生活用品？既然是生活用品，收藏它有何意义，不嫌俗吗？

说到这儿，可能有些人会疑惑，宋朝的瓷器不是很发达吗，既然没人用，生产出来卖给谁？

当然是卖给穷人，还有那些没见过世面的洋人或者胡人。特别是那些洋人，拿到一件宋瓷，当宝贝一样，所以宋瓷尽管被看作是俗物，上不了台面，但民间瓷窑的生意依然还不错。

那么宋朝人不用瓷器用什么呢？

我们来看看北宋东京城内著名的会仙酒楼里用的是什么样的器皿：

大抵都人风俗奢侈，度量稍宽，凡酒店中不问何人，止两人对坐饮酒，亦须用注碗一副，盘盏两副，果菜碟各五片，水菜碗三五只，即银

近百两矣。虽一人独饮，碗遂亦用银盂之类。其果子菜蔬，无非精洁。（注：语出《东京梦华录》）

这会仙酒楼很大，光是豪华包间就有百十余间，两人对坐饮酒，配套的器皿亦是注碗（注：一种碗状的酒具）、盘盏、果菜碟、水菜碗等，请注意，这里没有说到是什么菜，只说这些器皿的价值就值一百两银子。前面说道，宋朝瓷器是不值钱的，一般一只碗也就十几文，贵的三十文，这些价值上百银子的器皿其实就是银制的。后文提道，"虽一人独饮，碗遂亦用银盂之类"，而果子菜蔬反倒是不怎么重要了，无非就是精致干净一些罢了。

再来看一段孟元老的描述：

吾辈入店，则用一等琉璃浅棱碗，谓之"碧碗"，亦谓之"造羹"，菜蔬精细，谓之"造齑"，每碗十文。（注：语出《东京梦华录》）

这段话提到了琉璃浅棱碗，又叫碧碗，也称造羹，菜蔬很精细，叫做造齑，每碗十文钱。

从中不难看出，在高档的饭店，用的是银制或琉璃制作的器皿，换句话说，碗比菜贵，而且两者相差的比例非常大。

银制的器皿咱们就不说了，银子很贵重这个列位都懂，重点来说说琉璃。

琉璃是一种人工水晶，属于装饰品类，唐朝就已出现了，但到了宋朝依旧比较稀缺，因此在宋人眼里，琉璃比银和玉还要珍贵，一般只有富贵人家才敢用琉璃当作饰品，或是用来当餐具。前文《东京梦华录》提到的琉璃浅棱碗，用现在的话来说，那只有五星级酒店才有。

比琉璃更加贵重的是玻璃。物以稀为贵嘛，琉璃虽稀缺，但好歹能制造，玻璃则完全依赖于朝贡或进口，所以玻璃非常珍贵，甚至于比金银、琉璃还要贵重，当时要是哪个家里有只玻璃碗，那绝对是上等人家。别看《东京梦华录》提到了琉璃、银盂，可翻遍此书，却没发现玻璃，足见其稀缺程度。

那么普通的百姓家用什么器皿呢？

除了瓷器之外，大多数用木盘或木碗，也有用漆盘的，或者说，在没有外来客的情况下，老百姓关起门来会用瓷器，但是在有客人的情况下，绝对不会将瓷盘或瓷碗那些玩意儿端上来，那是对客人的尊重，抑或说用什么样的器皿代表了主人家的情调。

总而言之，无论是食物，或是装食物的器皿，宋人都以风雅、精致为尚，吃的时候，断不会大鱼大肉，满嘴油光，自然也不会用俗物去装精致的菜肴，俗之一字，与宋是隔绝的，在没有战争和烽火的时代，他们大多温文尔雅，谦恭有礼，每一个人的行为举止都如谦谦君子，卑以自牧。

如果说，唐朝是豪迈奔放的话，那么宋朝便是温文尔雅，用现在的话来说，多少有些小资情调，这样的时代放眼中国历史，卓尔不群，独一无二。

四、登峰造极的茶酒文化

> 延年喜剧饮，尝与刘潜造王氏酒楼对饮，终日不交一言。王氏怪其饮多，以为非常人，益奉美酒肴果，二人饮啖自若，至夕无酒色，相揖而去。
>
> ——脱脱、阿鲁图《宋史·石延年传》

说到宋朝的风雅，就不得不提他的茶酒文化，宋朝的点茶可以说是茶道文化的天花板，除了宋朝之外，再没有哪个时代能与之媲美，诚可谓是登峰造极，空前绝后，今天我们所谓的茶道也多是模仿宋朝。

我这么说，丝毫没有夸张的成分，茶道成熟并发展于唐朝，陆羽的一部《茶经》直接将吃茶引入了文雅之道，并风靡世界，当今流行于日本的抹茶，就是唐朝时期传过去的，但是，将茶文化发扬光大，并且将吃茶这种风雅之事推至艺术的境界的，则是宋朝。

关于宋朝的茶道文化，拙作《明朝烟火味儿》曾有过详细的描写，本书不再赘述，我只简单地说一下。

宋朝人吃茶吃的是意境，比如说宋式点茶，它实际上是从唐朝的煎茶法演变而来的。唐朝的煎茶是先烧水，而后往锅里放茶末煮，点茶则不是。点茶时，锅里只烧水，不煮茶。别看只是烧一锅水，但烧水的过程却是非常讲究的，具体步骤是，先清理火炉底下的炭灰，清理干净后往炉底下放三根短炭，然后点火，谓之底炭。底炭燃烧片刻，在炭的表面形成一层薄灰时，加一次炭，谓之初炭，而后再加后炭，这三次加炭层层递进，整个过程必须把握好火候，火势大了小了皆会影响汤水的效果。

我至今都没弄明白为什么炭火要这么加，说实话，听上去有些玄学的味道，不过"火候"这个词真的非常奇妙，比如说炒菜，同样的材料和作料，火候不同炒出来的味道就是不一样，出自不同人之手的菜，有时候味道可以说是天上地下。或许烧水这件事也是这么个道理吧，你讲不明白，却也反驳不了。

闲话表过，言归正传，再说点茶所用的茶。宋朝用的茶是茶饼，即团茶，其制作过程有六道工序，分别是：蒸茶、榨茶、研茶、造茶、过黄、烘茶。这六道工序，每一道都十分考究，比如所蒸之茶，须是嫩芽，茶芽采回后，先泡于水中，泡上些时候，如果茶芽泡坏了，便挑拣出来，选匀整之芽进行蒸青，蒸后再用冷水清洗一遍，然后就是榨茶。榨茶又分两道工序，小榨去水，大榨去汁。研茶时会加入沉香、龙脑香等香料，以调和茶叶本身的涩味。兑水研细，入模压饼、烘干。

由于工序繁杂，生产出来的团茶，价格不菲。若是出自名家之手，价钱贵到能教人惊掉下巴，堪比黄金。比如宋四家（注：宋四家指北宋四位书法家苏轼、黄庭坚、米芾和蔡襄）之一的蔡襄，著有《茶录》一书，精通茶道，任福建转运使之时，监制北苑贡茶，其所制作的"小龙团"，每斤须花费普通百姓半生之积蓄。欧阳修在《归田录》里如是描述团茶之金贵：

> 茶之品莫贵于龙凤，谓之团茶。凡八饼重一斤。庆历中蔡君谟为福建转运使，始造小片龙茶以进，其品绝精，谓之小团。凡二十饼重一斤，其价值金二两。

这样的茶，老百姓是吃不起的，百姓所吃之茶一般源自民间茶坊。

再来说点茶的过程，蔡襄在《茶录》中如是描述点茶：

> 茶少汤多则云脚散，汤少茶多则粥面聚。钞茶一钱七，先注汤，调令极匀，又添注入，环回去拂，汤上盖可四分则止，视其面色鲜白，着盖无水痕为绝佳。建安开试，以水痕先者为负，耐久者为胜。

这段话看似简略，实际操作起来其实非常复杂，我简单说一下这个过程：

将茶饼取出，放微火上炙烤，以去除水分。取一张洁净的纸，把茶饼包起来，放在木质茶臼里，轻轻捣碎，把捣碎的茶放入石磨或碾子，快速地碾磨成粉状，再倒入筛子，轻轻细筛，筛数遍，取其绝细之粉末。

有了茶末之后，点茶正式开始，这个过程说起来也有点儿玄。吃茶的器具各个时期都不尽相同，我们现在喝茶，盏、壶、杯子都有，其实这些器具的使用习惯，都是从古代传承下来的，一般是唐碗、宋盏、明壶，在点茶之前，茶盏先要温一下，叫做温盏，温温的水不能太烫，也不能太凉，要用二沸之水。

什么是二沸之水呢？后面会讲到，这里姑且按下不表。温盏之后，将茶末放入茶盏之中，就要开始往盏内注水了，注水是门技术活儿，一盏茶是否有意境，茶汤之成色如何，全在这注水的过程之中。宋徽宗创立了一套点茶手法，叫做"七汤点茶法"，其有个重要的口诀，说："分轻清重浊，相稀稠得中，可欲则止。乳雾汹涌，溢盏而起，周回旋而不动，谓之咬盏。"茶汤咬盏是点茶的至高境界。

所谓的"七汤"，就是要在那小小的茶盏之内分别注入七次水，第一汤，点茶者右手执壶，向盏内缓慢注水，只倒少量，慢慢搅动，将盏内的茶末调成糊膏状；第二汤，从茶面注入，其水若线，沿着茶盏内缘走一圈。接着便是一提一顿，急注急止，水入盏时，茶面纹丝不动。点茶者左手晃动茶筅（注：搅动工具，一般为老竹所制，如剑脊之状），茶色渐渐晕开，茶汤泛起汤花若珠玑；第三汤，可稍多加些水，边加边搅动茶筅，轻重要均匀，顺着盏心画圆弧，使茶汤顺着同一个圆圈转动，汤随筅动，筅随手走，人筅合一，表里搅透，直至汤花若蟹眼似的不断泛起时，此茶就算是有六七成功夫了；第四汤，所注之水要少，茶筅缓缓往外缘转动，华彩渐焕，云雾渐生，好茶将成；第五汤，仍少加水，重点在茶筅的搅动力道，要轻，要均匀，更要通透，如果汤面结霜凝雪，则茶基本已成；第六汤，少许，点茶者立观盏内茶之变化。如果盏内茶沫有突出的凝点状，影响美观，则用茶筅再轻轻拂动；第七汤，最后一次注水，不说注水多少，要适可，要分辨茶色轻重清浊，看是稀是稠，若适中，则成了一半，若乳雾汹涌，溢盏而起，旋而不动，谓之咬盏，则大成。

那么如此调制出来的茶好喝吗？据说是香甜顺滑，一口下去，浓浓的，微甜，却又带有一丝茶之清香，非常好喝。

实际上宋朝的点茶，就是今天我们说的功夫茶，讲究的是技巧以及调制过程中的内劲，用江湖上的话讲，就是玄门功夫，只要是功夫，那就是要比武的，要分个高下，所以在宋朝的时候，无论是官方还是民间，都兴斗茶，在街头上随处可见。

比点茶再高一层境界的是分茶。分茶大概出现在北宋末年，此时，宋朝的经济、文化已然发展到一定的高度，可以说是走遍世界也找不出如宋朝这般繁荣昌盛的国家了。别看当时虽然北方有金、辽的威胁，但是，宋朝从上到下都是追求和平的，他们谁都没想要打仗，破坏当下和平繁荣的环境，所以北宋末年，宋徽宗依旧在与金朝谈判，民间追求的仍然是高品质的风雅生活。这时间节点是宋朝的拐点，从古至今议论纷纷，有人说是弱宋，只会一意求和，屈于一隅，也有人说宋政府无能，他们的军事过于薄弱，根本无法跟金、辽一战，后来的事实也证明，宋军一触即溃，北宋灭亡。不过，我想说的是，抛开国家政治这个层面不谈，至少宋朝的老百姓是幸福的，要知道繁荣的前提是安定，只有国家安定了，百姓方能幸福，才能享受他们风雅的品质生活，抛开安定，一切所谓的高品质的生活都无从说起。

从宋朝历史的走向来看，分茶应该就是在这个特殊的历史节点出现的，站在后人的角度来看，颇有些神奇，然却又是那么自然，因为纵观南北两宋，发展经济和文化始终是其核心，似乎很少折腾，即便是经历了北宋之亡，可到了南宋，依然如故，偏安一隅，繁荣昌盛。

是幸也，不幸也？荣也辱也？可能站在不同的角度，会有不同的看法，包括我自己，在写宋朝背景的不同题材的书时，对宋朝也会有不同的看法，比如我曾写过一本宋徽宗时期的小说，说的是宋金结盟的事，由于是站在政治的角度，对"海上之盟"是持否定态度的，但是在写本书时，由于出发点谈的是民生，说的是老百姓的生活，说到宋朝安定和平的环境，说到宋朝百姓安居乐业的生活时，便不由得对宋朝不打仗、不折腾的做法，发出由衷的赞叹。

闲话表过，咱们继续说分茶。分茶是在点茶的基础上更进一层，如果说点茶是技艺，是功夫是茶艺的话，那么分茶就是艺术，是将吃茶这件事推到了艺术的高度。

完成点茶的全部步骤后，在浓稠的茶汤上面作画，将那茶汤当作宣纸，瞬息描绘出瑰丽多变的书画，故又谓之"水丹青"。

发展到这个境界，茶还是用来吃的吗？当然不是，此时，吃茶已经不再重要，欣赏才是主要目的，茶对味蕾的贡献当然也已经退居二线，风雅则悄然占据了茶道的首位。可以毫不夸张地说，茶道一路发展下来，及至宋朝，业已是登峰造极，它是茶，也是艺术，它能饮，然而饮的则是意境。

简单说完宋朝的茶文化之后，下面我们重点来说一说宋朝的酒文化。

酒在宋朝也是有传统的，我曾在前文说过，太祖俭朴，只要能省钱，什么都能戒得掉，唯独戒酒没有成功。于是乎，宋朝的酒文化在太祖的带领下，堂而皇之地开始流行了。

宋朝的酒究竟流行到了一个什么样的程度，或者说宋朝的酒在人们的心目中占据着怎样一个地位呢？我来说一个小故事，列位就能明白酒在宋朝的地位了。

世称北宋有"三豪"，分别是欧阳修之文、杜默之歌以及石延年之诗。石延年的诗我们可能了解得并不多，但如果你爱好历史，并且凑巧还喜欢那么一点点八卦的话，那么一定听说过他的酒仙之名。

毫不夸张地说，石延年好酒之名，在整个东京城几乎是无人不知无人不晓，连仁宗都晓得这家伙好酒。有一次，仁宗途经大庆殿，看到中书省大门外的台阶上躺着一人，老远就闻到一股浓烈的酒气，于是就问左右，这人是谁啊，大白天的躺台阶上？

旁边有人认出来了，说那是石学士。

仁宗一听是这家伙，皱了皱眉，便没再去理会，绕着他走。

仁宗没去惊扰这位酒仙的大梦，一则是知晓其酒仙之名以及才学，二则是知道他行事古怪，三则是仁宗开明，喝酒也不是什么大事，只要在上班时间没有影响正常的公务，该做的事情都完成了，也就随他去了。

石延年有多古怪呢？事实上他没有喝酒的时候是正常的，诗文俱佳，而且他读书不读死书，往往是通大略，不会去计较一字一句之得失，因此文风豪迈，雄劲有力，虽有刀斫斧凿之粗犷，却独辟蹊径，自成一家。可他一旦喝起酒来，那就不太正常了。

有这么一则轶闻，说是在江湖上有一位叫刘潜之人，生性豪迈，且酒量惊人，他听说东京有个人，叫做石延年，素有酒仙之名，便有些不服气，于是就去京师找石延年，说是要比一比酒量。

石延年一听，两眼直发光。他这人每天除了工作外，就想着怎么喝酒，好嘛，现在来了个要跟他斗酒的，正中下怀。当时刚好有家王氏酒楼新开业，新店酬宾，有优惠，二人并肩而入，挑了张桌子，相对入座，什么也不点，只点了酒，开坛就饮。

店内的人一时都被他俩吸引了，纷纷过来围观，只见他俩一句话不说，两眼就盯着对方，一坛一坛地豪饮，这是斗酒还是斗气？

如此喝了大半日，酒家都急了，再这么喝下去，店内的酒都被他们喝光了。可石、刘二人却兀自面不改色，一个说，酒没了便再去买些来。另一个说，不会差你银子。店家无奈，只得差人去买酒。

如此又喝了半日，外面天都黑了，客人来了去、去了来换了好几茬，然这二人除了去厕所外，却依旧坐在原来的桌子前，纹丝不动。旁边的酒坛子早已堆积如山，都能砌一面墙了，围观者也是人山人海，一边看一边啧啧称奇，莫非这二人是神仙不成，这都过去一天了，啥也没吃，光喝酒，凡人谁顶得住？

这则消息传开后，一时轰动京城，大伙儿都在猜测当日在王氏酒楼喝了一天酒的是哪路神仙，后来得知，原来是酒仙刘潜和石延年。

只是那日斗酒没分出个上下，二人心中不免都有些遗憾，后来石延年任海州通判，刘潜便又找到他，问敢不敢再斗一场。石延年闻言，哈哈大笑，别的不说，就喝酒这事他就从没怕过谁，有何不敢？

这一次是在船上，从傍晚喝到半夜，眼见着一船的酒快喝没了，意犹未尽，若是去陆地上买酒，一则麻烦，二则正在兴头上两人谁都懒得动，转眼间见船上有一斗醋，心生一计，把那醋灌入酒内，晃一晃，摇匀了，继续喝。

就这样，坚持到天亮，酒又没了，这才作罢。

看到这儿，列位肯定目瞪口呆，这么喝他喝不醉吗？我没有看到他醉后躺床上动不了的记录，但这并不代表他没醉过。

众所周知，每个人醉后的情形是不一样的，比如我，醉了路都走不动，只想躺下，少年时候多少有些随性不羁，有一次喝醉了，直接在路边的石板上睡了一觉。但有些人醉后则喜欢动，比如动嘴，满口胡话，说个不休，谁都拦不住，还有些喜欢跳舞、狂奔等等，总之闲不下来。据我个人的推测，石延年醉后应该也是属于爱动的。

他发明了很多新奇的稀奇古怪的动作，比如囚饮，给自己戴上枷锁，披头散发，光着脚，蹲在路上喝酒；还有巢饮，爬到树上，搭一个巢，像鸟一样坐在巢里喝酒，我一度怀疑"雀巢"这个饮品品牌的灵感是否就是来自石延年。有时候把自己包在一个物体里面，只伸出个头，像王八一样，叫做鳖饮；到了晚上不点灯，摸黑喝酒，叫做鬼饮；兴致上来时，一会儿跳到树上，一会儿跳到石头上，又一会儿落地，跳来跳去，来回折腾，所以叫做鹤饮……

这不是喝醉了是什么，正常人能这样吗？问题就出在这儿，要知道石延年是个官员，一言一行、一举一动代表的是政府的形象，这要是搁现在早撤职了，但他除了上书章献太后，请求还政于仁宗被降职，外放通判海州之外，一直在京师为官，那些放浪形骸之举一点儿都没影响他的仕途。

为什么会这样呢？

请允许我做一个比较大胆的推测。首先，肯定得归功于北宋的朝政开明，爱惜石延年之才，才没拿他那些疯狂之举做文章。其次，我认为是官方需要石延年这个个人品牌。

道理很简单，说起石延年我们能想到什么？由于他特立独行、稀奇古怪的饮酒方式，说起石延年，人们的脑海里就会跳出一个"酒"，可以说石延年就是酒的代表，是酒最好的活体广告，品牌代言人。而酒对政府而言，其意义非常重大，重要到什么程度呢？毫不夸张地说，如果宋政府没有酒税的收入，庞大冗杂的政府机构运转以及军队的开支等，都将遭遇严峻的挑战。

以仁宗朝为例，北宋名臣蔡襄的统计是，有兵118.1532万人，这些人的开支如下：

钱（贯）收入3682.2541万贯；支出为3317.063万贯；养兵支出994.0147万贯，占总支出的30%。

绢帛（匹）收入874.5535万匹；支出为725.564万匹；养兵支出742.2768万匹，占总支出的102%。

粮食（石）收入2694.3575万石；支出为3047.2708万石；养兵支出2317.0223万石，占总支出的76%。

草（束）收入2939.6113万束；支出为2952.0469万束；养兵支出为2498.0464万石，占总支出的84%。

我们没必要去看具体的支出数目，从总支出的百分比来看，可谓触目惊心。但军队的开支只是国库开支的其中一小部分，还有各个机构部门官员的俸禄，以及各个时期与辽、西夏等签订的和平条约的赔款呢！

宋朝官员的俸禄是很高的，后来的明朝跟宋相比起来，那简直是一个天上一个地下。如宰相、枢密使这些一品官员，每月的正俸是300两银子，还有其他各种福利补贴600两，一年下来十多万两银子。就连一个知县，每月正俸也有30两，各种福利补贴60两，一年下来也有上千两银子。

以我们最熟悉的包拯来说，据《宋史·职官志》记载，包拯每月的俸禄为：

> 每月粮三十石，其中米和麦子各一半；柴禾二十捆（注：每捆十三斤）、干草四十捆；冬天外发十五杆（注：每杆十五斤）木炭；月发"公使钱"一千五百贯、"添支钱"一百贯。

以上正俸和各种补贴加起来为1800贯左右，一年下来差不多有两万多两银子的俸禄。我们来做个对比，以宋朝的经济条件，一户人家一月的开销大概是5两银子，那么一年也就是60两银子，我们不妨想象一下，60两银子就足够一户人家过一年了，那么包拯两万多两银子的收入，无疑就是属于高收入群体，完全可以满足各种高档消费。

宋朝与之前的朝代一样，属于中央集权制，各种机构之多、官员之众的冗员现象同样存在。还是以仁宗朝为例，光是在中央内外的官员就达到一万七千之众。这要是把各州、各府、各县的各个机构统计在一起，绝对是个十分吓人的数字，在高薪养廉的体制下，财政支出可想而知。

此外，还有各个时期支付给辽、西夏的赔款，如真宗景德二年（1005年）、仁宗庆历四年（1044年），宋与辽、西夏分别订立和约，按照约定，宋每年要给辽白银10万两、绢20万匹，给西夏白银7.2万两、绢15.3万匹、茶3万斤。

军队、官员、赔款再加上每月宫里的各种开支，财政的支出十分巨大，那要怎么维持政府的正常运转呢？除了发展商业，收取商业税之外，宋政府还发明了一个来钱极快的敛财之道，那就是酿酒。

或许会有人产生疑惑，酿酒真能产生如此大的经济效益吗？

答案是肯定的。要知道酿酒的成本很低，无非就是粮食和人工而已，但卖酒的价钱却很高，特别是一瓶名酒，其价值往往是成本的数百倍甚至上千倍。更为关键的是，酒是国家专营的，直白一点讲就是垄断行业，民间无权插足，你要是偷偷地私下酿酒，那就算是犯法了，是要抓去法办的。

宋朝酒业的收入究竟对国家收入的贡献有多大呢，或者说大到什么程度？在高峰时期，酒业占到了财政总收入的38.9%，毫不夸张地说，在宋朝几乎没有一个行业能够与酒业比肩。为使列位能看得更明白立体一些，我以表格形式，列出宋朝各个时期的酒税收入。

年代	酒税收入（单位:万贯）	财政总收入（单位:万贯）	所占比例（%）
太宗至道年间(955—997年)	185	2224	8.3
真宗天禧五年(1021年)	896	2653	33.8
仁宗庆历年间(1041—1048年)	1710	4400	38.9
仁宗皇祐年间(1049—1053年)	1498	3900	38.4
仁宗嘉祐年间(1056—1063年)	1348	3682	36.6
仁宗治平年间(1064—1067年)	1286	4400	29.2
神宗熙宁年间(1068—1077年)	1310	5060	25.9
哲宗元祐年间(1086—1093年)	1287	4848	26.6
高宗绍兴末年(1162)	1400	8000	17.5
孝宗乾道年间(1165—1173)	1332	7000(或以上)	19(或以上)

（注：本表的财政总收入，即"天下岁入缗钱"，并不是指全国全年的收入，为免引起大家误会，简单说明一下。宋朝收入除了缗钱之外，还有田赋以及金、银、绸绢、米谷、草等实物，以本表中哲宗元祐年间的财政总收入4848万贯为例，如果再加上实物的收入，应为7500万贯。此外，北宋的财政系统分为两个部门，即户部左曹所领的国家正赋系统，以及户部右曹所领的财政收纳系统，即《宋史》所谓的"左曹隶尚书，右曹不隶焉，天下之财分而为二"。也就是说，元祐年间7500万贯的财政总收入只是户部左曹会计的正赋岁入，而户部右曹之收入，则未计入在内。当前，由于资料匮乏，元祐年间户部右曹所得不详，没有讨论的价值，不再展开细说，不过初步估计，合计起来应在亿贯上下。）

纵观整个宋朝的酒税收入（注：包括专营收入），其常年保持在1200万贯以上（注：此数字来源于宋史学者李华瑞的统计），酒税在财政总收入的比例上，则常年平均在30%左右，可以说酒在宋朝那是名符其实的支柱产业。

既然是支柱产业，为保证其正常运行，便需要更多的政策支持，宋政府在酒业政策的扶持上，可谓是不遗余力，主要体现在两个方面，一是设置专门的管理、税收机构，以保证其垄断经营之后，在制造、物流、税收等环节的正常运行；二是营销，可以说是花样百出，不遗余力，甚至有些地方可以用不择手段来形容。

说到这儿，相信列位已经能够理解仁宗没有处理石延年的原因了吧？那样一块活招牌，把他摘了，岂非影响收入？

我们先来说宋朝酒业的管理机构和运营模式。

最高的管理机构自然是总管税务的户部，户部以下各路各州各县又设酒务，酒务专管酿酒、卖酒，同户部一样也是管理机构，酒务又设监酒，专掌榷酤（注：指酒的专卖）之课税，比如监饶州酒务、监袁州酒务等等，又称监当官，监官之下设有主管吏。

除主管部门外，又设酒库和曲院等部门。曲院是卖曲的部门，即酿酒用的原料，由于酒是垄断产品，酿酒的原料自然是被严格管理并禁止私下交易的，所有酿酒所需的曲必须由曲院所出；酒库则负责酿酒和销售，酒库下面往往开设了许多官营的酒店，有的大型酒店甚至开设了分店，专门用来卖酒，如此就形成了一个以户部为核心，各地酒务为实际管理中心的包含制造、销售、运输的国营商业网络。由于是政府直接参与，集中力量办大事嘛，所以这个销售网络很大，其体量毫不夸张地说，是巨无霸级别的制造销售企业。

总的来说，这个巨无霸级别的大型国企，可分为四大区域市场，即以汴京为中心的北方市场，以苏杭为中心的东南市场，以成都府、兴元府为中心的川蜀诸路市场，以永兴军、太原和秦州为支点的西北市场，基本覆盖全国。

这些区域之间的酒、曲不能互通互卖，要是越界越地销售了，轻则杖刑，重者可处以死刑！

或许看到这里，有人会感到震惊，卖个酒处以死刑，至于吗？

客观地讲，死刑不至于，量刑确实重了些，但是，国有国法，既然是国家专卖，私相交易那就属于走私，自然是要被法办的，我们来看一下《宋史》在这方面具体的记载：

> 五代汉初，犯曲者并弃市；周，至五斤者死。建隆二年，以周法太峻，犯私曲至十五斤、以私酒入城至三斗者始处极刑，余论罪有差；私

市酒、曲者减造人罪之半。三年，再下酒、曲之禁，户私造差定其罪：城郭二十斤、乡间三十斤，弃市；民持私酒入京城五十里、西京及诸州城二十里者，至五斗处死；所定里数外，有官署酤酒而私酒入其地一石，弃市。乾德四年，诏比建隆之禁第减之：凡至城郭五十斤以上、乡间百斤以上、私酒入禁地二石、三石以上、至有官署处四石，五石以上者，乃死。法益轻而犯者鲜矣。

端拱二年令：民买曲酿酒酤者，县镇十里如州城二十里之禁。天圣以后，北京售曲如三京法，官售酒、曲亦画疆界，戒相侵越，犯皆有法。（注：语出《宋史·食货志》）

这段话大概的意思是说，五代的时候，逮到私卖酒曲之人直接处死，周朝时，私卖酒曲至五斤的处死，宋太祖觉得量刑重了些，在建隆二年改为私卖十五斤，或是拿私酒入城贩卖至三斗以上的，始处以极刑。后来又下诏，在曲、酒的斤量上有所放宽，但是在规定上则更为细致，比如私酿酒、曲者"城郭二十斤、乡间三十斤，弃市（注：死刑）"，"民持私酒入京城五十里、西京及诸州城二十里者，至五斗处死"，带着异地的酒进入另一个地区，超过了里程数和酒的数量后，同样要处死。这些法令的出台，虽标志着法律的完善，但私贩酒、曲者到了一定数量后处以极刑的规定并没有改变，这说明宋政府对酒的重视，而且酒业作为支柱产业，销售是否稳定，税收是否如期收缴，皆会影响国家稳定。

由于曲和酒是分开卖的，所以宋朝酒业又分为两种制度，叫做榷曲和榷酒制。

榷曲指的是曲的专卖制度，对于这个制度，《宋史》如是解释：

诸州城内皆置务酿酒，县、镇、乡、间或许民酿而定其岁课，若有遗利，所在多请官酤。三京官造曲，听民纳直以取。

意思是说，在各州各城内，官酿的酒只能官卖，在城乡接合部，是可以自行酿酒的，不过酿酒所用的酒曲必须向政府购买，购卖酒曲的时候很严格，需要两名官员同时在场，两人都称一遍，确认斤两无误后才会卖给酒户，酒户酿酒后以特许经营的形式自行销售，同时按量纳税。但是，如果某些地区生意特别好，政府可能就会改变营销策略，将自酿自卖形式改为官酿官卖。换句话说，你只要生意好了，或者做大了，政府很有可能就会来插一脚。而在京师之地，官方同样垄断造曲，京城内的大型酒店同样需要向政府购曲以酿酒，不同的是，京师所在的大酒店，购曲的费用就已经包含税金了，所以售酒之时无须另行纳税。

这就是宋朝的榷曲制度，通过垄断酒曲的生产和销售环节，以保证高额利润。当然，站在国家的高度，榷曲除了获取高额利润外，还有一项重要的功能，即通过调节酒曲的生产数量，来控制酒的产量。比如，民间的成品酒多了，供大于求时，则可以通过限制曲的数量，来降低成品酒的产量，以此来平衡供求，从而稳定酒市。

前文提到，酒作为宋朝的支柱产业，以控制源头的方式来稳定酒市是有必要的，不然的话市场肯定会乱。但是，任何一种商品一旦垄断，并且将本是商品属性的货物升级到政治的高度，其弊端也很容易体现出来。比如说，在某些特定时期，出于某种政治原因，需要控制成品酒的数量，官方便控制了酒曲产出，从表面上看，这种做法并无问题，但是，我们要知道政治是政治，市场是市场，这两者之间有时候是互不相通的，甚至有可能是矛盾的，源头一旦受到管控，物以稀为贵，酒曲和成品酒在市场上便水涨船高，最终还得是百姓埋单。

还有一种情况，官府为了攫取更高的利润，故意限制酒曲，从而人为地抬高酒价，由于是垄断行业，面对此等情形老百姓一点办法也没有，只能认栽。这样的情况，在封建时代中央高度集权时期乃常有之事，导致民间怨声载道。奈何财政支出巨大，为了保证国家各个机构能够正常运作，朝廷或许看到了类似的弊端，也不大可能把酒的专卖专营制度放开，让利于民，最多也只是在政策上稍作调整，让民众少一些怨言罢了。

那么酒曲的利润到底有多高呢？我粗略跟大家算一下，在北宋一斗小麦大概是五十到六十文，一斗小麦可以造出六斤四两酒曲，而酒曲的价格则为每斤一百五十文。到了北宋中后期，酒曲的价钱涨两百文以上，在管控或数量限制的特殊时期，它的利润甚至高达600%，垄断之下，其利润之高，委实令人震惊。

需要注意的是，酒曲只是获取高利的其中一个环节，酿好的成品酒同样是高利，而且酒这种东西它是没有上限的，所谓的好酒无非就是纯粮酿造，但它是有品牌效应的，只要营销做得好，成了知名品牌，其利润照样可以达到数百倍。

北宋有位名叫张能臣的人，名次贤，官至奉议郎，其著有《酒名记》一部，当中共列北宋名酒223种，可见宋朝名酒之多，而这些所谓的名酒，无一不是高价高利润的产物。

下面我们再来说说榷酒。如果说榷曲是指酒曲的专卖制度，那么榷酒指的就是酒的专卖制。在此制度下，酒实行统一生产、销售，各地生产的酒不得越界售卖，由此，正店、脚店应势而起。

所谓正店，是指官方指定的民营酒店，有酿酒权，只要向政府购买酒曲便可自行酿造并进行销售。这种大型的民营酒店一般出现在繁华的都市，由于酒的供求量大，国营所酿之酒远远不能满足市场需求，于是，政府便将酿酒权向民间放开，只要有足够的能力和场地，就可以向官府申请特种酿造和经营权。

据《东京梦华录》记载，"在京正店七十二户，此外不能遍数，其余皆谓之'脚店'"。如前所言，正店的规模较大，是可以自己酿酒并售卖的，而脚店则没有酿酒资格，只能从正店批发进行售卖，我们可以将之理解为专营店。

《东京梦华录》记载的正店有"州东宋门外仁和店、姜店，州西宜城楼、药张四店、班楼，金梁桥下刘楼，曹门蛮王家、乳酪张家，州北八仙楼，戴楼门张八家园宅正店，郑门河王家，李七家正店，景灵宫东墙长庆楼"等等，这些正店往往"不以风雨寒暑，白昼通夜，骈阗如此"，不分白昼黑夜、风雨寒暑，反正无论什么时候都开着。

在那七十二家正店中，矾楼最大，是东京城最大的民营酒楼。

矾楼又名白矾楼，因最初销售白矾起家故名。据传矾楼的主人姓樊，《水浒传》里将之写做樊楼，故当时以及后世也有称之为樊楼的，为此，南宋文人吴曾所著的《能改斋漫录》还曾特意做过解释，说："京师东华门外景明坊，有酒楼，人谓之矾楼。或者以为楼主之姓，非也，本商贾鬻矾于此，后为酒楼，本名白矾楼。"

从文字记载推测，这家最大的民营酒店后来应该是收归国有了，理由是仁宗在天圣五年（1027年）曾下诏说："白矾楼酒店如情顾买扑，出办课利，令在京脚店酒户内拨定3000户，每日于本店取酒沽卖。"（注：语出《宋会要辑稿》）

买扑就是竞标的意思，这道诏令说得很明确，要是有人竞标承包，并依法缴税，可以分拨在京3000户专营店（脚店）至其旗下，如果它不是国有，仁宗不可能下此诏令。可见，矾楼不只是一家正店这么简单，它实际上是一家东京城最大的兼制造、批发和零售的综合性国营酒店。

矾楼大到什么程度呢？它可以说是东京城内一座标志性建筑，由东、西、南、北、中五座楼宇组成，在宣和年间改名为"丰乐楼"，规模进一步扩大，"更修三层相高，五楼相向，各有飞桥栏槛，明暗相通，珠帘绣额，灯烛晃耀"（注：语出《东京梦华录》）。为此，矾楼灯火，成为东京一景。

去这么一处高级豪华的酒店，仅仅是为了吃酒吗？当然不是！吃酒只是一种方式，寻欢作乐才是目的。当时，无数的富豪权贵、王孙公子、文人骚客至矾楼一游，通宵达旦，丝乐不休，歌舞不绝。在那些文人墨客之中，最令人津津乐道的是，宋徽宗与李师师两位艺术家在矾楼的风流韵事。

说他们二位是艺术家，可能列位会觉得好笑，事实上是我们误解了。我这么说有两个原因，一是彼时的宋徽宗并不是作为一个皇帝去矾楼的，他纯粹只是以一位风流才子的身份去寻欢的；二是矾楼为了招徕顾客，会聘请许多才色双绝的艺妓在酒店内坐镇。这些艺妓无论是样貌、才艺、口才均堪称一流，所以没多少文化的富豪权贵，可以观赏歌舞，艳羡她们的美色，有文化的文人骚客可以与之吟诗作对，甚至成为知音，总之，无论是哪类人，都可以在这些艺妓身上得到需求。

然艺妓们迎来送往、逢场作戏的目的只有一个，那就是卖酒，这是官方许可并鼓励的，但唯独有一样不行，即情色交易，无论是官员还是普通的百姓，嫖娼都是明令禁止的。因此，我们不能因为见到"艺妓"或"官妓"等字眼，便认为她们是出卖肉体的妓女。

所谓的艺妓或官妓，其实是文艺工作者，古代所谓的"妓"也并非是现在我们所想象的那样，妓者女乐也，其本义就是指从事歌舞声乐的女子。宋初，东京就设置了教坊司，司内分为四个部分，即大曲部、法曲部、龟兹部、鼓笛部等，分别掌管不同乐种的教习。说直白一些那就是一所声乐学校，培养人才的地方，跟现在去学钢琴、唱歌没有本质上的区别。

最为关键的是，宋朝作为词曲盛产地，文人作词，艺妓赋曲演唱，本身的确是件雅事，岂能赋予其他色彩？所以将宋徽宗和李师师比作两位艺术家或文艺工作者在矾楼讨论文化艺术并无不妥。

有这么一则轶事，说是在北宋时，杭州有一名知府，名叫祖无择，与官妓薛希涛私通，事发后，薛希涛被棒打至死。

从这一则轶事中不难看出，宋朝对官员与官妓私通是严格禁止的，《西湖游览志余·委巷丛谈》载:"宋时阃帅、郡守等官虽得以官妓歌舞佐酒,然不得私侍枕席。"仁宗时也有类似的规定:"若只因宴饮伎乐祗应,偶有逾滥,须经十年已上,后来不曾更犯罪,并与引见。"(注:语出《宋会要辑稿》)意思就是说,如果在宴会上官员和官妓越界了,撤职后至少十年内不得为官,十年以后如无再犯,方可考虑引见。可见朝廷对官员和官妓之间的约束不可谓不严。不过从史料记载来看,真宗之后,这些约定逐渐荒废,形如废纸,故到了徽宗时代,他跟李师师之间定有逾滥,不过此事不在本书讨论的范围内,就此打住。

我们再说回宋朝的酒店,北宋文人刘子翚写有《汴京纪事二十首》的诗作,其中有一首诗如是写道:

> 梁园歌舞足风流,美酒如刀解断愁。
> 忆得少年多乐事,夜深灯火上矾楼。

夜上矾楼,成了少年之乐事,可见矾楼在文人骚客心中的地位何其之重。不过也不难理解,少年心性嘛,美貌之女子哪个不爱,况且又有如李师师那样的顶级明星坐镇,大家自然是趋之若鹜。在矾楼的艺妓中,除了李师师外,还有徐婆惜、赵元奴、孙三四等一线女明星常到矾楼演出,美人加美酒哪个又能拒绝呢?

为此,矾楼不仅是一座销金窟,在政策的支持下,它同时也是一座销酒窟。据说矾楼日常接待酒徒上千人,按人头算的话,单矾楼自家销售出去的酒业已十分惊人,再加上其旗下尚有三千家脚店,其年销售量绝对是个天文数字。

在朝廷主导以及政策的扶持下,宋朝的支柱产业发展得可谓风生水起,其名人名酒的营销手段在矾楼更是体现得淋漓尽致。不过矾楼好歹是东京城的地标,乃朝廷主导的大型国营酒店,他们的营销手段皆在律法许可之内,有些酒库或正店,为了把销量搞上去,其手段真的是无所不用其极,其中最为人不齿且见于史料的是,王栐收录于《燕翼诒谋录》中的这件事,其云:

> 上散青苗钱于设厅,而置酒肆于谯门,民持钱而出者,诱之使饮,十费其二三矣。又恐其不顾也,则命娼女坐肆作乐以盅惑之。

青苗钱是北宋时期的一种商业贷款,乃王安石在神宗熙宁年间开始推行,本意是在每年二月、五月青黄不接时，由官府发放给农民贷款，一般是春放秋还，利息也并不算低，每半年要取利息二分或三分，以《宋史·食货志四》之记录为例，"今放青苗钱，凡春贷十千，半年之内便令纳利二千，秋再放十千，至岁终又令纳利二千。"农民的负担还是相当重的，这钱可以说是全家的希望了吧？可有些人为了卖酒，把酒摊摆在城门口，专等进城贷款的农民出来，诱使他们饮酒，唯恐他们不上钩，特意请了娼女（注：这里所说的娼女与前文中的官妓性质一样，乃弹唱之歌女，下同）作乐或跳舞，以此蛊惑拉客，总有那么些人经不起诱惑，或是在美人面前拉不下面子，反正手里也有钱，就买了一些酒，如此"十费其二三矣"，秧苗还没下地呢，钱先去了十之二三。

此外，无论是北宋之东京，还是南宋之临安，繁华街道的酒楼边上，除了"门首皆缚彩楼欢门"（注：语出《东京梦华录》）外，还有"浓妆妓女数十，聚于主廊面上，以待酒客呼唤"（注：语出《梦粱录》），有些酒店开业，"俱有妓女，以待风流才子买笑追欢耳"（注：语出《梦粱录》），为了把酒卖好，酒家与妓馆几无差别。

面对这般情状，士大夫们看不下去了，他们虽也风流，流连于柳烟之地，与艺妓吟诗作对，可雅与俗有时端的只一线之隔，于一念之间，比如在酒店内安排艺妓本无可厚非，可如果让艺妓站在路边招徕，这事的性质就变了。艺妓在酒馆里面，酒徒自行进去消费，这属于自愿行为，可你让艺妓站在路边，这明显就是诱惑了，特别是诱使他人拿青苗钱换酒这事，说难听点这事做得有些缺德，于是就有人沉不住气了，直接就告到了皇帝那里：

> 官吏无状，于给散之际，必令酒务设鼓乐倡优，或关扑卖酒牌子，农民至有徒手而归者。但每散青苗，即酒课暴增，此臣所亲见，而为流涕者也。（注：语出苏轼《乞不给散青苗钱斛状》）

意思是说，有些官吏实在是太不像话了，每到放青苗钱之际，就让娼妓唱歌跳舞，有些农民没把持住，贷的款全花光了，空手而归。但是每当发放贷款之后，酒税就随之暴涨，这说明什么？说明官员为了卖酒，简直已到了无所不用其极的地步。

苏轼这话说得不可谓不重，但我并没有看到相关史料说，苏轼说了这话后朝廷便禁止了类似的事情，不免令人遗憾。

宋朝的经济发达吗？发达的！消费活跃吗？活跃的！但是，贷了青苗钱而倾家荡产的却也不在少数，而且青苗钱的利息不算低，年息在四到六分，根本算不上什么薄利，可就是这么一笔本要用来养家糊口的钱，居然还有官方惦记着，这一点宋朝做得欠妥。

或许有人会问，酒和曲不都是官营的吗，垄断之下，躺着数钱即可，何以要这般卖力？

这里有两个原因，第一个原因上文业已提到，政府将部分酿酒权承包了出去，矾楼就是个最好的例子，通过买扑（竞标）的方式，价高者得，竞标完成后，期限一般为三年，既然是以高价竞标来的，且有期限，自然得使尽浑身解数卖酒；第二个原因是官方内部也有竞争机制，称之为"比较务"。

比较务的出现缘于垄断之下各地酒务累年亏损的情况，幸许有人会问，躺着数钱的行业也能亏损？是的，越是躺着数钱的行业，越会亏损，你说怪是不怪？这个问题咱们不深入探讨了，心照不宣吧。不过这个问题朝廷也是颇为头疼，明明可以躺着赚钱，怎么就出现亏损了呢？为了解决这个问题，朝廷出台了一系列措施，一是对外实行买扑制，分一部分资源给民间，让市场活跃起来，至少承包出去的这一部分，不会再出现亏损，可以充盈国库；二是对内实行赏罚制，具体的做法是，比如某酒库有酒务官三员，那么就把这个酒库一分为三，让三名官员各自负责一个酒库，但是酒库增加了，相关主管以及酒匠却没有相应增加，相当于是把闲置的冗员再利用起来，并形成相互竞争的关系，"分定课税，各自造酒，收趁课利，比较增亏赏罚"（注：语出《宋会要辑稿·食货》），也就是说，一分为三之后三个酒库之间就形成了竞争机制，各自包干利润以及课税，没作为的要罚，完成了每年定额的会赏。

这个办法是在浙江率先试行的，两年后推广至全国，并对比较务做了更为细致的规定，如"酒务官二员者分两务，三员者复增其一，员虽多毋得过四务"（注：语出《宋会要辑稿·食货》）。酒务官有二员的分二务，三员者分三务，但最多不能超过四务，估计是分太多了不利于管理。

这个制度的出台，对宋朝酒业来说自然是利好的，可对百姓而言则未必是好事。因为这个所谓的竞争是出现在官方内部的竞争，且这个竞争制度的出台是在出现亏损的情况下被迫实施的，所以它的出现与市场行为没有一丁点关系，酒业本身依旧是垄断的，既然是垄断的，那么游戏的规则还是掌握在少数人手里，酒价是涨是降，不会因为市场原因而调节，而是根据官方亏损了多少或贪了多少而浮动其价格，是晴是雨由权力说了算。换句话说，酒业的存在并不是一个民生行业，其存在的意义就是为了赢利，在这种背景下，垄断经营对百姓而言肯定不仅不会有利好，而且还会导致各种乱象。

这种乱象并不仅是如前所述的那样，出现拉客、以情色卖酒等等，更为严重的是，当社会出现动荡或战争时，为了填补由战争带来的财政紧张，酒价飞涨，比如在北宋末年及南宋初期，酒价都涨得比较厉害。

此外，各路军队为了筹措军饷，直接就开设了自己的军用酒库，然后开展各种经营性活动卖酒，以此来增加军饷。我们所熟悉的岳飞，其旗下就有七座酒库，"每年收息钱五十八万余缗"（注：语出《宋会要辑稿·食货》）。又如都统制刘宝"擅置两大酒库，又添置脚店百余处"（注：语出《建炎以来系年要录》）。

其他各级各类的机构见军队这么干，那不好意思，我也要干！这年头谁家都不好过，我们也难啊，于是纷纷扯起大旗卖酒。故在北宋末期、南宋初期就形成了多系统的榷酒机构，大家都想着赚点钱过日子。

赚谁的钱？自然是赚百姓的钱。

当官方纷纷囤粮自救的时候，我不禁要问：那老百姓呢，他们怎么办？

当然，这超出了本书讨论的范畴，不必再行深入细说，在本章节行将结束时，我来做一个简单的总结吧。

很多人都说宋朝的饮酒文化发达，最直接的证据是来自于《水浒传》的渲染，梁山好汉基本上天天大碗喝酒，一开席那酒都是一缸一缸抬上来的。其次是文人墨客逛瓦舍勾栏，也几乎是无酒不欢，加上都市的街道两侧酒店林立，且各大酒店俱是人来人往，烘托出一幅繁华盛景。

也有人说，判断一个时代是否繁荣，只须看那个时期的酒肆是否发达即可。这么说也并非全无道理，你想，酒毕竟与衣食等必需品不同，它并非是刚需的，喝不喝影响不了生活质量，换句话说，你能喝酒那就说明生活还可以，如果连吃饭都成问题，谁还敢喝酒呢？如果街上酒店林立，且生意兴隆，那便足以说明这个社会是繁荣的。

其实这些说法都没有错，毕竟是有依据的，且得出的结论是繁华，何错之有？但如果加上一个前提，即酒作为支柱产业，是在垄断之下官方强行推广的，这味道是否就有些变了呢？

当然，从中国历史历朝历代的发展规律来看，出于种种原因垄断产业一直存在，我们并不能因为酒的垄断经营而否定了两宋，酒作为一种消费品，其在促进消费、推动两宋经济发展中的作用是不可忽视的，而且宋朝酒业的现象，仅仅是两宋商业化进程中的冰山一角，事实上宋朝商业化的推进和发展，在中国历史上可以说是罕见的，关于这一点，我们只须稍微理一理宋朝税收便能清晰地看到，比如从真宗朝开始，工商税的收入便已超过了农业税，至神宗熙宁年间，在王安石变法之下，宋朝社会从上至下走上了商业化的快车道，农业税的比重降至30%。及至南宋淳熙至绍熙年间，非农业税的收入比重已接近85%。

要知道中国素来是一个农业大国，一直以农业为主，这一点即便是宋朝之后的明、清也依然如此，要到19世纪洋务运动之后，工商税的比重才超过50%，可在明、清之前的宋朝却发生了质变，着实堪称神奇，亦是值得称道的。这说明宋朝在商业化道路上是成功的，其理念也是超前的，这种超前的商业理念几乎融在了宋人的骨子里，所以花样繁多的促销不只是体现在酒业上，无论是官营还是民营的商品，其在营销上的手段都是一样的。我并没有在史料上发现官府限制民间商人营销的手段和方式，这也是宋朝商业发达的根本性原因，只是到了明、清时期这种现象又发生了逆转，社会环境显得压抑和保守，这不得不说是一种遗憾。

宋朝登峰造极之茶酒文化的优缺点我都说了，我不是什么宋粉，所以宋朝的这种现象究竟是好是坏，是利是弊，还是留给列位评判讨论吧。

五、竹杖芒鞋轻胜马，吃到海角天涯

> 净洗铛，少著水，柴头罨烟焰不起。待他自熟莫催他，火候足时他自美。黄州好猪肉，价贱如泥土。贵者不肯吃，贫者不解煮，早晨起来打两碗，饱得自家君莫管。
>
> ——苏轼《猪肉颂》

由于宋朝的美食甚多，享受美食者自是数不胜数。但我不推崇那种穷奢极欲的享受，为了吃到一口自己想吃的食物，无所不用其极，那样的人算不上什么美食家，顶多算是一个口腹之欲极强之人罢了。

今天我要说的是一个可爱的吃货。

什么是可爱的吃货呢？事实上可爱就是洒脱，你看幼儿可不可爱？但他们同时也洒脱，比成年人洒脱多了，什么金钱、名誉、权力他们都不懂，所以也都不爱，无所顾虑，只爱吃的或玩的。

人只有洒脱了才会显得可爱。

明朝有位思想家叫做李贽，他主张"童心说"，认为童心、真心是万物之本源，所有人都应该坚持最初的那一念之本心。他贬斥程朱理学是伪道学，甚至反对孔孟的儒家学说，提出不能以孔子之是非为是非，不能将其当作万年不变的真理，影响我们的治国理念和生活，因此提出"至道无为、至治无声、至教无言"的理念，认为那些假仁义、假道德是害人的，有些人虽然满口仁义道德，暗地里却龌龊至极，仁义道德反而成了那些人的盾牌和面具。最好的"道"是无为，所以坚持童心、初心、本心才是正道。至于治理国家，最好的状态是让老百姓感觉不到管理者和权力的存在，人类社会之所以常常发生动乱，乃是统治者对老百姓的生产生活过度干涉的结果。

李贽的言论可谓大胆之极，也因其大胆之言，才为后世所推崇。我以前在写明朝的相关书籍时，每提李贽便不由肃然起敬，他所提出的那一套哲学理论，乃是除儒家学说之外另一种理想的境界。只是在一人独尊的封建体制下，社会环境整体压抑，人们的思想、本性多受拘束，要真正做到"可爱"，何其之难。

宋朝虽然开明，也相对自由，但终归是一个封建体制下家天下的时代，从这个角度来说，要成为一个可爱的吃货，其实也并不容易。

好了，说了这么多，咱们进入正题，今天要说的这个人乃是苏轼，他可以说是宋朝吃货界的王牌。据不完全统计，在我们现代的美食之中，有近五十种的食品与之有关。他行走的轨迹遍布大江南北，据说到过大约两百个地方。但是，如果将他行走的轨迹以及吃过的美食，跟他的人生经历重合比较后就能发现，那是坎坷起伏的一生，那经历要是搁一般人身上，别说是创造美食、逍遥人生，能保持心态、莫要沉沦便都算是坚强的了。

可见没有个好的心态，断然当不了宋朝顶级的吃货。下面我们就以吃的角度，来看看苏轼不平凡的一生。

苏轼在嘉祐二年（1057年），即在他二十二岁（注：虚岁，古人习惯以虚岁计年龄，下同）之时便进士及第，年少成名，鲜衣怒马，可谓是前途无量。只是人之一生除了才气之外，还得有些时运，如果才学、时运都具备了，再加上脾气好，能屈能伸，那么基本上就可以飞黄腾达了。

从苏轼的人生经历来看，他的时运不是很好，性子还有那么一点倔，这就注定了他的仕途不会好到哪儿去。

进士及第之后，其母病故，按照宋朝的丁忧制度，官员须辞官回家奔丧并守孝三年，苏轼当时理应尚未授官，于是以白丁的身份直接回家了。

至嘉祐四年十月，守孝期满，于嘉祐五年二月回京，授河南府福昌县主簿，下乡锻炼去了。次年，在欧阳修的推荐下，赴京参加制科考试（注：又称特科，是为选拔非常之才而举行的不定期的非常规考试），一举成名，被誉为是"百年第一"的大才，授大理评事、签书凤翔府判官。虽然官职升了，但依然在地方为官。越四年还京，通过学士院的考试，任直史馆。

直史馆简称直史，并非实职，相当于是现在顾问、荣誉教授等等之类虚职，名头很大，但没有实权。不过任直史的期限一般不会超过两年，两年内会委以重任，换句话说，这是一个非常容易被越级提拔的位置。

眼看着终于快熬出头可以大展宏图了，治平三年（1066年）其父苏洵在京病逝。苏轼会同弟弟苏辙扶柩还乡，又是三年的守孝期，然而三年之后，天下换了模样。

熙宁二年（1069年），由王安石主持的变法启动，此番变法被称之为中国古代史上继"商鞅变法"之后，又一次规模巨大、影响深远的政治改革，以经济、治军为中心，涉及政治、经济、军事、社会、文化等方方面面，王安石的目的是要通过这场变法，改变宋朝建国以来积贫积弱的局面。

不可否认的是，王安石的想法是好的，国家的财力确实也增强了，前面提到的"青苗钱"以及"免役宽剩钱""市易息钱"等政策，差不多都是在同一时期陆续出台的。新政实施后，财政收入明显增加，国库充裕。神宗年间，国库积蓄可供朝廷二十年的支出，这是改革之后带来的显著效果。但是，随着成果的体现，弊端亦随之而来。

说直白一点，王安石变法的目的就是替国家敛财，手段和想法都非常超前，即便放到今天也不过时，可以说正是宋朝开明的皇帝和王安石们的那种超前的思想，才造就了宋朝商业的繁荣。然而改革非一朝一夕之事，它可能需要几代人的努力，方能逐渐见到成效，犹如春雨润物无声，可是王安石太急于求成了，他可能是想要在自己手中看到一个帝国的实实在在的蜕变，于是导致有些政策反而成了扰民之举，比如青苗法，利息本就不低，然地方官员为了敛财，擅自加息，生生把官方利民的贷款做成了高利贷。

又如募役法，自秦以降，每朝每代、每家每户都要服徭役，说实话，这项政策野蛮而低效，在人类文明的进程中是早晚要被革除的。王安石改革后以交钱代替服役，由政府统一出资雇人服役。这么一来的好处是，百姓不需要去给政府做无偿苦力，或者服兵役了，可以腾出时间干农活、做生意，或者去完成自己的理想等等，国家也多了一笔收入，可谓两全其美。可这项政策出台后到了地方上，乱收费现象频生，甚至街头的小商小贩不交免役钱就不得经营，演变成了公然抢钱。

当时有不少人对新法有异议，苏轼便是其中一个。他上书谈论新法之弊端，令王安石颇是恼火，授意御史谢景在神宗面前说苏轼之过失。神宗是支持改革的，即便没有谢景在中间多嘴，他对苏轼的态度也并不满意。苏轼也是个明白人，既然主政的和施政的对我都不满意，为免彼此心烦，那就两不相见吧。于是，神宗御笔一挥，调苏轼出京，去了杭州任通判，也开始了苏轼"竹杖芒鞋轻胜马，一蓑烟雨任平生"的行旅人生。

从熙宁四年（1071年）去杭州，到元丰二年（1079年）四月，"乌台诗案"（注：苏轼调任湖州知州时给神宗写了封《湖州谢上表》的折子，本是例行公事，装个样子，奈何文人心性，一时笔走龙蛇，一泻千里，写了一些不该写的话，发了一些牢骚，被人利用诬告而下狱，险些被斩，后还是宿敌王安石说了句"安有盛世而杀才士乎"，躲过一劫）爆发，被贬去黄州做了团练使，从司马光上台，旧党掌权，苏轼复被召还入京，到对旧党政策的不满，向腐败、保守之现状发起抨击，而再次被贬，二度去杭州任职……经历了这一切，浮沉半生，双鬓染霜，他看淡了也看开了，与其为京师高高在上的那个人活着，倒不如为自己而活，与其选边站队为了仕途低眉折腰，不若为百姓撑腰，在地方上做些实事。这世间之事啊，既然你无力改变，做不得那搅弄风云之人，那就做他一个在这风云之下庇佑一方苍生的人，又何尝不可呢？

人一旦看开了之后，心态、格局便都不同了，其流传于世的《赤壁赋》《念奴娇·赤壁怀古》等名篇，均出自乌台诗案之后任黄州团练使期间，"东坡居士"之号也差不多是在那时候起的。从苏轼到苏东坡的转变，是其人生之质变，让他从一个政客变成了诗人、文豪、书画家、工程师，让他从一个在政治上专唱反调的人，变成了流传古今的美食家，以及吃货中的王牌，饮食界的金字招牌。

在食品圈内，"东坡"绝对是块金字招牌，这块招牌代表的不仅是美食而已，他还代表了地方之文化，各地都争着抢着要。比如说东坡肉，它是苏轼在江苏徐州任知州时发明出来的，只不过那时候苏轼还不叫苏东坡，自然也就没有"东坡肉"之名。后来"乌台诗案"爆发，苏轼被贬去做了黄州团练使，那一年他四十六岁，以古人的平均寿龄来讲，已是步入老年了，于是乎号东坡居士，在那里开垦了一片荒地种菜。由于他喜吃猪肉，常常自个儿炖着吃，因此，他所炖的肉被后世称之为"东坡肉"，换句话说，"东坡肉"这块招牌是在黄州时期创立的。但是在黄州的时候尚未形成品牌效应，知道的人不多，真正做到尽人皆知的是二度去杭州任职之时，这也是如今只有杭州的东坡肉最有名的原因了。

当时，苏轼因不满王安石被贬去了杭州，后来，苏轼因不满司马光又被贬去了杭州，人生兜兜转转如同跟他在开玩笑一般，好在这时候的苏轼已经不在乎名利和权力了，不然他也不会在得罪了新党领袖王安石之后，再去把旧党领袖司马光也给得罪了，为新旧两党所不容，也就意味着他被这个世道所不容了。这一点苏轼很清楚，所以他本是要去杭州养老的，可惜的是，老天爷似乎还不想让他闲着。

元祐四年（1089年）一月三日，苏轼于杭州到任，次年五六月间，天降大雨，大量庄稼被淹，同时洪水倒灌入城内。眼看着杭州城内变成一片汪洋，苏轼组织人手，疏浚西湖，筑岸建堤，将城内之洪水引入西湖，打从那时候起，洪水问题解决了，西湖也变得更美了，老百姓为了感谢苏轼，听人说他喜欢吃猪肉，就抬了几头猪送去，聊表谢意。

诚如苏轼所言"黄州好猪肉，价贱如泥土"，猪肉在宋朝是不贵的，因此，当他看到百姓送来猪肉时，也没拒绝，吩咐家中的下人，按照他的方法将之炖了，然后分发给那些参与疏浚西湖的民工吃，一时间，"东坡肉"之名就传开了。

吃的是肉，传的是美名，事实上许多美食之所以能成为传统美食，关键在于创造美食的人，而不是食品本身，东坡肉也是如此，其重点不在于肉，而在于"东坡"二字。

那么东坡肉真的好吃吗？实话实说，作为一个浙江人，非常适合我个人的口味，很好吃。下面我来说说这道菜的具体做法，苏轼在他的《猪肉颂》里面是这么写的：

净洗铛，少著水，柴头罨烟焰不起。待他自熟莫催他，火候足时他自美。黄州好猪肉，价贱如泥土。贵者不肯吃，贫者不解煮，早晨起来打两碗，饱得自家君莫管。

这首打油诗是苏轼在做黄州团练使时写的，其精髓就在于小火慢炖，锅底下的火无烟无焰，就那么一点点小火，慢慢让它炖着，不能急，也不能催，火候到了味道自然就美。

从中也不难看出彼时苏轼之心态。本是可以平步青云、坐享富贵的，因对当朝之不满，说了些真话、提了些意见，被贬到一个小地方做了一个不起眼的小官。那么既然说不得真话，提不了反对的意见，便随它去吧，在这小地方安生地过个小日子，也未尝不是件美事。由此，我们便能想象得到苏轼在黄州过小日子的情景：

他慢悠悠地，甚至还有可能哼着小曲，把锅仔仔细细地洗干净了，切好猪肉后生火慢炖，且这一炖就是好几个时辰，所以他搬了张躺椅，是可以晃动的那种，在小火炉边上轻轻放好，躺上去后，微微闭上眼，慢慢地摇晃着躺椅……周围除了柴火的燃烧声外，还有不远处传来的阵阵的鸟鸣，泉水流动的声响，可能还有不知名的虫鸣。鼻端闻到的是青草的淡淡的清香，对了，或许还有阳光的味道……

不知不觉中，肉的香味从锅内漫溢而出，飘入鼻端，他的嘴角微微一弯，露出抹惬意的笑。黄州上好的猪肉啊，跟泥一样便宜，富贵人家自然是看不上的，平民百姓家又不会煮，或是也没那闲心思慢慢去炖一锅肉，普天之下也只我守在火前，等它出锅，芸芸众生，恐再无如我这般清闲之人了吧？

待火候到了时，那猪肉入口即化，满嘴肉香，天上地下岂再有这般美味之食物啊！于是就吃了两碗，打一个饱嗝，肚子饱了，心也满足了，余生自此足矣！至于他人要说什么，怎生评价，随人家说去吧，反正我是吃饱了，满足了。

这是何等样的一种状态呵！用我们现代人的眼光去看，那过的简直像是神仙一般的日子。所以说要想烹制、享受美食，非得有一个好的心态不可。

再说一道美食，叫做"羊蝎子"，也是苏轼发明的。这道美食与前文所说的东坡肉不同，乃是因为实在太馋了不得已而为之。我们先来看苏轼是如何记录此事的：

> 惠州市井寥落，然犹日杀一羊，不敢与仕者争。买时，嘱屠者买其脊骨耳。骨间亦有微肉，熟煮热漉出。不乘热出，则抱水不干。渍酒中，点薄盐炙微燋食之。终日抉剔，得铢两于肯綮之间，意甚喜之，如食蟹螯。率数日辄一食，甚觉有补。
>
> 子由三年食堂庖，所食刍豢，没齿而不得骨，岂复知此味乎？戏书此纸遗之，虽戏语，实可施用也。然此说行，则众狗不悦矣。

苏轼被贬至惠州任宁远军节度副使时，乃是绍圣元年（1094年），已有五十九岁了，垂垂老矣，可嘴馋这毛病始终改不掉。

以上这两段话出自苏轼的《与子由弟书》。宋朝的羊肉挺贵的，至少比猪肉贵得多了，苏轼说惠州这地方市场不怎么兴旺，人也不多，但每天一只羊还是杀了的，偌大个地方，一天杀一只羊，那羊肉怎轮得到小老百姓呢？自然是优先供应给权贵，像他这样的人，虽也算是一个官，可只是个不起眼的小官罢了，而且还是个被贬的小官，哪敢跟权贵去争肉吃？只能眼巴巴地看着上好的羊肉教人买走。

想到苏轼那馋涎欲滴却又可怜兮兮的样子，请容我站出来说句话，苏轼并非是一个没胆量跟权贵抗争的人，他可是胆大包天、豪气凌云，敢向皇帝、宰相争理之辈，地方上的权贵岂能落入他的法眼？不过是怕有辱斯文罢了，为了口肉吃，上去争抢，与狗何异乎？

然而，现实是残酷的，你不去争那就吃不到羊肉，这对一个嘴馋的人来说，实在是件煎熬之事，那要如何是好呢？苏轼灵机一动，想了个办法，去跟屠夫商量，说羊肉都让人买走了，能否将这羊脊骨卖与我啊？

那羊脊骨本就没什么肉，多是扔了喂狗，苏轼买回来后，将之在锅内煮熟，捞起来，将水沥干，渍点酒，撒上些盐，放到火上烤，烤至微焦，那肉香就出来了，拿一根出来啃，自然是啃不到多少肉的，可这东西就是奇怪啊，偶尔在筋骨之间啃到那么点儿肉时，竟欣喜不已！这种感觉怎么说呢，就像是啃螃蟹腿，壳多肉少，但当你把螃蟹腿里的肉剔出来放到嘴里时，心里却有种说不出的高兴和成就感，于是就隔几天去买羊脊骨来吃一次。

子由（注：指苏辙）吃的都是厨子做出来的好菜，可能一辈子都没啃过骨头，怎会知道啃骨头的乐趣和美味呢？只是我啃得高兴了，惠州的狗却不高兴了。

虽说苏轼不肯与权贵争羊肉，免得有辱斯文，却不想跟狗抢起了骨头，端的是一段教人啼笑皆非的经历，也能从中看出其乐观豁达之心态。

我生于江南，至成人时尚未听说过羊蝎子，后来因文结缘有幸去北京做编辑工作，方始尝到了羊蝎子，味道自然是好的，不过我吃到的羊蝎子定然与苏轼的不同，我们现在吃的羊蝎子骨头上还是带了不少肉的，且烤得外焦里嫩，连着筋一块儿啃下来，美味之极，苏轼当年"跟狗抢的羊脊骨"肯定没多少肉。只是肉多肉少在一个可爱的吃货眼里，并不是那么重要，重要的是炙烤它的过程，以及好不容易啃到肉时的那种喜悦，所以即便是隔几天才吃一次，亦是"意甚喜之"。

在惠州过了一段逍遥日子后，绍圣四年（1097年），时已是六十二岁高龄的苏轼再次被贬，这一次直接被贬去了天涯海角儋州。

儋州在海南岛，在古代是不毛之地，一般情况下除非是犯了重罪，不然的话不会被贬去那种地方。苏轼知道到了儋州这种地方，差不多是自己人生的尽头了，况且年龄也到了这份上，几乎不可能有回京的机会了，所以既来之则安之，便安安心心地在儋州住下了。

对一个可爱的吃货而言，这世上从无所谓的不毛之地、苦寒之所，一方水土养一方人，各地皆有其独特之风物，何来不毛之地一说？儋州位于海边，海鲜多到吃不完，树上挂满了椰子可以当桶装水喝，这哪是苦寒之地哩！

于是，到了儋州后，苏轼再次开启了他的"度假生涯"。元符二年（1099年），他还写了一篇叫《食蚝》的文章，透露其在"不毛之地"的惬意之情：

> 己卯冬至前二日，海蛮献蚝。剖之，得数升，肉与浆入水，与酒并煮，食之甚美，未始有也。又取其大者，炙热，正尔啖嚼……每戒过子慎勿说，恐北方君子闻之，争欲为东坡所为，求谪海南，分我此美也！

说是在冬至的前两天，当地人给了他些生蚝，撬了壳后得蚝肉数升，肉、浆一起入水煮，加点酒，味道相当不错，从没吃过这么好吃的食品！然后又把那些大个的放火上生烤，烤熟了，有嚼劲儿，更好吃！这么好吃的东西，自然不能让别人知道，特别是不能让京师的那些嘴馋的人知道，万一让他们得知了，放着好好的官儿不做，争相请求圣上将之贬至海南来，要分我的美味，如何是好呢？

在封建社会没有权力要不到的东西，自然没有人会为了吃一口生蚝让皇帝贬去海南，这不过是苏轼的情趣而已，他是个很容易知足的豁达之人，如此调侃，不过是苦中作乐罢了。

或许在我们后人看来，竹杖芒鞋轻胜马，一蓑烟雨任平生，十分之快活逍遥，可实际上那样的日子是非常不好过的。其一，在现实社会中，一个人被贬了又贬，难免会有人嘲笑、说闲话，教人看不起；其二，被贬之人的生活环境是相当恶劣的，最明显的一个例子是，元丰七年（1084年），从黄州到去汝州的路上，举家长途跋涉，其幼子不幸夭折，在仕途不顺的情况之下，又经丧子之痛，几人能经受得了？吃的住的也非今天的你我所能想象的，我们且来看苏轼的《寒食帖》是如何说的：

> 春江欲入户，雨势来不已。
> 小屋如渔舟，蒙蒙水云里。
> 空庖煮寒菜，破灶烧湿苇。

再来看《菜羹赋》里的一段话：

> 东坡先生卜居南山之下，服食器用，称家之有无。水陆之味，贫不能致，煮蔓菁、芦菔、苦荠而食之。其法不用醯酱，而有自然之味。

为什么要做菜羹呢？无非是穷罢了，就只能煮蔓菁、芦菔、苦荠来吃，也没加什么酱料，不过倒是有自然之味。

因为贫穷买不起山珍海味，只能做菜羹，所以后世又多了一道名菜——东坡羹。

说起来是否有些讽刺呢？

事实上，我们调侃他是吃货，到哪儿都能想到吃，事实上是让生活逼出来的。

与苏轼相关的美食还有很多，如东坡鱼、东坡豆腐、东坡肘子、东坡饼等等，限于篇幅便不一一述说了。古往今来，多少风流人物，真正洒脱的不多，苏轼算一个，其不畏权贵，不慕功名，以率性面对这世间复杂的事，便是被贬了，也从容面对，笑着去迎接将要面临的苦难，然再苦再难，只要还有口吃的，只要还能找得到吃的，就能静得下心来，享受当前。

洒脱的人不多，洒脱且可爱的人自然就更少了，如苏轼者，给我们留下的不只是美食和文化而已，他更是中华民族的一种精神，一个符号，值得我们去珍惜并呵护。

/ 第三章 / 瓦舍勾栏，风雅文士

一、瓦舍：宋朝大型的娱乐场所

> 瓦舍者，谓其"来时瓦合，去时瓦解"之义，易聚易散也。不知起于何时。顷者京师甚为士庶放荡不羁之所，亦为子弟流连破坏之门。
>
> ——吴自牧《梦梁录》

开宗明义，这个章节我们来说说宋朝人的夜生活。

从大处说，夜生活能体现一个国家的开放、开明、自由和文明发展的程度，试想，如果一个王朝思想封闭，整体环境压抑，明确规定了从几更到几更属于宵禁时间，那么还存在什么夜生活吗？事实上，只要有诸如宵禁之事的存在，那么便是不自信、不开明、不自由的体现，民间百姓的娱乐生活是否丰富已是可想而知之事了；往小处说，一个城市是否繁华，百姓生活是否丰富，手里有没有钱，只须一观此城市的夜生活便能知晓。

从这个角度来说，夜生活是一个国家或城市是否繁华文明、一城百姓是否富足自由的晴雨表，那么宋朝的夜生活如何呢，是怎样一种情景？我们来看一段《东京梦华录》里描写的场景：

街南桑家瓦子，近北则中瓦，次里瓦。其中大小勾栏五十余座。内中瓦子、莲花棚、牡丹棚、里瓦子、夜叉棚、象棚最大，可容数千人。自丁先现、王团子、张七圣辈，后来可有人于此作场。瓦中多有货药、卖卦、喝故衣、探搏、饮食、剃剪、纸画、令曲之类。终日居此，不觉抵暮。

这段话说的是东京瓦舍勾栏的情况，从现在可以考据的资料来看，瓦舍是宋朝的大型娱乐表演场所，每一座瓦舍相当于现在的大剧院，甚至说其规模或许要比大剧院还要大，理由是，一座瓦舍内有许多大小不一的勾栏，勾栏是具体表演节目的地方，如"桑家瓦子""中瓦""里瓦"等三座瓦舍，有大小勾栏五十余座，而像"象棚"那样的大勾栏则可容纳数千人，小的也能容几百人，我们不妨取个平均数，假设某瓦舍内有十五座勾栏，每座勾栏可容五百人，那么这座瓦舍内一共可以装得下多少人？

答案是七千五百人，相当于一座大型的体育馆！

需要注意的是，这些体育馆大小的大型娱乐场所是每天都在营业的。

至于东京城内具体有多少瓦舍，不得而知，不过在《西湖老人繁胜录》里面，记载了二十四座瓦舍，我不知道那是不是南宋临安城全部的瓦舍数量，不过我们不妨以此为标准再来做一个假设，以上面得出的每座瓦舍有七千五百人的平均值来算，那么每晚去里面消遣的又有多少人呢？

答案是十八万人。换句话说，东京城里有大约九分之一的人都去瓦舍里面消费了。

当然，这只是一个假设出来的数字，仅作为参考，并不一定准确，因为首先，每座勾栏不可能夜夜都满座；其次，城内百姓也不大可能每晚都出去消费；最后，过夜生活也不一定就要去瓦舍，逛个街或去酒楼等等都是可以的，所以说这个数据多少是存在水分的。不过瓦舍勾栏之热闹已可见一斑，列位大概也能从中看出宋朝夜生活之热闹了。

那样一种庞然大物出现在宋朝各大城市的各个主要街道，它甚至可能是某座城市的地标，里面灯火通明，喧声不绝，照亮了整条街道，亦使整座城市喧闹起来，与实行宵禁的朝代相比，可谓是云泥之判。

或许在一部分人的印象里，勾栏就是妓院的代名词，眼前会油然浮现出这样一种画面：文人雅客或富家公子，摇着折扇，踏着轻快的脚步，脸上露着略显轻浮的笑意，从勾栏进进出出。里面不停地传出丝竹声、狎笑声，或者是一些陈腐的、艳俗的歌唱声等等。

勾栏成为妓院的代名词是从明朝开始的。明太祖建立明朝之后，不太提倡娱乐，特别是声乐管制很严，除了官方的戏班子外，民间包括官员府邸都不能唱戏，谁家要是出现声乐，轻则入狱，重则可以引来杀身之祸，在朱元璋看来，纵情声色那就是不务正业，要他何来？虽然说明后期这方面有所松懈，但整体的基调定在那儿，所以整个明朝的娱乐业并不发达，勾栏自然也不可能再现，因此，自打明、清开始，勾栏便成了青楼或妓院的代名词。

然需要注意的是，宋朝的瓦舍勾栏绝对是文化艺术的摇篮，它与情色是不沾边的。如前文所述，它代表的不仅是一座城市的繁华而已，更是文明的象征，有人说，宋朝的瓦舍是中国戏剧史上一个重要的文化现象，没有瓦舍勾栏的出现，便没有后来中国戏剧的繁荣。

是否真是如此呢？容后再讨论，我先来翻译一下前面那段《东京梦华录》所说的内容。

其大意是说，界身巷南面是桑家瓦子，靠北是中瓦，其次是里瓦，这几个瓦子里有大小勾栏五十余个。其中以中瓦子里的莲花棚、牡丹棚，以及里瓦子的夜叉棚、象棚为最大，可以容纳数千人。瓦子里面常有艺人表演，包括像丁先现、王团子、张七圣这样的明星，都在这里演出。此外，瓦子里还有卖药、占卦、喝卖旧衣服、耍把戏、买卖饮食、理发、剪纸花、唱曲子的各色人等，整天逗留于此，不知不觉就到了天黑。

通过这段话，又能够发现两个信息，一是瓦舍里面的演出是不分昼夜的，白天晚上都有。二是瓦舍里不只有表演，什么吃的喝的玩的都有，而且还有卖药、理发、算命的等等，不知道有没有住宿的，总之，一脚踏入瓦舍，就像踏入了另一个世界，一个只属于瓦舍的江湖。

这个江湖相当于现在的演艺圈，在没有电视、电影的古代，这个江湖就是娱乐场，这里名人辈出，星光闪耀，各种类型的文艺形式在一个瓦舍里竞相亮相，它几乎包涵了文艺圈所有的艺术表演形式，有杂剧、讲史、说书、诸宫调（说唱）、影戏、杂技、滑稽戏（小品、相声）、舞旋（跳舞）、演奏、傀儡戏（木偶戏）、皮影戏、沙书（沙画）、七圣法（魔术表演）等等，这些具体的艺术形式我们后面再展开来讲，不妨先想象一下这么多艺术形式，在同一个瓦舍里同时竞演的现象，是一种怎样的盛况吧。

大家一定看过歌手同台竞演的节目吧，那样的节目对喜欢追星或者喜欢听歌的人而言，也堪称是盛会了吧？而且我们现在竞演的节目往往也就一年播放一季，播完之后要等明年，然而在宋朝，只要你愿意，天天都有，不论白天黑夜，有时间的话整天泡在里面都行。最关键的是，不光有唱歌，你只要换个棚或勾栏，就能看到其他任何形式的节目，那些明星无论腕大腕小，为了吸引观众，使出浑身解数，唱最流行的歌、弹最流行的曲、说最流行的段子、演最流行的桥段、讲最流行的书……总而言之，当所有的艺术形式市场化之后，形成了一个百花齐放、竞相争艳的繁荣盛况，诸君皆知三国、西游等小说成书于明朝，实际上这些故事的话本在宋朝就已经非常流行了。

《水浒传》里有这么一个桥段，说是那一年元宵时节，李逵、燕青等人打扮成客商模样，进入东京城内看花灯，此时书中如是描写：

> 两个手挽着，正投桑家瓦来。来到瓦子前，听的勾栏内锣响，李逵定要入去，燕青只得和他挨在人丛里，听的上面说评话，正说《三国志》，说到关云长刮骨疗毒。

那李逵何许人也？一介武夫粗人罢了，然那评话《三国志》却也对他产生了巨大的吸引力，愣是要拉着燕青去里面听一段，燕青拗不着他，或者说燕青本身也想去听一听，便随他挨在人丛里一起听了，可见这种艺术形式在宋朝是非常流行的。

或许现在的人已经很难理解，甚至不禁会问，那评话、说书之类的表演真有这么好看？事实上，一代人有一代人流行的艺术形式，唐诗、宋词以及明清的话本小说，都是当时百姓喜闻乐见的文化娱乐项目，人人争相传唱或阅读。我读初中那会儿，也正是赶时髦的年纪，那时电脑尚未普及，智能手机自然就更加没有了，然港台的武侠、言情小说却铺天盖地，书店里、地摊上全都是港台过来的流行小说，买不起的话还可以去租，租金是每本每天五毛钱，于是就废寝忘食地读，砖头样厚的一本武侠小说一天就读完了，沉浸其中，快乐无比，即便如今回想起来，依然尚有余味。

在工业化远未抵达的宋朝，在一切的艺术形式都必须要真人于舞台上演绎的时代，去一趟人山人海的瓦舍，看一场精彩绝伦的演出是幸福的，那种幸福我们已然无法体会，因为它已随着历史被时间吞噬，但我们依旧可以想象或者怀念，那激情四射、人气爆棚的现场表演。

下面我们再来看看瓦舍勾栏的结构和经营模式。

前文提到，瓦舍相当于是一个大剧院，进入瓦舍的大门后，往里走，便能看到一座座勾栏。大的瓦舍有勾栏五十余座，小的也有几座或十几座，这些勾栏是全封闭的，就像一个箱子，只有一道门可以入内，门前贴了纸榜（注：海报），上书剧目名称以及由谁演绎等简介，有点类似于电影院里面的影厅。不同的是，我们去看电影时，是直接买好了票进去的，但是去瓦舍内，可以先在里面逛逛，反正大得很，中途还可以买些小吃、饮品等，边吃边逛，每座勾栏前面除了纸榜外，还有人吆喝招徕客人，看准了哪座勾栏内的节目后，便在门口买票进去。

当然，有时候瓦舍勾栏内如有重磅剧目，且有顶级明星参与演绎的话，在演出之前会有预告。预告的范围不仅限于瓦舍勾栏之内，为了起到一定的轰动效应，一般顶级的剧目会在全城打广告，比如茶、酒店、客栈或街头的显眼处等等，都能看到那顶级剧目的预告，跟我们现在有大片要上映时，到处做广告的性质一般无二。

《夷坚志》记录了一个《班固入梦》的故事，上面提到了这么一句话：

> 乾道六年（1170年），吕德卿偕其友王李夷、魏子正、上官禄往临安……四人同出嘉会门外茶肆中坐，见幅纸用绯帖，尾云："今晚讲说汉书。"

当中提到的幅纸就是一则海报。此外，杂剧《汉钟离度脱蓝采和》里有这么一句话：

> 俺在这梁园棚勾栏里做场，昨日贴出花招儿去。

话中提到的"花招儿"又称招子，也是海报的一种，一般还画了画，然后写上醒目的剧名。又如，《庄家不识构栏》里提到的"正打街头过，见吊个花碌碌纸榜"。这个纸榜便是前面提到的海报，挂街头的，很醒目。

除了海报之外，还有挂横幅以及旗牌的，总之，只要是有大牌明星出演的剧目，必是广告满天飞。

继续说勾栏的结构。买票进入勾栏内后，乃是偌大的一个厅，正前方便是戏台，与之相对的则是观众席。戏台的后方叫做"戏房"，乃是演员休息或装扮的房间，戏台和戏房之间有一个通道，名曰"鬼门道"，为何要叫"鬼门道"呢？朱元璋的第十七子朱权在《太和正音谱》如此解释：

> 勾栏中戏房出入之所，谓之"鬼门道"。鬼者，言其所扮者，皆是已往昔人。

说"鬼"指的是演员所扮演的人物，因为所演的人物一般都是过往之历史人物，因此称之为"鬼"，所以戏房与戏台之间的通道便叫做鬼门道。

不得不说，鬼门道的叫法十分形象。不过随着人类文明的发展，现代人类已非只盯着过往，更着眼于未来，文艺作品描绘未来的也越来越多，抛开影院不说，即便是现代的剧场亦不只是演绎过往，故"鬼门道"这个词也成了一个历史词，在现代已不再适用。

从戏房出来经鬼门道，临近戏台时，隔了一道布帘，谓之"神巾争"，一般画着各种神像，演员往往站在神巾争后面候场，锣鼓一起，演员把那神巾争一掀，正式登台亮相，这戏便开始了。

戏台的周围有木栏围着，约有一膝来高，木栏上的木柱或木板往往雕有纹饰，古色古香，十分雅致，"勾栏"这个词也是因其这种结构而得名。戏台分为表演之地以及"乐床"两部分，乐床即乐队演奏之所在。

从目前已知的资料来看，观众席呈阶梯式结构，也就是螺旋状的，既然有高低之分，那么自然就是分等级的，有"金交椅""青龙头""白虎头"等之分。"金交椅"是在正中间的高位处，距离舞台近且又看得清楚，据说是高级瓦舍里专为皇帝预留的位置，而青龙头、白虎头则是两侧居高的位置，用现在的话说，那种位置就是VIP专席。除了特定的位置以外，其他的位置可以随便坐，好一些的位置先到先得，没有编号。

相信很多人看完了上面的介绍，对勾栏有一种既熟悉又陌生之感，熟悉的是从本质上说，勾栏的这种格局跟现代的剧院没有区别，至少在布局和形式上二者相差无几。陌生的是这种极具烟火气的戏台距离我们已经相当遥远了，之所以说它遥远，是因为在电子设备的普及下，剧院仅仅是以一种小众的形式存在，它与老百姓的生活已经脱钩。换句话说，电视、手机还在影响我们的生活，但剧院对大部分人来说却已然陌生。再往远处说，勾栏即戏台，然而戏台似乎已成为了历史，至少对我来说，去戏台看戏还是小时候的事，那会儿村里的祠堂内有戏台，逢年过节就会请戏班子来村里唱戏，小时候看不懂，看的仅仅是热闹而已，又或者是迷恋戏台外围的小吃摊罢了，但就是那热闹的氛围，那极具人间烟火气的情景，至今依旧刻在脑海里，若烙印一般无法抹去。

事实上我说的小时候看到的戏台，也是宋朝时候遗留下来的印迹，除了大小瓦舍之外，实际上宋朝时还有一些独立的勾栏，一般存在于偏远的村镇。在《水浒传》中曾提到一个叫清风镇的地方，有三五千户人家，官府于此设寨屯兵，知寨正是花荣。那日宋江前来拜访，那花荣便叫了几个体己人，"每日教相陪宋江去清风镇街上观看市井喧哗"，其中便提到了"那清风镇上也有几座小勾栏并茶坊酒肆，自不必说得。当日宋江与这体己人在小勾栏里闲看了一回"。想来在村镇没有瓦舍，勾栏便以独立的形式存在。

由于资料的欠缺，我不知道这种小勾栏具体的经营模式，比如我小时候看到的请戏班子来唱戏，那是给多少钱唱多少场戏的承包模式，但如果是常年演出的话，不可能是承包制，要么也是收门票的，要么靠观众打赏。不过《水浒传》中倒是提到了一处以打赏形式存在的勾栏。说是雷横去郓城县，听说"近日有个东京新来打踅的行院，色艺双绝，叫做白秀英……如今见在勾栏里，说唱诸般品调。每日有那一般打散，或是戏舞，或是吹弹，或是歌唱，赚得那人山人海价看"。

行院是对戏剧演员的一种称呼，后来也指戏班子，雷横听说当地有这么一个妙人，便动了心，去了勾栏里观看。那勾栏不需要买票，直接进，那一日演的是"笑乐院本"，也就是滑稽戏，也可以将之视作为喜剧，那白秀英唱到务头（注：指唱到紧要处、精彩处）就托着个盘子往观众席里向观众讨要赏钱。雷横一摸钱袋子，才发现未带分文，双方谁也说不通谁，后竟吵了起来。

那白秀英与雷横吵了一架之后结果如何，《水浒传》中有交代，我在这里便不赘述了。只说无论是这种靠打赏的小勾栏里的小演员，还是在瓦舍里演出的知名艺人，也无论他们表演的是什么样的艺术形式，只要面向市场，他们面对的就是观众，而观众就成了他们的衣食父母。往高了说，这便形成了竞争机制，因为市场就是一个优胜劣汰、大浪淘沙的地方，你活儿不好，技艺不高，那就只能被淘汰。往低了说，便是我们常说的要讨好受众，演员要讨好观众，作者要讨好读者，既然要讨好受众，那就需要投其所好，与衣食父母背道而驰的，只能被受众所抛弃。

无论古今，把文艺彻底地交给市场，总有些异样的声音存在，认为文艺本身是高雅的艺术，若以取悦凡夫俗人为主要目的，岂非斯文扫地乎？明朝的时候，话本小说大行其道，痴夫愚妇争相阅读，便有人嗤之以鼻，甚至有人痛心疾首地大呼：诗亡于明也！

几百年后，明朝的小说成了经典，又有其他通俗小说类型大行其道，又有人疾呼：文学已死！

无论哪种文艺类型，在其兴盛之初基本都要"死"一次，似乎已经形成一种历史规律了，但站在今天我们回头去看，我们的文化死了没有？不但没死，反而一代有一代的经典，代代传承了下来。

从历史、文化发展的角度来看，经典的文化必是经过市场之洗礼的，而所谓的市场就是前文提到的衣食父母，只有经过了他们的检阅，并接受时间的考验（一代又一代人的检阅），方能成为经典。我们完全没有必要去忧虑，当一种文化受到全民喜爱时会变得过于俗气，相反，大俗即大雅，任何的文艺形式从民间而来，亦必要往民间而去，我们要清楚文艺的源头从何处来，归宿在何处，所谓的阳春白雪、曲高和寡，事实上就是在与市场背道而驰，那么其命运便可想而知了。抛开宋朝其他的文艺形式不谈，就以被后世誉为是宋代文学成就最高的宋词而言，其虽为文人所作，可它本质是一种歌词，而歌词的传唱者要么是民间的百姓，要么是勾栏之乐妓，无非都是于民间流传，你说它是雅是俗？

整体而言，宋朝的文艺犹如其经济，十分活跃，造就了百年风雅之大宋，而宋朝文艺的土壤则是在瓦舍勾栏。这种瓦舍勾栏之多，才显宋朝文艺之盛，那么这种"之多""之盛"又是如何滋生出来的呢？

无非自由耳！

所谓自由，并非是一句空泛的口号，是需要体现到具体的文艺作品里面的，那么宋朝的艺术作品究竟是怎样的呢？下文分解。

二、杂剧：信手拈来皆成文章

> 散乐传学教坊十三部，惟以杂剧为正色……大抵全以故事，务在滑稽唱念，应对通遍。此本是鉴戒，又隐于谏诤，故从便跳露，谓之"无过虫"耳。若欲驾前承应，亦无责罚。一时取圣颜笑。凡有谏诤，或谏官陈事，上不从，则此辈妆做故事，隐其情而谏之，于上颜亦无怒也。
>
> ——吴自牧《梦粱录》

开宗明义，本章节内容直接从以上这段《梦粱录》的记载说起。

散乐是对百戏或杂戏的统称，散乐十三部指的是筚篥、大鼓、杖鼓、筝、琵琶、方响、拍板、笙、笛、舞旋、杂剧、参军、歌板等项目。不过随着时代的发展，散乐的项目亦随之变化、增加，如傀儡戏、戴竿、险竿、绳伎、杂耍、弄猴、俳优等等，这些文艺形式都可以在瓦舍勾栏中看到，统称百戏，而在这百戏之中，以杂剧为正宗，其影响力也最大。

那么什么是杂剧呢？传统意义上说就是把歌、舞、说唱结合起来的一种艺术形式，最早见于唐朝，发展到元、明时期时，与当代的戏剧相差无几，呈现给观众的是一个完整的故事。

宋朝的杂剧则不同，简单来说，它只体现出了两个字，即杂和短。没有复杂的表演，没有曲折的情节，而是"务在滑稽唱念"，逗人一乐。

看到这儿，或许有人会觉得诧异，宋朝的剧就是为了逗人一乐？这得有多肤浅？

非也，要知道逗人一乐易，然将人逗乐之后还能教人反思则难。

宋朝的杂戏跟我们今天的相声、小品有些接近。相声、小品这种艺术形式我们已经相当熟悉了，考考列位，相声和小品的本质是什么？

是讽刺。

相信真正了解这两种艺术形式的人会深以为然。没错，事实上相声和小品的本质和最大的特点就是讽刺，这一点我们可以去看看侯宝林、马季、马三立等老一辈艺术家的作品。那一代艺术家的作品，无一不是针砭时弊，讽古喻今，嬉笑怒骂皆为文章，侯宝林先生曾在《我和相声》里如是说道："相声的历史，要从古时候的俳优讲起，那是很早的。"

宋朝的杂剧差不多就是以此为主旨进行创作并演绎的，所以它区别于唐，又不同于明清，以一种独特的方式存在，事实上这也是文艺作品的本旨，因此《梦粱录》称"此本是鉴戒"，讽刺的目的在于鉴戒，所谓以史为鉴，可以知兴替，大抵便是这意思。但它又不同于"谏诤"，直言规劝，或是要教人必须怎样，而是以艺术的形式呈现，"故从便跳露"，所以更加便于揭露，因此，又称之为"无过虫"。

无过虫这个词语，是对杂剧艺人的一种称呼，其本意就是说，你讽刺了一些事情，或揭露了一些当下的阴暗面，但是大家都知道艺人是在演绎，所以没有人会去责怪。即便是去皇帝跟前表演，当场揭露了官场之黑暗，甚至是宫里或皇帝的一些过错，一般情况下皇帝也只会一笑了之，并不会去追究其言其行。

为什么当场揭了皇帝的短儿，皇帝只会一笑了之呢，真有如此豁达的皇帝吗？

皇帝是否足够豁达我不知道，但是，皇帝能够一笑了之，其根本原因在于艺术环境足够宽容。要知道当针砭时弊成为一种习惯或者潮流，当所有人都接受了这样一种潮流，并认可了这样的艺术形式时，也就司空见惯了，怒从何来呢？

于是有些官员上奏时碰了一鼻子灰，就请杂剧演员去表演，让该听的人听到，该看的人看到，扩大其影响，用舆论的力量促使不良现象的改变，通过这种方式，"于上颜亦无怒也"，皇帝听到了，脸上也没有怒色。

杂剧的这种形式又叫"优谏"，意思是靠艺人用文艺的形式劝谏。北宋魏泰的《东轩笔录》谈到了优谏的起源：

> 五代任官，不权轻重，凡曹、掾、簿、尉，有龌龊无能，以至昏耄不任驱策者，始注为县令。故天下之邑，率皆不治，甚者诛求刻剥，猥迹万状，至今优诨之言，多以长官为笑。

这段话大意是说，五代时期，官员任用非常混乱，大多是龌龊无能之辈，现在杂剧演员讽刺官员的传统就是由此而来。

有人看到这儿，或许又会感到诧异，宋朝真是这样的吗，言论环境真宽松到了这种地步？

在具体说明宋朝的这个现象之前，我们首先要明白这个现象的本质，需要知道批评者他不是反对者，更不是造反者。无论是谏也好，诤也罢，是讽刺也好，挖苦也罢，其出发点是好的，没有坏心眼，而且从文艺的角度来看，艺术家有责任和义务针砭时弊、揭露黑暗，这不过是他们的本职工作而已。历史上从来没有一个艺术家或作家是靠写颂歌名垂青史的，明白了这个本质，再去看待这个现象就会很容易理解了。

关于宋朝的开明之处，前文已略有涉及，甚至提到了那个不杀士大夫的太庙誓碑，宋朝总体环境是自由且开明的。当然也有个案，比如改革时新党和旧党争论之时，会有人因政治理念与主流不合而被贬，前文提到的苏轼的"乌台诗案"正是属于这一类的个案，但大多数时候，因言获罪者在宋朝非常少。

具体到以文艺形式讽刺现实这件事，宋朝有一个比较人性化的做法：

> 内宴优伶打浑，惟御史大夫不预，盖始于唐李栖筠也，至今遂以为法。（注：语出袁文《瓮牖闲评》）

意思是说在宫里表演杂剧的时候，为免干扰艺人表演，御史大夫不出席。

御史大夫有两个职能，一是协助宰相，二是监督，观察他人之言行。要是有这样的官员在场，一则恐艺人表演时放不开，二则即便放开了恐事后治艺人之罪。为了防范这样的事情发生，宫里有演出时，御史大夫不列席便成了一项定例。

说起来这个事情还是比较有趣的，要知道如果大环境不允许，即便是御史大夫没在场，照样可以秋后算账，不教御史大夫列席实际上是帝王摆出的一种态度，即文化自由，言论自由，有了这么一种态度，自然就再无人治艺人之罪了。

《梦粱录》中曾提到一个杂剧艺人的名字，叫做丁仙现，他是教坊使，也是北宋时期著名的杂剧表演艺术家，他曾说过这么一句话：

> 前朝老乐工，间有优诨及人所不敢言者，不徒为谐谑，往往因以达下情。故仙现亦时时效之。（注：语出叶梦得《避暑录话》）

他说前朝的老艺人，往往言人所不敢言，这么做不只是为了图个嘴巴痛快，更不是为了节目效果，为搞笑而搞笑，往往是民间现实情况之体现。这是一种高贵的品质，崇高的艺术情操，所以我现在演戏时会效法前辈，言人不敢言之事，揭露现实，针砭时弊。

丁仙现是这么说的，也是这么做的。其最典型的事件是讽刺当时权倾朝野的王安石。

王安石变法时期，为实施新法，行霹雳之手段，排除一切反对者，当时的"故臣名士，往往力陈其不可，且多被黜降"（注：语出蔡絛《铁围山丛谈》），由于神宗是王安石变法的支持者，所以当时大家都不敢乱说话。

唯独一人敢言，此人便是丁仙现。

丁仙现究竟是如何编派王安石的，史料没有记录，我也不敢乱编，不过在宋人彭乘撰写的《续墨客挥犀》里面，收录了一则《献香杂剧》的文章，提到了丁现仙演出时讽刺官员的情节，其文如下：

> 熙宁九年，太皇生辰，教坊例有献香杂剧。时判都水监侯叔献新卒，伶人丁仙现假为一道士，善出神，一僧善入定。或诘其出神何所见？道士云："近曾出神至大罗，见玉皇殿上有一人披金紫，熟视之，乃本朝韩侍中也。手捧一物，窃问傍立者，云：'韩侍中献国家《金枝玉叶万世不绝图》。'"僧曰："近入定到地狱，见阎罗殿侧有一人衣绯垂鱼，细视之乃判都水监侯工部也。手中亦擎一物，窃问左右云：'为奈河水浅，献图欲别开河道耳。'"时叔献兴水利以图恩赏，百姓苦之，故伶人有此语。

说是在熙宁九年（1076年），神宗生辰，教坊司按例演出杂剧。当时水监侯叔献刚死不久，他是王安石"农田水利法"的实施者之一，即便死了，在当朝也算是功臣，只是农田水利法或许于国有利，却不免劳民伤财，所以，丁仙现就拿杂剧编派他。

杂剧开始，丁仙现演了一出单口相声，说是有一名道士，善出神，又有一名僧人，善入定，二者常常就坐在一起神游天外。这时，僧人问："你方才出神时看到了什么？"

道士答道："我出神至天庭，看到玉皇殿上有一人身披金紫，定睛一看，乃是本朝韩侍中，手捧一物，因不知道是什么东西，就悄悄地问旁边一人，那人答曰：'韩侍中所献乃《金枝玉叶万世不绝图》'。"

道士说完，就问那僧人，你入定又看到了什么？那僧人道："我入定去了地狱，见阎罗殿侧站了一人，仔细一看，乃判都水监侯工部也，手中也持一物，便问左右是什么东西，左右答曰：'这人啊大兴水利上瘾了，看到奈何桥下的水浅，一时技痒，没忍住就来阎王这儿献图，说是要引他河之水入奈何桥下。'"

侯叔献曾奉旨引汴河之水入蔡河，工程浩大，民苦之，因此丁仙现讽刺他死了下地狱，可他便是下了地狱也没忘了折腾，看到奈何桥下水浅，就到阎王跟前献图，打算折腾地狱了。

一个已故的侯叔献都未曾被放过，更何况是活着的王安石呢？据说王安石被讽刺过很多次，蔡絛《铁围山丛谈》说是"丁使遇介甫法制适一行，必因燕设，于戏场中乃便作为嘲诨，肆其诮难，辄有为人笑传。介甫不堪，然无如之何也"。

介甫就是王安石，丁使指的是丁仙现，说是只要王安石颁布新法，丁仙现就写段子嘲讽。由于丁仙现名气大，他的段子传播得也广，一时成为笑谈。王安石闻之，觉得很是不堪，却拿丁仙现一点办法都没有。

说实话，写到这儿，连我也大跌眼镜，要知道王安石变法之时，一人之下万人之上，可谓权势滔天，却拿一个演员一点办法都没有！单就这一件事情而言，宋朝文化环境之宽松，已可见一斑了。

有一次，估计是丁仙现做得过火了，委实把王安石给气着了，"因遂发怒，必欲斩之"。说这回老子非把那厮给斩了不可，于是就派人捉拿，结果却扑了个空，没抓到。列位道是为何？原来"神庙乃密诏二王，取丁仙现匿诸王邸，二王者，神庙之两爱弟也"（注：语出《铁围山丛谈》）。竟然是神宗动用了两位王爷，把丁仙现藏在了王府。这下王安石彻底没办法了，只能把一腔怒意往肚子里面吞。

又有一次，宫里照例唱戏，演员骑着一头驴就上来了。众人见状大是不解，毕竟让一头驴上殿，这是破天荒头一遭啊，从没出现过之事，为防冲撞圣驾，左右官员出去阻止。那演员浑然无惧，瞪眼道："不是有脚就能上来的吗，你们能上，我的驴为何不能上？"那些官员一听这话，就听出了讽刺的意味，脸都黄了。

不管是相声还是脱口秀，其实都是紧贴时代的即时之作，如果不了解当时之时事，可能会听不懂。这一则骑驴上殿的杂剧出自朱彧的《萍洲可谈》，原文如下：

熙宁间，王介甫行新法……其时多引人上殿。伶人对上作俳，跨驴直登轩陛，左右止之。其人曰："将谓有脚者尽上得。"荐者少沮。

意思是说王安石变法期间，为了能扎实推进新法实施，往往都用自己人。换句话说，他会用一些听话的人，你要改革没问题，可你尽是任用亲信，排除异己，这可就不对了，所以那演员骑驴上殿说，不是说只要是有脚的都能上来的吗，意思是唯命是从、能跑腿就行了，那我这驴难道它不听话吗，没有腿吗？既然这二者都备具了，我的驴为什么不能上殿？只一句话，把个王安石拉帮结派的事儿讽刺得淋漓尽致，委实高明。

王安石听了这些，除了苦笑之外，也只能徒叹如之奈何了。不过，艺人并非只认准了跟王安石过不去，只要是有权有势有影响的政治人物，他们一个都不会放过。宣和年间，童贯兵败回京，也让艺人给编派了，周密《齐东野语》如是记录：

宣和中，童贯用兵燕蓟，败而窜。一日内宴，教坊进伎，为三四婢，首饰皆不同。其一当额为髻，曰：蔡大师家人也；其二髻偏坠，曰：郑太宰家人也；又一人满头为髻如小儿，曰：童大王家人也。问其故。蔡氏者曰："太师觐清光，此名朝天髻。"郑氏者曰："吾太宰奉祠就第，此懒梳髻。"至童氏者曰："大王方用兵，此三十六髻也。"

说是那一年童贯用兵燕蓟，败回，某一日大内设宴，让教坊司来表演，上来三四个婢女模样的人，每位婢女打扮得均不尽相同，甚至可以说是非常奇怪、滑稽。第一位婢女额头上梳了个发髻，高高耸起，道："我是蔡太师家的！"问她为什么蔡京家婢女的发髻高高耸立，这般霸气呢？

蔡家婢女高声道："我家太师经常朝觐皇帝，因此梳朝天髻！"因蔡京常与皇帝见面，所以，他家婢女非得梳朝天髻，方才配得起蔡太师啊。

第二个婢女发髻坠在一边，像是刚起床还没梳好的样子，道："我是郑太宰家的！"问她为何没梳好头就上来了。

郑家婢女高声道："我家太宰奔丧去了，懒得梳！"原来，当时那位郑太宰回乡奔丧去了，按照宋朝丁忧体制，守孝期间不得问政，所以郑太宰家的就懒得梳头了。

第三位婢女的头饰最是奇怪，密密麻麻地梳了许多个发髻，道："我是童大王家的！"问她为何头上全是发髻呢。

童家婢女高声道："我家大王方用兵，这是三十六髻！"童贯不是刚逃回来的吗，所以他家婢女就梳了三十六髻，正所谓三十六计，走为上计也！

这谐音梗用的，把个童贯说得一点脾气都没有，而且顺便把蔡京也一块儿带到沟里去了。当然，蔡京也没能逃过被正面挖苦的命运，曾敏行《独醒杂志》记录了这么一则杂剧：

> 崇宁二年，铸大钱，蔡元长建议，俾为折十。民间不便，优人因内宴，为卖浆者，或投一大钱，饮一杯，而索偿其余。卖浆者对以方出市，未有钱，可更饮浆。乃连饮至于五六，其人鼓腹曰："使相公改作折百钱，奈何！"上为之动。法由是改。

说是在崇宁二年（1103年），蔡京改革金融，发行了以一当十的大钱，这钱太大，导致民间的小商贩十分不便，于是有艺人便编排了这么一个小品，来讽刺蔡京。说是有一个人在街上掏出一枚大钱，买了一杯豆浆喝，并让小贩找余钱。小贩说我刚出市，还没开张呢，这么大的钱找不开。买豆浆的人说，我喝都喝了，现在要怎么办？小贩说，要不这样，余下的钱你都买豆浆喝了算了。买豆浆的人没办法，一连喝了五六杯，肚子都喝得鼓起来了，说道："还好只是以一当十的钱，这要是以一当百，难不成我要连喝一百杯？"

这则小品切中要害，深得民心，为此传之甚广，甚至还传到了徽宗的耳朵里，便下旨停发了这种大钱。

说实话，如果不把徽宗看作皇帝，只以一个普通人的视角去审视的话，他是一个好人，一个执着的值得敬佩的艺术家。而且作为艺术家，他天生具有文人的敏锐、敏感以及悲悯，还有一次，有个节目讽刺朝廷政策乖张，"只是百姓一般受无量苦！"宋徽宗听了之后，"为恻然长思，弗以为罪"（注：语出《夷坚志》）。听到由于政策原因，百姓受苦，不禁恻然长思，认为自己有罪，这绝对是一个有良心的好人。

一则小品，改变不合时宜之政策，或是让执政者反思，我想这正是文艺及文艺工作者的责任和担当。文艺不仅仅是为了娱乐大众而存在的，它的作用理应是推动社会制度和人类文明的发展，能够让人在娱乐之余，去反思社会、人生、人性，从而使人的精神世界得以升华。此外，我们也不得不为宋朝之艺人点赞，也不得不为宋朝的执政者点赞，一个国家的任何一项政令，都需要以民众为基础，只有切实为百姓谋福之政，方才称得上是好政策，而听到了民声，能将不好的政策即时改之，亦不失为好领导。这一点，宋朝确实做得比其他朝代要好一些。

除了王安石、蔡京、童贯这些实权派人物外，在中国历史上被称之为大奸臣的秦桧，自然也难逃艺人的悠悠之口，《夷坚志》同样记录了讽刺秦桧的一则杂剧：

> 壬戌省试，秦桧之子熺、侄昌时、昌龄，皆奏名。公议籍籍，而无敢辄语。至乙丑春首，优者即戏场，设为士子赴南宫，相与推论知举官为谁。指侍从某尚书、某侍郎当主文柄，优长者非之曰："今年必差彭越。"问者曰："朝廷之上，不闻有此官员。"曰："汉梁王也。"曰："彼是古人，死已千年，如何来得？"曰："前举是楚王韩信、彭越一等人；所以知今为彭王。"问者嗤其妄，且扣厥指，笑曰："若不是韩信，如何取得他三秦！"四座不敢领略，一哄而出。秦亦不敢明行谴罚云。

说是南宋绍兴十二年（1142年）省试，秦桧之子秦熺、侄子秦昌时、秦昌龄都上了榜，大家都知道这太巧了，肯定有猫腻，但只是私下里议论，不敢公然质疑。官场中人不敢说，但民间的艺人却编了段相声，在次年春闱，将这段相声拿出来表演，二人猜今年的主考官是谁，谁又会金榜题名。为了方便大家理解，说相声的二人我以"甲""乙"代替。

甲：振奋人心的春闱来临，真的是万众期待啊。所谓十年寒窗苦读，只为一朝金榜题名，从此平步青云，飞黄腾达，改变了人生命运，想想都让人兴奋。不过，在会试开始之前，大家最关心的还是今年的主考官是谁，因为有时候主考官一时之好恶，可决定士子一生之命运，所以每次会试之时，大家都会讨论主考官的人选，今年我们便来猜一猜这主考官的人选如何？

乙：好，那么我们就一起来猜一猜！

甲：你先猜一个。

乙：我？我想想呀……我觉得应该是彭越。

甲：彭越？朝中没听说过有此官员啊！

乙：哈哈！这你就孤陋寡闻了吧，彭越乃西汉开国功臣，汉梁王是也！

甲：去你的吧！他是古人，死了一千年了，难不成从棺材里蹦出来主考？

乙：你还记得去年的省试吗？

甲：当然记得，秦熺、秦昌时、秦昌龄都上了榜嘛。

乙：那你知道去年省试是哪个主考官吗？

甲：哪个？

乙：韩信啊！

甲：你看你又胡说了不是？韩信也是古人，和彭越一样都死了一千年了，怎么可能出来当主考官？

乙：那我问你，去年省试要不是韩信当主考官，如何取得"三秦"？

甲：啊！韩信取三秦是这三秦啊？

乙：所以说啊，去年省试的主考官是韩信，那么今年春闱之主考定是彭越无疑。

当时的秦桧可谓是权势滔天，普天之下没人敢对秦家的事说三道四，那两位艺人拿"韩信定三秦"的历史典故讽刺秦桧利用关系让子侄三人中举之事，可以说是"艺胆包天"，简直是拿命在说相声。好在宋朝的言论环境相对自由，秦桧得知后，也不敢拿他们问罪。

除了讽刺实权派人物之外，还有讽刺时事的，张知甫的《可书》收录了这样一则杂剧：

> 金人自侵中国，惟以敲棒击人脑而毙。绍兴间，有伶人作杂戏云："若要胜金人，须是我中国一件件相敌，乃可。且如金国有粘罕，我国有韩少保；金国有柳叶枪，我国有凤凰弓；金国有凿子箭，我国有锁子甲；金国有敲棒，我国有天灵盖。"人皆笑之。

说是金人入侵，最擅长拿棒敲人脑袋，击之即毙。绍兴年间，有人编了个段子说："都说金人厉害，我看也不见得，无论他出什么招，我国都可以一件件给他挡回去。比如，金国有大将粘罕，我国有韩少保，金国有柳叶枪，我国有凤凰弓，金国有凿子箭，我国有锁子甲，金国有敲棒，我国有天灵盖！"台下的人听了，无不大笑。

拿战争编段子，讽刺宋军无能，宋朝的脱口秀真的是什么都敢拿来开涮啊。相信看到此处，不少人都惊掉了下巴吧？其实我又何尝不是呢。

在封建王朝特殊的体制下，一个社会想要开明、自由，皇帝的思想首先得是开放的，在人治的大环境下，如果没有这个作为前提，所谓的开明、自由则无从谈起，好在宋朝的皇帝基本做到了这一点，所以，从上至下，在宋朝人的眼里，皇帝并非一尊，也没有哪个是天下之权威，"天下唯道理最大。故有以万乘之尊而屈于匹夫之一言，以四海之富而不得以私于其亲与故者"（注：语出《皇宋中兴两朝圣政》）。

这天下谁最大？唯道理最大，所以，即便是万乘之尊的皇帝，也得听匹夫之言。正是有了这样的理论基础，所以又有人提出，"天下者中国之天下，祖宗之天下，群臣、万姓、三军之天下，非陛下之天下"（注：语出《宋史全文》）。朱熹也曾言："天下者，天下之天下，非一人之私有故也。"（注：语出《孟子纂疏》卷九《朱子集注》）

别看这些言论依旧是在人治的基础之上，但是，纵观两千年的封建王朝，能有宋朝之开明者，却寥寥无几，也正因为有这样的环境，方才能出现尺度空前的宋朝杂剧。毫不夸张地说，宋朝的杂剧在中国的艺术史上，绝对是一颗璀璨的明珠。

在本章节的最后，我再来说一个问题，在宋朝有没有出现因言获罪的艺人？

有的。比如《夷坚志》记录了一则讽刺国策的杂剧，还没等全部演完，就被地方官拿来问罪了：

> 绍兴中，李椿年行经界量田法。方事之初，郡县奉命严急，民当其职者颇困苦之。优者为先圣先师，鼎足而坐。有弟子从末席起，咨叩所疑。孟子奋然曰："仁政必自经界始。吾下世千五百年，其言乃为圣世所施用，三千之徒皆不如。"颜子默默无语。或于傍笑曰："使汝不是短命而死，也须做出一场害人事。"时秦桧方主李议，闻者畏获罪，不待此段之毕，即以谤亵圣贤叱执送狱。明日，杖而逐出境。

说的是南宋绍兴年间，李椿年奉命实行经界量田法，这是南宋时期为了清查、核实土地产权而实施的一项政策，目的是要明确产权，并清查隐田漏税等情况。这个政策本身没有问题，问题出在地方官，为了保质保量地完成任务，上派下摊，虚报妄加，结果造成了扰民之举，把一项仁政变成了恶政。于是就有艺人编排了这么一则小品：

孔子与众弟子坐而论道，此时，有弟子从末席站起来，问现在经界量田的扰民之举到底是怎么回事，它是仁政还是恶政。孟子站起来愤然道："这当然是仁政，而且这还是一切仁政之基础！"旁边的颜回默默无语，没有发话。

《论语》云："颜回者好学，不迁怒，不贰过，不幸短命死矣。今也则亡，未闻好学者也。"说颜回是个好学的学生，可惜短命死了。孟子话落时，旁边的人见颜回默然无语，就取笑道："你要是不想早死，也容易，做一场害人的事就可以了。"

小品演到这儿，演员尚若无其事地在台上表演，可底下观看的官员却心惊肉跳。推行经界量田法是经过秦桧批准认可的，这节目假借颜回短命，暗讽地方官员为了政绩或保住头上的乌纱帽等私利而害百姓，甚至直接把经界法说成是一场害人事，那不就是在诋毁国策，痛骂秦桧吗？

不待这节目演完，便有官员喝止了表演，并以亵渎圣人为由，把艺人送去监狱了，第二日，赐杖刑并驱逐出境。

从目前已知的资料来看，艺人因言获罪的案例约有十例，且大部分为地方官府所为。在这些为数不多的案例中，有一例被治以死罪，同样也是讽刺秦桧的杂剧，此事被岳飞后人岳珂收录于《桯史》，原文如下：

秦桧以绍兴十五年四月丙子朔，赐第望仙桥；丁丑，赐银绢万匹两，钱千万，彩千缣。有诏："就第赐燕，假以教坊优伶。"宰执咸与。中席，优长诵致语，退。有参军者前，褒桧功德，一伶以荷叶交椅从之。诙语杂至，宾欢既洽。参军方拱揖谢，将就椅，忽坠其幞头，乃总发为髻，如行伍之中，后有大巾镮，为双叠胜。伶指而问曰："此何镮？"曰："二圣镮。"遽以朴击其首，曰："尔但坐太师交椅，请取银绢例物，此镮掉脑后可也。"一坐失色。桧怒，明日下伶于狱，有死者。于是语禁始益繁。

说是在绍兴十五年（1145年），高宗赐秦桧一座宅邸，过不久，又赐银绢万匹两，钱千万，彩千缣等，并让教坊使艺人来演戏庆祝，两位杂剧演员上场：

　　一个参军模样的人上来就夸秦桧功德，夸完之后，另一位演员搬了把太师椅上场，与那位参军模样的人说了一段相声，把在座的人都给逗乐了。参军模样的人拱手行了个四方礼，打算在太师椅上落座，弯腰之际，幞头掉了，露出了发髻及帽环，那帽环颇为奇特，于是那演员便问："这是什么环？"

　　参军模样的人答："二圣环。"

　　演员伸手就是一巴掌，打在那二圣环上，将之拍到脑后，道："什么二圣环，你只管坐在这太师椅上收钱就是了，把那二圣环抛于脑后罢了。"

　　此话一出，一众失色。在座观戏的人都惊呆了，拿一个头饰暗喻钦徽二帝，并讽刺秦桧只管享乐，却不顾被金人掳去的二圣，这样的包袱抛出来，哪个还笑得出来？

　　果然，秦桧也怒了，但他怒归怒，或许是为了留些体面，又或许是此类讽刺官员、时政之事在宋朝实在已是司空见惯了，因此没有当场发作，只是在第二天，下令把那两名艺人抓了入狱，且有人为此而死。

　　这是唯一一则艺人因言获罪的记录，岳珂最后说，从那以后，言论限制越来越严了。

　　南宋后期在秦桧以及后来的贾似道等奸相掌权后，政治氛围趋于严酷。言论开始收紧这是不争的事实，不过这也只是相对而论，南宋后期的讽刺杂剧并未消失，只是在取材上温和了些，不再那么刺耳、一针见血了。

　　宋亡后，元朝走入历史舞台，其时虽元剧大盛，但元剧与宋朝的杂剧却大相径庭，同样是剧却早已不是那个味儿了，表现形式自然也大为不同，元廷甚至制定了律法，"诸乱制词曲讥议者，流"（注：语出宋濂、王祎《元史·刑法》），要是有人利用戏曲等文艺形式妄议朝政的流放，在这样的政治氛围下，自然没人敢置喙时事，所以元朝的戏曲多是些情情爱爱或是神神鬼鬼之流，总之，具有讽刺性、时代性的杂剧、小品在元朝基本消失，而"杂剧"之名亦以"传奇"代之，走入了另一条戏剧的发展之道。李渔曾如此解释这一现象：

　　　　古人呼剧本为"传奇"者，因其事甚奇特，未经人见而传之，是以得名。可见非奇不传。新，即奇之别名也。

为什么要"非奇不传"呢？其原因不言自明，无非是文艺作品不能论时事也。

明朝初期，政治氛围也较为刻板严苛，特别是在朱元璋时期，慢说是文艺形式的优谏了，民间谁家要是敲敲打打唱戏都是要治罪的，一直到成化帝时方才有讽刺时事的杂剧出现，可即便是出现了，其数量较之宋朝，亦是不可同日而语，这也导致了明朝小说的一个鲜明的特征，即具有批判性的作品，其时代背景往往都设置在前朝。以大家耳熟能详的明朝四大奇书为例，其小说背景都是唐宋，这并非是作家可以控制的，而是受政治环境所迫，这与元传奇的发展道路基本相似，本质上属于是一脉同宗。

及至清朝，就更不用说了，还不如明朝。

三、宋词：源自民间盛于勾栏之文学

> 柳永为举子时，多游狭邪，善为歌辞。教坊乐工每得新腔，必求永为辞，始行于世，于是声传一时。余仕丹徒，尝见一西夏归朝官云："凡有井水处，即能歌柳词。"
>
> ——叶梦得《避暑录话》

我们现在提到宋词，必与唐诗相呼应，从我们今天的角度来看，宋词与唐诗俨然已为两座高峰，仰望之时，心中油然生出一抹敬畏，因为那两个时代之文学非今人所能企及，除了仰慕之外，后世也只有赞叹的分了。

然而，我们看待一件事物、一种现象，需要站在当时的环境中去理解，王国维说："凡一代有一代之文学，楚之骚，汉之赋，六代之骈语，唐之诗，宋之词，元之曲，皆所谓一代之文学，而后世莫能继焉者也。"为什么不能继呢？无非是环境不同，产生文学的土壤不同。

以宋词为例，其最基础的要素是"可歌"，若脱离了"可歌"这个元素，那么宋词也就不是宋词了，而其"可歌"的土壤就是我们前文所说的瓦舍勾栏。换句话说，如果没有瓦舍勾栏之兴盛，没有宋朝娱乐业之发达，那么也就没有那么多在娱乐圈从艺的艺人，如果没有那么多的艺人，自然也就不可能会有那么多脍炙人口的宋词。勾栏、艺人、宋词这是一个完整的产业链，即我们今天所说的生态，缺一而不可。

宋朝的文化圈得以多样化发展，完全得益于娱乐圈的多样化，在上一个章节中我曾说道，"各种类型的文艺形式在一个瓦舍里竞相亮相，它几乎包含了文艺圈所有的艺术表演项目"，不过在众多的文艺类型当中，受众最广的文艺形式当属宋词。前文论及的杂剧虽说也是宋朝喜闻乐见的文艺形式，但走在流行文化前端的还得是宋词。

这也很好理解，宋词就像今天的流行歌曲一样，有时候一首爆火的歌曲出来，就像病毒一样，一夜之间传遍大江南北，达到家喻户晓的程度，宋词在当时差不多就是以这样的一种形态存在。

不信的话，我们不妨看看被后世誉为"唐宋八大家"的都有哪些人，他们分别是柳宗元、韩愈、欧阳修、苏洵、苏轼、苏辙、王安石、曾巩，除了柳宗元和韩愈是唐朝人，其余六位都是宋朝的，占到了四分之三，为什么呢？

有两个原因，第一肯定是宋朝的文化环境好，因此文风兴盛，作品量大；第二，则要归功于宋朝的娱乐圈。唐宋八大家以诗词和散文取胜，说句实在话，散文这种文学形式无论古今，都属于阳春白雪的高雅文学之列，换句话说，读散文的人一般都是有一定文化素养，且爱好读书、有一定生活品味的人。

这句话没有任何歧视的成分，在"唐宋八大家"的作品里面，提到散文，能够随口吟诵出来的人少之又少，然提到诗词那可就多了，如："金风玉露一相逢，便胜却人间无数……两情若是久长时，又岂在朝朝暮暮。""明月几时有，把酒问青天。不知天上宫阙，今夕是何年……人有悲欢离合，月有阴晴圆缺，此事古难全。但愿人长久，千里共婵娟。"

可见宋词的受众无论古今都很大，原因是这些广为传唱的歌词，不只是宋朝时有人传唱，今天依然有人将之编成曲在传唱，它是典型的雅俗共赏的文学类型。无论你是否爱好读书，是否接受过高等的文化教育，从事的是什么职业，都不妨碍你对歌曲的喜爱。一首传唱度高的歌曲，它既可以让高级知识分子对酒高歌，也可以让普通民众在包房里如痴如醉地吟唱。可以说散文和诗词是两极分化的，也就是说，宋词一开始就属于"俗"的，它源于民间，盛于勾栏，最终蔚然成风，终成一派，一枝独秀。

所以，王国维说"一代有一代之文学"，我们可以去仰慕宋词，却也没必要去模仿追赶，作为今人，做好今天的文化即可。

在勾栏、艺人、宋词这个生态链中，勾栏在前文中已经讲过，下面就来说说艺人和宋词。

宋朝瓦舍勾栏中的艺人可以说是灿若星河，数不胜数，光是《东京梦华录》收录的就有七十多人。为使列位能看得更清晰、更好理解一些，我特将《东京梦华录》的原文分段分句以录之，并加注释以说明，与原文样式会有差别，望周知：

崇、观以来，在京瓦肆伎艺（注：伎通妓，即指艺人）：

孟子书（注：评书，或为主讲孟子故事的评书，存疑）：张延叟。

主张小唱（注：唱小曲，可理解为歌手）：李师师、徐婆惜、封宜奴、孙三四等。

诚其角者嘌唱弟子（注：嘌唱，歌曲的一种唱法，也可以理解为宋朝通俗歌曲的一种唱法）：张七七、王京奴、左小四、安娘、毛团等。

教坊减罢并温习（注：减罢并温习，其意至今存疑，可理解为歌舞艺人的一种身份）：张翠盖、张成、弟子薛子大、薛子小、俏枝儿、杨总惜、周寿、奴称心等。

般杂剧杖头傀儡（注：般杂剧，即搬演杂剧；傀儡，即木偶戏，仗头傀儡即为木偶戏的一种，下文的悬丝傀儡、药发傀儡等，意思相同）：任小三，每日五更头回小杂剧，差晚看不及矣。

悬丝傀儡：张金线、李外宁。

药发傀儡：张臻妙、温奴哥、真个强、没勃脐。

小掉刀、筋骨上索杂手伎：浑身眼、李宗正、张哥。

球仗踢弄：孙宽、孙十五、曾无党、高恕、李孝详。

讲史：李慥、杨中立、张十一、徐明、赵世亨、贾九。

小说：王颜喜、盖中宝、刘名广。

散乐（注：指未入官方乐队的民间舞曲演奏艺人）：张真奴。

舞旋（注：舞蹈的一种）：杨望京。

小作相扑、杂剧、掉刀、蛮牌：董十五、赵七、曹保义、朱婆儿、没困驼、风僧哥、俎六姐。

影戏（注：手影戏或皮影戏）：丁仪、瘦吉。

弄虫蚁（注：耍弄小动物的一种表演）：刘百禽。

耍秀才、诸宫调（注：说唱艺术的一种）：孔三传。

商谜（注：以猜谜为主的一种说话艺术）：毛详、霍百丑。

合生（注：也是说话艺术的一种流派，当场指物赋诗，又叫唱题目）：吴八儿。

说诨话（注：讲笑话，说话艺术的一种，可以理解为单口相声或脱口秀）：张山人。

杂班（注：杂剧的一种，很短，杂剧之散段，又称杂扮，通常是扮成某地人，逗人乐为主，一般以装成山东或河北的农村人居多）：刘乔、河北子、帛遂、胡牛儿、达眼五、重明乔、骆驼儿、李敦。

神鬼：孙三。

说《三分》（注：指说三国故事）：霍四究。

《五代史》：尹常卖。

叫果子（注：模仿市井小贩叫卖，可以理解为模仿秀的一种）：文八娘。

其余不可胜数。

孟元老收录的这些艺人，都是一线顶流的明星，上至宫廷下到民间，无人不知无人不晓，有些甚至是某种艺术门类的开创者，如孔三传是诸宫调的祖师爷，这种艺术门类就是从他开始的。

李师师就更加不用说了，京城头牌花旦，漂亮、有才、高冷，像一朵盛开在高山之巅的雪莲，俯瞰仰慕她的众生。然其虽仰慕者众多，能入她眼、能进她心的却没有几个。

只是作为一线明星，即便个人生活再简单，也难免有许多绯闻，其一生最大的绯闻是与徽宗之间的感情。为什么说她与徽宗之间属于是绯闻呢？因为关于李师师的传说实在是太多了，时至今日，真真假假已然难以分得清楚，再加上后来小说、话本的演绎，关于她出身、经历、结局的传说就更多了，简直乱得迷人眼。

不过，自古才子风流，佳人多情，徽宗自诩文人，且生性多情，以他的为人、脾性来揣测，他大概率是不会放过这么一位名动京师的佳人的。当然，换个角度看，以徽宗的身份、才学确也配得上李师师。奈何这位佳人，她不是一个人的佳人，而是大众情人，众星捧月也似，这才生出许多风月事来。

据说，最先吹捧李师师的是张先。

张先也是一位妙人，天纵奇才，风流倜傥，他的词在宋朝有较高的地位，可与柳永比肩，乃婉约派的代表人物，也是《师师令》词牌的开创者。他是仁宗朝天圣八年（1030年）的进士，当时与之同科的还有欧阳修、蔡襄、陈希亮等北宋名臣，并与赵抃、苏轼、蔡襄、郑獬、李常、梅尧臣等名士交好。从常理来讲，这么一位有才气的书生，又与当时赫赫有名的名臣有交往，入仕之后定是青云直上才是，可张先似乎生来就对仕途没多大兴趣，更喜欢纵情山水，逍遥四海，且每到一处，必与佳人有缘，因此留下了许多风流佳话。

最是风流、且最为传奇的是与一位年轻貌美的尼姑结了一段尘缘。可这是禁忌之恋，佛门如何容得下他们那般胡作非为？于是就把那尼姑关了起来，为了防止他们藕断丝连，将之关在了湖心小岛的阁楼之中。

忽不能见到心上的人儿，张先若百爪挠心一般坐立难安，好在天下无难事，只怕有心人，他弄了一叶小舟，到了半夜，夜深人静之时，便偷偷乘舟过去，到了那阁楼下，尼姑便悄悄地放下梯子来，好教张先爬上窗去。

这一段韵事虽道是风流，却也注定了不得长久，后来二人被迫分手，张先伤心之下，提笔写下一阕《一丛花》，词曰：

> 伤高怀远几时穷？无物似情浓。离愁正引千丝乱，更东陌、飞絮蒙蒙。嘶骑渐遥，征尘不断，何处认郎踪！
> 双鸳池沼水溶溶，南北小桡通。梯横画阁黄昏后，又还是、斜月帘栊。沉恨细思，不如桃杏，犹解嫁东风。

一段奇缘，成就了一篇好词，亦成为张先被后世传诵之名篇，特别是最后一句"沉恨细思，不如桃杏，犹解嫁东风"在当时就风靡一时，甚至连欧阳修这样的文豪，见了此句亦不禁拍案叫绝，此事在范公偁的《过庭录》中如是记录：

> 子野郎中《一丛花》词云："沉恨细思，不如桃杏，犹解嫁东风。"一时盛传，永叔尤爱之，恨未识其人。子野家南地，以故至都谒永叔，阍者以通，永叔倒屣迎之，曰："此乃'桃杏嫁东风'郎中。"

文中的子野即张先，子叔即欧阳修。说张先的《一丛花》写出来后，一时盛传，欧阳修见了十分喜爱，只恨不认识其人。有一次张先去拜访欧阳修，欧阳修得悉此消息，激动之极，见了面头一句话就说："这不就是'桃杏嫁东风'郎中吗！"

欧阳修见面就以其词句呼之，可见此词在当时的影响之大。

后来在五十二岁那年，张先任嘉兴判官时，因身边无人陪伴，心中寂寥，醉卧家中，写了阕《天仙子·水调数声持酒听》：

水调数声持酒听，午醉醒来愁未醒。送春春去几时回？临晚镜，伤流景，往事后期空记省。

沙上并禽池上暝，云破月来花弄影。重重帘幕密遮灯，风不定，人初静，明日落红应满径。

由于"云破月来花弄影"一句流传甚广，影响颇大，张先又被称之为"云破月来郎中"。

风流才子走到哪儿都受欢迎，我不知道张先一生娶了多少妻妾，但史料上说他总共生育了十子二女，大儿子和小女儿年龄相差六十年，刚好一甲子，且在八十岁高龄之时娶了个十八岁的小妾，诚可谓是艳福齐天了，春风得意之际，随口吟了首诗，曰：

我年八十卿十八，卿是红颜我白发。
与卿颠倒本同庚，只隔中间一花甲。

大婚当日，其好友苏轼到访，由于二人关系较好，苏轼也无甚顾虑，也是随口吟了首诗送老友：

十八新娘八十郎，苍苍白发对红妆。
鸳鸯被里成双夜，一枝梨花压海棠。

一枝梨花压海棠乃是家喻户晓的名句，哪个又晓得其原意是苏轼暗讽老友

"老牛吃嫩草"哩。

我个人估计，张先对李师师多少也是有点意思的，那样一个俏佳人，哪个才子能不爱慕呢？只是二者年龄相差委实有些大，从现存的资料推断，李师师出道时，张先差不多有八十岁了，而且他在八十岁那年还娶了个小妾，新婚燕尔呢，估计也顾不上李师师。到了其八十五岁左右，李师师颇有些名声了，张先估计也是有心无力了吧？作为词坛名耆，在文艺界享有盛誉的老前辈，以前辈提携后辈之名，作了那阕《师师令》，以资鼓励，也算是拉了李师师一把，其词云：

> 香钿宝珥。拂菱花如水。学妆皆道称时宜，粉色有、天然春意。蜀彩衣长胜未起。纵乱云垂地。
>
> 都城池苑夸桃李。问东风何似。不须回扇障清歌，唇一点、小于珠子。正是残英和月坠。寄此情千里。

词中全无男女之情，而是以一种赞美之态，将李师师夸赞了一番。

张先一出手，李师师的名气就更大了，自然令更多风流才子趋之若鹜，同样作为婉约派词人的秦观，对李师师亦是心向往之。

从秦观的词作中不难看出，李师师是接待过秦观的，而且作为风流才俊，他也值得李师师这种级别的艺人接见，于是，这一对才子佳人曾一度往来较密，秦观对李师师之爱慕也是毫无保留的，比如这一首《一丛花》：

> 年来今夜见师师。双颊酒红滋。疏帘半卷微灯外，露华上、烟袅凉飔。簪髻乱抛，偎人不起，弹泪唱新词。
>
> 佳期谁料久参差。愁绪暗萦丝。相应妙舞清歌夜，又还对、秋色嗟咨。惟有画楼，当时明月，两处照相思。

彼此，秦观三十岁左右，正值壮年，且负有盛名，李师师虽然高冷，一般人难以接近，可面对秦观这样的青年俊才，却也难以拒之，况且知名创作人与一流明星，无论是在情感上还是商业上，本身就是相互依存的关系，你来我往再正常不过了。

秦观之词在北宋属一流之列，如《鹊桥仙·纤云弄巧》：

纤云弄巧，飞星传恨，银汉迢迢暗度。金风玉露一相逢，便胜却人间无数。

柔情似水，佳期如梦，忍顾鹊桥归路。两情若是久长时，又岂在朝朝暮暮。

词中字字句句传诵千古，词是真的好词，人也是真的风流，秦观钟情的女子非李师师一个，而是很多个，估计李师师也知道他是一个情种，因此二人虽因了各种原因多有往来，但彼此之间，未必就有真感情。

除秦观外，晏几道与李师师也有几分情缘，并为其作了这阕《生查子》：

远山眉黛长，细柳腰肢袅。

妆罢立春风，一笑千金少。

归去凤城时，说与青楼道。

遍看颍川花，不似师师好。

热烈、直白，对心仪之人的赞美可谓毫无保留。

晏几道作为名门之后，与其父晏殊合称"二晏"，才情和家势的加持，确也足以使他过上风流快活的日子。只是其父亡故之后，家道中落，后王安石变革之时，又以反对新政为由被下狱，自此落魄，想来他与李师师虽然有缘，然因后来的际遇，一个天上一个地下，应也是难以为继了。

与李师师交往最为密切，感情至深者应是另一位婉约派词人周邦彦，同样是一位在北宋极富才气的少年公子，后更是得到徽宗赏识，入大晟府，专掌乐律谱词。估计徽宗在提拔他时也没有想到，他们之间本是一君一臣，却因了一名女子而成情敌。

周邦彦以一篇《汴都赋》名动天下，时京东歌妓无不以与周邦彦合作为荣，故求词者甚众。作为东京之头牌，李师师自然也需要与这样的才子合作，岂料一见周郎终身误，自此结了缘。周邦彦少年才子，见得佳人，自也是相见恨晚，便填了一首《玉兰儿》赠与李师师：

铅华淡伫新妆束，好风韵，天然异俗。彼此知名，虽然初见，情分先熟。

　　炉烟淡淡云屏曲，睡半醒，生香透玉。赖得相逢，若还虚度，生世不足。

　　犹如前世便已注定的缘分，一见如故，并毫无保留地吐露出爱慕之情，至此，这一对才子佳人，两情相悦，你来我往，颇有互订终身之意。陈鹄在《耆旧续闻》中记载："美成至角伎李师师家"，可见两人交往已颇为亲密，俨然似情人，并在其家中赋《洛阳春》词：

　　眉共春山争秀，可怜长皱。莫将清泪湿花枝，恐花也如人瘦。
　　清润玉箫闲久，知音稀有。欲知日日依栏愁，但问取亭前柳。

　　作为一名女艺人，李师师也是多愁善感的，她一边庆幸得遇周郎，一边又叹人在烟柳，身不由己，周邦彦见她时常长吁短叹，依栏皱眉，便赋此词，疼惜之情溢于纸上，并有劝她从良恢复自由身之意。

　　李师师倒也并非不想从良，只是作为一线明星，日入斗金，她身上牵涉的利益太多了，就像明星签入经纪公司一样，作为一部赚钱的机器，哪个肯放她走？所以彼时的李师师被诸多利益裹挟，并非是她想走就能够一走了之的。其次，还有个更重要的原因是，她遇上了另一个冤家，那冤家是周邦彦的顶头上司，天下唯其独尊，此人若想让周邦彦死，那简直如捏死一只蚂蚁一般容易。关键是那冤家还颇具才华，便是抛开其天下独尊的身份，放到文化圈里面，其诗词书画的功力也是数一数二的，要地位有地位，要权力有权力，要文才又有文才，这样的一个人无论是李师师的金主还是其本人，要想拒绝都是有难度的，于是乎便苦了夹在中间的周邦彦，而这段三角恋戏剧化的故事也由此展开。

　　周邦彦作为一个臣子，即便他再怎么喜欢李师师，也是无力去抵抗她与徽宗交往的。哪怕他肯舍弃功名利禄，与之抗争也是徒然，亡命天涯做一对苦命鸳鸯这样戏剧化的情节，在他们身上不可能发生，所以他只能眼睁睁地看着心上的人儿与另一个男人约会，且还必须装作什么都没发生一样，不能去打扰，更不能现身出去，让徽宗知道在李师师的身边还有他这么一个人的存在。

　　我们完全可以想象周邦彦之煎熬和痛苦，且那种痛是噬心刻骨的、耻辱的，一个男人给不了一个女人自由，生而何欢呢？

　　有一次，李师师听闻徽宗身体不适，以为不会出宫过来了，便约了周邦彦来见，好好的一双恋人，相见犹如偷情一般，糟糕的是二人没聊多久，徽宗就到了。这下可把周邦彦急坏了，要是不藏起来吧，不只他自己前途难保，连李师师也一道儿给害了，可要是藏吧，闺阁之中确也没地方可藏，最后还是李师师灵机一动，让他躲床底下去了。于是乎，一个在床下忍辱负重，一个在床上强颜欢笑，端的难受之极。偏生徽宗不知这闺阁之中还有第三人在，与李师师说着情话，还带来了江南进贡的鲜橙，教李师师尝尝。

　　徽宗走后，周邦彦从床底下爬出来，感慨之下写了阕《少年游·并刀如水》，以排遣愁绪：

　　　　并刀如水，吴盐胜雪，纤指破新橙。锦幄初温，兽烟不断，相对坐调笙。
　　　　低声问：向谁行宿？城上已三更。马滑霜浓，不如休去，直是少人行。

　　是时，房内温香如故，然二人心头却沉重如铁，相对坐着，欲语还休，周邦彦便怔怔地看着李师师拨琴弄弦，隔了良久，才听李师师问了一句："今晚入宿何处？"

　　周邦彦一声长叹，他还是留了下来，如若是人走了，心还留在此处，不过是徒增烦恼罢了，不若留下，至少在这夜深人静之时还能看着她，至少在这三更时分，他们还是自由的吧。

　　可怜的是，即便他们如此秘密幽会，依然东窗事发了，不知为何，那阕《少年游》传到了徽宗的耳朵里，以徽宗之才情和敏锐，很快就意识到此词乃是在说他和李师师约会的事情，不由勃然大怒，赶去李师师处，问那《少年游》出自何人之手。

　　李师师情知瞒不住，便如实交代了她跟周邦彦之间的关系。徽宗一听，妒火中烧，朕的女人你也敢招惹？当天就撤了周邦彦的官，并将之贬出了京师。

　　这一对苦命鸳鸯，本是可以正常交往的，因徽宗一脚插进来，迫于无奈，转为地下恋情，现在不仅地下恋无法持续，还撤职丢官，贬出京师，彻彻底底地断了联系。李师师听到这消息，悲从中来，在周邦彦出京的当日，赶去送行。

周邦彦作为婉约派文人，本就是多愁善感之人，见了李师师时，情知这一别相见无期，要彻底断了情缘，亦是肝肠寸断，填了一首《兰陵王·柳》，以诉别离之情：

柳阴直，烟里丝丝弄碧。隋堤上，曾见几番，拂水飘绵送行色。登临望故国。谁识，京华倦客？长亭路，年来岁去，应折柔条过千尺。

闲寻旧踪迹。又酒趁哀弦，灯照离席。梨花榆火催寒食。愁一箭风快，半篙波暖，回头迢递便数驿，望人在天北。

凄恻，恨堆积。渐别浦萦回，津堠岑寂。斜阳冉冉春无极。念月榭携手，露桥闻笛。沉思前事，似梦里，泪暗滴。

这一阕词分三段，层层递进，一波三折，直抒愤懑，道尽别离之苦，"愁一箭风快，半篙波暖，回头迢递便数驿，望人在天北"，上了船后，两岸景色飞快掠过，回头已过数驿，渐渐地佳人的倩影越来越模糊，直至不见，而此时细思前事，却宛然如梦，不禁又滴下泪来。

李师师亦哭成了泪人儿，没想到回屋时，徽宗竟在屋里等着，他见李师师双目红肿，料知是去送周邦彦了，就询问他俩送别的情形，李师师一一说了。徽宗听到那阕《兰陵王·柳》词时，叹息了一声。

作为帝王，为了喜欢之女子利用权力也是天经地义的，可作为文人，如此这般去打压另一位才华横溢的同行，他觉得心中有愧，又下旨，命周邦彦改任去地方为官。周邦彦后辗转于山西永济、长治，浙江宁波、丽水，河北正定，安徽阜阳等地任职，宣和五年（1123年）于南京病逝，享年六十岁。

从史料来看，周邦彦应与姑苏岳楚云有过一段情缘，那岳楚云与李师师一样，也是名艺人，因也是相互仰慕对方才华，渐生情愫。或许是周邦彦命苦，又或许是他跟娱乐圈的女子注定了有缘无分，他被调任去外地，几年后归来，竟得知佳人已然嫁作他人妇，后遇见岳楚云的妹妹时，填了阕词托其妹交给曾经的意中人，此词名为《点绛唇·仙吕伤感》：

辽鹤归来，故乡多少伤心地。寸书不寄。鱼浪空千里。

凭仗桃根，说与凄凉意。愁无际。旧时衣袂。犹有东门泪。

据说岳楚云看到此词时，"感泣累日"（注：语出《历代词话》），哭了一天。周邦彦虽多才多艺，一身才情，奈何情路多舛，委实可叹。

至于李师师后来的际遇，流传的版本甚多，且多为小说话本演绎，不再讨论。

以上说的虽是故事，但也能从中看出些词人与艺人的关系，抛开他们之间的感情不谈，单就以宋词流行的角度而论，词人和艺人是一种相互依靠、促进的关系，谁也离不开谁，换句话说，宋词如果没有艺人的传唱，它就不是我们今天看到的宋词了，艺人的传唱，大大地促进了词人创作的激情和灵感，于是大量的宋词宛如潮水，奔涌而出，涌向社会的角角落落，最终呈现出了人人传唱的繁盛场景。

如果说上面的几个故事，还不足以说明词作者与艺人之间那种商业化的关系的话，那么我再来说一个人，就能完美地解释词人和艺人之间相互依存的状态了，此人便是本章节开篇提到的"凡有井水处，即能歌柳词"的大宋著名流行歌词作家柳永。

不知道列位看到这句"凡有井水处，即能歌柳词"是否有熟悉之感？在近代的文坛上也有一句类似的话，叫做"有井水处有金庸，有村镇处有高阳"。

喜欢读书的人皆知，金庸和高阳一个是武侠小说宗师，一个是历史小说作家，在近现代文学史上享有颇高的名誉，再看柳永，乃宋词婉约派的代表人物，莫非作品与井水搭上边，就是件了不起的事吗？

首先，必须说明的是，当一个人的作品与井水沾上边，肯定是件非常了不起的事情，因为井水指的是市井，而市井代表的是百姓，若是某人的作品民间百姓争相传阅或传唱，岂不就是件了不起的事情吗，作为一个创作者，还有什么比这更能令其为之骄傲的事情吗？但是，不得不指出的是，这句话其实也有贬低的成分。

为什么呢？既然井水指的是市井，那么村镇指的便是俗人，想当年金庸、高阳两位大红大紫的时候，在主流文坛是没有地位的，其作品被指为十分俗气的通俗之作。我初入文坛时，曾写过几年的武侠小说，记得当时有位文坛的前辈不屑地与我说，写那东西干吗，打来打去的，不是复仇就是夺宝，还把丐帮奉为武林大帮，一个个脏兮兮的，那能叫文学吗？我当时只是一个毛头小子，虽不敢苟同，却也没去顶嘴。时至今日，我一直坚信文学没有高下之分，更无所谓俗雅之别，条条大路通罗马，不过是所走的路不同罢了，文学的终极目标都是写人的，最后总是殊途同归。

说这件事情，并非是想证明那位前辈是错的，而我的文学观点就是正确的，只是想说任何的通俗文学在其刚起步、风靡之时，总有些异样的声音存在，觉得非高雅之声，非正统之文学，柳永当年的状况差不多也是这样，在宋朝的正统文人眼中，他是一个俗到极致又非常固执且不正经的文人，至少在当时的老一辈人眼里，那就是一个有些才气但不务正业的纨绔子弟。

咸平五年（1002年），柳永打算入京考试，可到了杭州他不走了，原因无他，只是因为杭州太美了。好山好水还有好姑娘，不好生游玩一番，岂非暴殄天物？于是就在杭州住了下来，不是游山玩水，就是在瓦舍勾栏唱歌听曲，什么功名利禄且随它去吧，人不风流枉少年，先玩好了再说。

到了第二年，时值孙何知杭州，柳永作为文人，自是知道孙何才名，因此把他这一年在杭州的观察和游玩做了个总结，填了阕《望海潮·东南形胜》的词，前去拜谒，词曰：

> 东南形胜，三吴都会，钱塘自古繁华，烟柳画桥，风帘翠幕，参差十万人家。云树绕堤沙，怒涛卷霜雪，天堑无涯。市列珠玑，户盈罗绮，竞豪奢。
>
> 重湖叠巘清嘉。有三秋桂子，十里荷花。羌管弄晴，菱歌泛夜，嬉嬉钓叟莲娃。千骑拥高牙。乘醉听箫鼓，吟赏烟霞。异日图将好景，归去凤池夸。

此词与柳永后期的艳词大为不同，以大开大阖的浑厚之笔，描绘出了杭州的繁华、壮观和旖旎之景色，像是一幅出自名家笔下的画，阅之便教人神往，可以说是大手笔，更是将柳永的才华展现无遗。

据传，此词一出，洛阳纸贵，红遍大江南北，用今天的话说就是一夜爆火，人人传唱。

好嘛，正经的书不读，应试也不去，在杭州玩了一年，做了个总结，居然就大红大紫了。

红到什么程度呢，南宋文人罗大经在《鹤林玉露》如是记载：

> 孙何帅钱塘，柳耆卿作《望海潮》词赠之云"东南形胜"云云。此词流播，金主亮闻歌，欣然有慕于"三秋桂子，十里荷花"，遂起投鞭渡江之志。

大意是说，《望海潮》词一出，流传非常广，竟传到金主完颜亮的耳朵里去了，那完颜亮听完这阕词，对"三秋桂子，十里荷花"的杭州十分神往，自此就立下了要率兵过江打到杭州去的志向。

又过了一年，孙何应召还京，柳永似乎也想起此番出来是要入京应试的，这才动身离开了杭州。奈何中华大地，物产丰饶，景色多姿，每到一地，必有好山好水好姑娘，实在是教人流连忘返，舍不得赶路，于是柳永又把入京应试这件事抛置脑后，离开杭州后，又入苏州。苏杭那是人间天堂啊，既然在杭州时玩了一年，又做了个总结，到了苏州岂能厚此薄彼乎？于是也玩了差不多一年，同样做了个总结，赋《双声子·晚天萧索》：

> 晚天萧索，断蓬踪迹，乘兴兰棹东游。三吴风景，姑苏台榭，牢落暮霭初收。夫差旧国，香径没、徒有荒丘。繁华处，悄无睹，惟闻麋鹿呦呦。
>
> 想当年、空运筹决战，图王取霸无休。江山如画，云涛烟浪，翻输范蠡扁舟。验前经旧史，嗟漫载、当日风流。斜阳暮草茫茫，尽成万古遗愁。

与在杭州所作的《望海潮》一样，大开大阖，豪放大气，不同的是，《双声子》在描景之时加入了怀古的元素，天才就是天才，这虽是他第一次写怀古之词，却成名篇，对宋朝后期的怀古词产生了巨大的影响。

两年游玩，两次总结，成就两篇千古绝唱，值得值得！

离开苏州后，又入扬州，这同样是一个令神仙都向往的地方，不玩的话恐又会辜负眼前这好山好水好姑娘，便又住下来玩了差不多一年，按照惯例，对扬州也做了个总结，赋《临江仙·鸣珂碎撼都门晓》：

> 鸣珂碎撼都门晓，旌幢拥下天人。马摇金辔破香尘。壶浆盈路，欢动帝城春。
>
> 扬州曾是追游地，酒台花径仍存。凤箫依旧月中闻。荆王魂散，应认岭头云。

此词写的是扬州城百姓欢迎一位新到任的官员的场景，后半阕是追忆当年荆王建功立业之事，并寄托新来的官员也能成就一番大事业。同样作为总结，与前面两阕词差了点意思，不过从这三阕词中可以看出，此时的柳永虽也好玩，但还是一个相当有志向的少年，与后期流连花丛中"奉旨填写"的柳三变完全是两路人。

如此一路游玩，到了大中祥符元年（1008年），总算是到了东京，足足七个年头，当年应试的人当官都当好几年了，结婚的人孩子都上学了，他才不紧不慢地抵达京师。

好在第二年就是春闱，柳永踌躇满志，认为以他这般的才华，必是金榜题名，没想到的是他居然落榜了。

有那么一瞬间，他觉得这是一场梦，因为他的目标不是登科进第而已，而是要夺取头名状元啊，怎么会连入榜的资格都没有，这怎么可能呢？

正常来讲，以柳永的才华即便没有夺得头名，入榜肯定是没有任何问题的，问题出在入京之前他给一位艺人填了阕词。那位艺人姓甚名谁史书上没有记载，柳永在词中也没有点明，但大概的场景还是能通过他那阕《长寿乐》词猜个八九分，先来看他是如何写的：

> 尤红殢翠。近日来、陡把狂心牵系。罗绮丛中，笙歌筵上，有个人人可意。解严妆巧笑，取次言谈成娇媚。知几度、密约秦楼尽醉。仍携手，眷恋香衾绣被。
>
> 情渐美。算好把、夕雨朝云相继，便是仙禁春深，御炉香袅，临轩亲试。对天颜咫尺，定然魁甲登高第。等恁时、等着回来贺喜。好生地。剩与我儿利市。

柳永的词大多通俗易懂，词意不再翻译，只说填此词前的场景。柳永与那艺人颠鸾倒凤之后，说我要走了，进京赶考是大事，不能再耽搁了。那艺人就开始撒娇，说你这般有才，到时定是金榜题名，从此平步青云，名利双收，你啊，就像是一只凤凰，撒手将你放了出去，如何还会回来？

柳永生性多情，且狂放不羁，提笔便写下了这阕《长寿乐》，前半阕说的是与那艺人如何甜蜜，后半阕吹了几句牛，说殿试之时天颜近在咫尺，以我的才华，他怎会看不上我呢？肯定是头名状元，你啊，就安心地等我回来庆祝吧，我也会好生地给你准备一份大礼。

古往今来疏狂之才子无数，大多是写诗词表达一下春风得意、踌躇满志之情罢了，可柳永倒好，前半段写完跟女艺人的风流情事，后半段就说与皇帝面对面，然后皇帝羡其才华，御笔一批，给了他个殿试头名。关键是《望海潮》之后，他名声大噪，但凡所填之词都是爆款。《长寿乐》一出同样也火了，皇帝一看，这人实在忒轻浮，纵使你再有才华，也不能用你，就把他给刷下去了。

柳永不服啊，填一阕词太火了，把状元填没了，这是哪门子道理？但不服归不服，无论怎样他都得接受这个结果，为了发泄不满之情绪，便填了阕《鹤冲天·黄金榜上》，这事就算过去了：

黄金榜上，偶失龙头望。明代暂遗贤，如何向。未遂风云便，争不恣狂荡。何须论得丧？才子词人，自是白衣卿相。

烟花巷陌，依约丹青屏障。幸有意中人，堪寻访。且恁偎红倚翠，风流事、平生畅。青春都一饷。忍把浮名，换了浅斟低唱！

柳永虽年少气盛，心态却是极好的，前半阕是安慰自己，说今年的金榜我没有题名，只是个偶然，就算是在清明的时代，皇帝也会走眼错失贤才，正常的。那要怎么办呢？失意沉沦怨天怨地吗？不！既然暂时没有好的机遇，那就尽情地去享受好山好水好姑娘吧，没有必要沮丧。我是谁？我是行走的填词机，爆款的制造器，有这一身才华，便是白丁布衣，社会地位也不亚于公卿将相。

后半阕是计划去烟花柳巷，寻访意中人，然后偎红倚翠，躺在那温柔乡里，实在是人生快事啊。毕竟青春犹如春光般短暂，耽误不得，所以，就把那劳什子功名之类的姑且忘了，换一杯酒和姑娘那婉转迷人的歌声吧，该享受时不享受，岂非愧对天公之造化。

此词一出，立时风靡京师，而且其蹿红之迅速要远远高于《望海潮》，几乎就是在一夜之间，整个京师的人都在传唱。

这一阕词在质量和词意上未必就比《望海潮》好，只是占尽了天时地利。要知道科举乃是千军万马过独木桥，最终能留下来的没有几人，绝大多数是失意的落榜者，那些落榜者在沮丧之时，乍听到《鹤冲天·黄金榜上》，觉得简直是写到了他们的心坎里，这情形就像失恋时，猛听到一首唱失意之曲一般，会觉得这首歌就是唱给自己听的，瞬时如若遇知音，郁闷之情绪一下子就冰释了不少。柳永的这阕词，在适当的时候适当地出现，戳中了落榜者的心坎，想不火都难。

一个好的作品，可以改变一个人的命运，柳永凭一阕《长寿乐》改变了自己的命运，但他没想到的是，《鹤冲天·黄金榜上》再次改变了他的命运。

大中祥符八年（1015年），柳永参加考试，又落第了。南宋文人吴曾在《能改斋漫录》里如是描述柳永此番落第的原因：

> 仁宗留意儒雅，而柳永好为淫冶讴歌之曲，传播四方，尝有《鹤冲天》词云："忍把浮名，换了浅斟低唱。"及皇帝临轩放榜，特落之，曰："且去浅斟低唱，何要浮名！"

仁宗是喜欢柳永的，陈师道在《后山词话》里说："柳三变游东都南北二巷，作新乐府，骪骳从俗，天下咏之，遂传禁中。仁宗颇好其词，每对酒，必使侍从歌之再三。"每次饮酒，必要求宫中乐妓吟唱柳词，可见流行歌曲之魅力连皇帝都抵制不住，但是，喜欢归喜欢，放榜取士乃是要为国家取才的，需要严谨一些，你柳三变既然说"忍把浮名，换了浅斟低唱"，那就继续去浅斟低唱吧，要这浮名作甚？

仁宗故意使之落榜，着实令柳永哭笑不得，这是该骄傲还是该失落？

毫无疑问，柳永的内心是失落的，但他却强做骄傲之状，从此后自称"奉旨填词柳三变"，流连花丛，把酒当歌。

或许说到此处，有人心中会存疑惑，仁宗以仁厚、惜才而闻言，为何会容不下柳永呢？

这就要提到前文论及的正统文坛对流行文学的态度了，柳词虽火，甚至可以说是火得一塌糊涂，但是在一些传统文人的眼里，有时候流行也就意味着流俗，不过是迎合了民间的低级趣味罢了，算不上真正的文学。我们来看一下宋朝文人对柳词的态度，便能见分晓。南宋文人曾慥在《高斋诗话》里记录了这么一段话：

> 少游自会稽入都见东坡。东坡曰："不意别后，公却学柳七作词！"少游曰："某虽无学，亦不如是。"东坡曰："'销魂当此际'，非柳七语乎？"

秦观是苏轼的学生，这段话的背景是，秦观迷恋一名歌妓，出于某些原因不得不与之分手，因此填《满庭芳·山抹微云》词，以抒情思，词云：

> 山抹微云，天连衰草，画角声断谯门。暂停征棹，聊共引离樽。多少蓬莱旧事，空回首，烟霭纷纷。斜阳外，寒鸦万点，流水绕孤村。
> 销魂当此际，香囊暗解，罗带轻分。漫赢得青楼，薄幸名存。此去何时见也，襟袖上空惹啼痕。伤情处，高城望断，灯火已黄昏。

前文曾提到，秦观是婉约派词人，曾为李师师填过词，而苏轼则是正统文人，其词是豪放派的，那一年，秦观去见苏轼，苏轼见面就问："没想到你我别后不久，你竟学那柳永作词了！"

这句话分明带有责备意味，秦观忙说："学生虽不才，却也不会学那柳永作词。"慌忙解释，并与柳永撇清了关系。

没想到苏轼并未就此放过他，又问："'销魂当此际'之句，难道不是柳永的词风吗？"

从苏轼和秦观的对话中可以明显地感觉到，正统文坛是瞧不上柳永的，哪怕不小心与之沾了点边，也好像会沾染上艳俗之气一般，非急忙撇清不可。

又有南宋晚期文人俞文豹在《吹剑录》里说，苏轼在翰林院任职时，有位幕僚深谙词律，苏轼便问他："我的词和柳永词相比如何？"

幕僚答："柳郎中词，只合十七八岁的女郎，执红牙板，歌'杨柳岸、晓风残月'；学士词，须关西大汉、铜琵琶、铁绰板，唱'大江东去'。"

这倒也不是那幕僚阿谀奉承，而是当时文坛的一种普遍的观点，用现在的话说就是，柳永的词年轻人喜欢，特别是那些未成年的无知年轻少女，更是痴迷柳词，柳永属于流量明星一类的，没多少文学素养，而苏词方才是黄钟大吕的高雅之乐。

李清照在《词论》中如是评价柳词：

> 逮至本朝，礼乐文武大备。又涵养百余年，始有柳屯田永者，变旧声作新声，出《乐章集》，大得声称于世。虽协音律，而词语尘下。

李清照承认柳词的创新，而且他的词契合音律，因此流行于世。《乐章集》出版后，瞬间就成了畅销书，只是其词终归是流于俗气，上不了台面的。

南宋文人王灼在《碧鸡漫志》里说：

> 柳耆卿《乐章集》，世多赏其序事闲暇，有首有尾，亦间出佳语，又能择声律谐美者用之。惟是浅近卑俗，自成一体，不知书者尤好之。

王灼说柳词虽然工整，自成一体，其中也偶成佳句，但其词意浅卑鄙俗，这样的词只有一些不好读书的人喜欢。他这一句"不知书者尤好之"不光贬低了柳永，连喜欢柳词的人都一起鄙视了。

类似鄙视柳词的评价还有很多，我就不一一例举了，总而言之，柳永作为一名流行歌词的创作者，在宋朝正统文人眼中是不入流的，在这样的大背景下，仁宗让他继续去花间填词也算是情有可原了。

闲话表过，回头再来说柳永。在柳永的生命中，留下了许多姑娘的倩影芳踪，究竟有多少，不得而知，有名有姓的有陈师师、赵香香、徐冬冬，谢玉英，以及安娘、虫娘、心娘、佳娘、酥娘等等，这些姑娘都是在柳永词中留了名的，如《西江月》：

> 师师生得艳冶，香香于我情多。安安那更久比和。四个打成一个。
> 幸自苍皇未款，新词写处多磨。几回扯了又重按。奸字中心著我。

提到了师师、香香、安安等等，如《木兰花》里的心娘：

心娘自小能歌舞。举意动容皆济楚。解教天上念奴羞，不怕掌中飞燕妒。

玲珑绣扇花藏语。宛转香茵云衬步。王孙若拟赠千金，只在画楼东畔住。

如《木兰花》中的佳娘：

佳娘捧板花钿簇。唱出新声群艳伏。金鹅扇掩调累累，文杏梁高尘簌簌。

鸾吟凤啸清相续。管裂弦焦争可逐。何当夜名入连昌，飞上九天歌一曲。

又如《木兰花》里的虫娘：

虫娘举措皆温润。每到婆娑偏恃俊。香檀敲缓玉纤迟，画鼓声催莲步紧。

贪为顾盼夸风韵。往往曲终情未尽。坐中年少暗消魂，争问青鸾家远近。

同样，酥娘也有一阕《木兰花》：

酥娘一搦腰肢袅。回雪萦尘皆尽妙。几多狎客看无厌，一辈舞童功不到。

星眸顾指精神峭。罗袖迎风身段小。而今长大懒婆娑，只要千金酬一笑。

在诸多的姑娘之中，柳永可能对虫娘最为眷恋，与之相识后便魂牵梦萦，纵使花丛游遍，亦难忘虫娘顾盼之风韵。为此，京试落第后，不得不与虫娘分离，便赋《集贤宾·小楼深巷狂游遍》赠予虫娘：

> 小楼深巷狂游遍，罗绮成丛。就中堪人属意，最是虫虫。有画难描雅态，无花可比芳容。几回饮散良宵永，鸳衾暖、凤枕香浓。算得人间天上，惟有两心同。
>
> 近来云雨忽西东。诮恼损情悰。纵然偷期暗会，长是匆匆。争似和鸣偕老，免教敛翠啼红。眼前时、暂疏欢宴，盟言在、更莫忡忡。待作真个宅院，方信有初终。

为什么说柳词都能火呢？从这一阕词中便能见缘由。不可否认，正如诸多名家所说的那样，柳词极俗，然他又有个十分可贵之处，那便是情之所至，皆为真情流露，毫无保留，一如当下的爱情歌曲，伤心失落之时，轻轻吟唱，仿佛唱的就是自己，代入感极强。

彼时柳永数度落第，伤心自是难免，少年之雄心壮志亦受到了打击，然这些都是小事，在他心中无足轻重。最教他难受的是，不能继续在京师逗留，要与心爱的虫娘分开了，柳巷花间他走得多了，好山好水好姑娘他也见得多了，然要说谁是我意中人，当属虫虫无疑。再高明的画师也难画出她的典雅之态，再漂亮的花也比不上她的芳容，多少次酒后与之良宵共度，永远都忘不了，那鸳鸯锦被以及幽香扑鼻的枕头，这一切都令我迷醉，那一刻仿佛人间天上，唯有我和虫虫的心依偎在一起，除此之外，什么都不重要了。

只是近来因为一些俗事，要与你分开了，情绪不免低落，纵然偷情幽会，时间也总是过得那么匆匆，我不想每次见你都郁郁寡欢，泪眼汪汪啊，究竟要怎样才能如夫妻一般琴瑟和鸣，执手偕老？好在眼前只是暂时的离别，何况你我有盟约在，更不必忧心，等到我真娶你的那天，我会让你相信，我是个有始有终的人。

这样的低吟浅唱，哪个女子能不动心呢？离开京师后，柳永非但没有忘了虫娘，反而越发地思念了，由于一时半会儿无法回京，又作《征部乐·雅欢幽会》以慰相思意：

> 雅欢幽会，良辰可惜虚抛掷。每追念、狂踪旧迹。长只恁、愁闷朝

夕。凭谁去、花衢觅。细说此中端的。道向我、转觉厌厌，役梦劳魂苦相忆。

须知最有，风前月下，心事始终难得。但愿我、虫虫心下，把人看待，长似初相识。况渐逢春色。便是有，举场消息。待这回、好好怜伊，更不轻离拆。

上阕是对虫虫的思念，分隔东西后，雅欢幽会便再也没有了，多少良辰均在旅途中虚度，思及此，从早到晚都有一番愁绪在心头。谁能去寻得虫虫，替我转述这番相思苦呢？

下阕是对虫虫的告白，有时候虫虫的心思不可捉摸，不免令我有些患得患失。但不管怎样，你在接待其他客人时，不要陷得太深，逢场作戏即可，莫负我俩之感情。况且春闱渐近，只要我得到开科的消息，立马便会赶回京师，请你相信，这一回我一定会好生爱惜、疼怜于你，再也不轻言分离了。

一句"待这回、好好怜伊，更不轻离拆"有卑微之乞怜、有郑重之承诺，也有万丈柔情之喷薄，哪个能不为之动容哩？

要我说，柳词虽俗，但论真情真性之流露，纵观宋朝，无可匹敌。然最使人称道的当属《雨霖铃·寒蝉凄切》，此阕词同样是说离开京师时，与爱人的离情别绪，至于具体是写给哪位姑娘的，今已不得而知，有人猜测可能也是写给虫娘的，未经证明，不敢妄言，但这阕词的影响力，无论是在当时还是今天，都举足轻重，词云：

寒蝉凄切，对长亭晚，骤雨初歇。都门帐饮无绪，留恋处、兰舟催发。执手相看泪眼，竟无语凝噎。念去去、千里烟波，暮霭沉沉楚天阔。

多情自古伤离别，更那堪、冷落清秋节。今宵酒醒何处？杨柳岸、晓风残月。此去经年，应是良辰好景虚设。便纵有、千种风情，更与何人说？

整阕词委婉凄恻，依依惜别之情跃然纸上，特别是"执手相看泪眼，竟无语凝噎"生动地表现出了一双情人在离别之际的难舍难分之情，仿佛有千言万语要交代，然最终却一句话都未曾说出口，"多情自古伤离别"，这一别之后"今宵酒醒何处"呢？怕只有晓风残月了，一种孤独落寞之情自心底油然而起，今年纵使有良辰美景，可没了你在身边，亦是形如虚设了。

柳永可谓是因词而生，因词而命运多舛，也因词而名声大噪，引得无数佳人竞折腰，只是有多少段情，便有多少次别离，一个是若浮萍般的天涯旅人，一个是烟柳巷中万人仰慕的牡丹，两条平行线，虽会因了命运捉弄，偶尔交织，然终归不过是昙花一现，怎抵得岁月的摧残？

好在景祐元年（1034年），仁宗亲政，特开恩科，柳永闻讯，疾赴京赶考，那一年仁宗开恩，终使得柳永进士及第，终偿毕生所愿，授睦州团练推官，景祐四年（1037年），柳永调任余杭县令。

在他漂泊天涯、行踪无定到进士及第、调任余杭县令的这段时间里，除了虫娘外，还有一位姑娘与他也是情真意切，此人便是谢玉英。

谢玉英也是京城知名的艺人，多才多艺，且还是柳永的拥趸，喜唱柳词，甚至抄录《柳七新词》放在书房，以便随时翻阅。后来，柳永与之相遇，看到其书房中亲手抄录的《柳七新词》感动不已，来往渐密。后来，谢玉英为了柳永闭门谢客，不再见其他男人，其闺阁之内只侍奉柳郎。柳永为其赋《尉迟杯》词，描述了二人热恋时的情景，词曰：

宠佳丽，算九衢红粉皆难比。天然嫩脸修蛾，不假施朱描翠。盈盈秋水。恣雅态、欲语先娇媚。每相逢、月夕花朝，自有怜才深意。

绸缪凤枕鸳被。深深处、琼枝玉树相倚。困极欢余，芙蓉帐暖，别是恼人情味。风流事、难逢双美。况已断、香云为盟誓。且相将、共乐平生，未肯轻分连理。

上阕说的是谢玉英之美貌，下阕写二人热恋之甜蜜，甚至决定共乐平生，不相分离。

谢玉英跟柳永相恋了多少年，并无资料可考，不过可以确定的是二人都动了真情，均有托付终身之意。奈何柳永奉召调任余杭，而谢玉英作为娱乐圈中人，一举一动牵扯到诸多利益，即便是想跟着柳永去，短时间内也难以成行，只能接受分别的现实。

与前面无数次分离时一样，临行在即，教柳永肝肠寸断，难舍难分，于是赋

《蝶恋花》词，以慰相思意，词云：

> 伫倚危楼风细细，望极春愁，黯黯生天际。草色烟光残照里，无言谁会凭阑意？
>
> 拟把疏狂图一醉，对酒当歌，强乐还无味。衣带渐宽终不悔，为伊消得人憔悴。

这同样是柳永的代表作，特别是那句"衣带渐宽终不悔，为伊消得人憔悴"传诵千年，却依旧吟唱不绝，可见无论古人今人，情感是相通的，思念一个人时，会独倚危楼，凭栏长叹，也想把自己灌醉，对酒当歌，只是酒在手，歌在喉，泪却依旧在眼里打转，不过是强乐而已，而强乐本身就是痛苦的体现，有甚乐趣可言？便是美酒再好，自也是索然无味。

可他不悔，情愿被这样的苦痛和思念折磨，为了你，受这区区相思之苦又何妨？

谢玉英作为柳永之拥趸和情人，看到这阕词时她一定是感动的，只是时间这柄刀啊，无情残酷之极，世上鲜有一个人、一段情能经得起它的折磨，三年之后，柳永回京，便迫不及待地去找那日思夜想的人儿，然楼台依旧在，却没了佳人踪迹。或许是因了歌妓之身份，又或许是受了权力之支配，她到达官贵人处献歌跳舞去了。

是万念俱灰？是心如刀割？柳永怔怔地站在原地许久，不知所措，隔了良久，提笔在墙上写一阕《击梧桐·香靥深深》，而后愤然离去，词云：

> 香靥深深，姿姿媚媚，雅格奇容天与。自识伊来，便好看承，会得妖娆心素。临歧再约同欢，定是都把、平生相许。又恐恩情，易破难成，未免千般思虑。
>
> 近日书来，寒暄而已，苦没切切言语。便认得、听人教当，拟把前言轻负。见说兰台宋玉，多才多艺善词赋。试与问、朝朝暮暮。行云何处去。

从词中可知，柳永当时的心情可谓悲痛欲绝，填词之时眼前不由浮现出佳人绝世之容颜，以及那令他迷恋的深深的酒窝，他想到了他们初识时的美好，以及在一起时的甜蜜，那时候，他承她照顾，红袖添香，一时引为红颜知己，也因了有那段美好的日子，这才教他魂牵梦萦，念念难忘，在分开的那段时间，他时常想着再见面时，定把平生相许。然她终归是烟花女子，那同欢之言，又恐易破难成，因此时常患得患失，惴惴难安。

近日的书信里，没了绵绵之意，切切之语，于是又胡思乱想，是否听人教唆，便忘了当初的誓言，莫非那同欢之约，果真易破难成？常听人语，那兰台之公子多才多艺，善词填赋，试问，我们本该朝朝暮暮，相爱承欢，可你呢，你若行云一般，影踪飘忽，要往何处去？

一阕词，道尽了他与谢玉英从相知、相识、相恋、相思到分离的故事，低吟浅唱，道尽情事，只是纵有千般不舍，万般怨恨，终是要接受眼前之现实，便弃笔转身离去，独留一腔惆怅，随风弥漫。

谢玉英回来时，看到墙上所题之词，悔恨不已，发了疯一般四处寻找柳郎。遍寻不得时，变卖所有家资，自赎其身，踏上了寻找柳永之途，心中暗暗发誓，此生若寻不到柳郎身，唤不回柳郎心，誓不休。

皇天不负有心人，最后在陈师师家中找到了柳永，向他赔不是，诉说她有许多不得已的苦衷，但如今那一切都过去了，她已是自由身，不再受任何因素的影响，可以跟他浪迹天涯，去过想过的日子。

柳永非无情之人，自是原谅了谢玉英，自此便在陈师师家中住下，过上了夫妻般的生活。

谢玉英与柳永终于在一起了，不再受身份的束缚和限制，更无须患得患失，恐那同欢之言易破难成，从他们的这段经历中，可以看出两件事，一是柳永一生虽常在罗绮丛中笙歌宴上流连，但对心仪之人断非逢场作戏，也从无玩弄女性之举，疏狂无羁的表象之下是一颗多情的心。在柳永之前，文人与歌妓的关系，要么是利益关系，要么是暧昧的情人关系，无论是教坊之娼优，还是民间的歌女，均无甚社会地位，属于是贱籍，在身份地位悬殊的情况下，少有人真正将娼优放在心上，文人与之交往，多无真情，他们流连花丛是去玩的，放松一下罢了，谁也不敢真正将一腔真情相付。柳永之后，男女关系开始发生变化，才子佳人之间的情事渐成佳话，后世的《西厢记》受柳词以及柳永本身经历的影响颇大。

这种男女关系的微妙变化，站在今天的角度看，无疑是时代进步，观念的革新，在柳永和女艺人的关系上，他不只是做到了我们理解的男女平等而已，事实上在柳永眼中，根本就没有地位、职业的尊卑之分，在他心中，歌女便是知己、朋友，因此他的词，多以歌女为视角，说她们的愁、诉她们的苦，以及她们的爱和她们的恨，也正因如此，他的词才会被主流文坛所不容。

本来以柳永之才，其一生可以顺风顺水，享受荣华富贵，只因混迹花柳丛中，罗绮裙下，虽道是才子佳人，风流无限，却也因了离经叛道而坎坷一生。

二是柳永与歌女多是相互需要的关系，这种需要并非是情感或肉体上的欢愉，而是事业或经济上的一种合作关系。柳永天生具有爆款潜质，他的词要么不出手，一出手准能迅速蹿红，作为流行文化的代言人，哪个一线明星不想与之亲近呢？

现在我们回到本章节开篇的那句："柳永为举子时，多游狭邪，善为歌辞。教坊乐工每得新腔，必求永为辞，始行于世，于是声传一时。"说是教坊乐工创造出一种新腔后，必须去求柳永填词，方得以流行于世。换句话说，若无柳词，新曲再好也是徒劳。于是乎，求词者趋之若鹜，宋末元初的文人罗烨在《醉翁谈录》如是说道：

> 耆卿居京华，暇日遍游妓馆。所至，妓者爱其有词名，能够移宫换羽；一经品题，身价十倍。妓者多以金物资给之。

说是柳永在东京的时候，遍游妓馆，大家都知道他的词很有名，若能换得他填词，身份就能飙升，所以那些艺人多以金银或贵重物品去换词。

别人是去瓦舍勾栏消费的，然柳永却是去赚钱的。甚至在当时的坊间还流传着《柳七谣》，曰：

> 不愿穿绫罗，愿依柳七哥；不愿君王召，愿得柳七叫；不愿千黄金，愿得柳七心；不愿神仙见，愿识柳七面。

由于未找到这首歌谣的出处，因此不知真假，不过此歌谣也能从侧面反映出柳永受欢迎的程度。当然，就柳永的经历而言，他也需要这样的报酬，不然的话，他大半生的行旅生涯，又何以度日呢？

是柳永养活了歌妓，还是歌妓养活了柳永？这似乎是一个蛋生鸡还是鸡生蛋的问题，无须去细究，我们只需要知道，宋词产生的环境，以及词人与艺人之间的关系即可。柳永作为婉约派宋词的代表人物，他的经历自然也具有代表性，宋词源于民间而盛于民间，这一点在柳永身上体现得淋漓尽致。

事实上不只宋词，几乎所有的文学都是来源于民间，最终也是要走向民间的。世上没有一种文学可以脱离了现实和人间的烟火气，每一种文学类型，只有得到民间百姓的普遍喜爱，才能得以流传，不然的话，不过是自言自语、自娱自乐的一种游戏罢了。

后来柳永死于陈师师家中，他一生漂泊，身后并无多少资产，谢玉英以妻子之身份为其戴孝，陈师师、徐冬冬等名妓尽皆赶来，一同出资，给他办了场风风光光的葬礼。据传，当时满城名妓，半城缟素，一片哀声，后世甚至还有一个"吊柳会"的典故，宋朝文人曾敏行在《独醒杂志》如是说：

> 柳耆卿风流俊迈闻于一时，既死，葬于枣阳县花山。远近之人每遇清明日，多载酒肴饮于耆卿墓侧，谓之吊柳会。

明代文人冯梦龙的《喻世明言》中便有一则题为《众名妓春风吊柳七》的轶事，当中说到"不逾两月，谢玉英过哀，得病亦死，附葬于柳墓之旁"。此后，每年清明，众名姬皆不约而同往柳永墓祭拜，久而久之，形成了一种习俗，唤做"吊柳七"，或唤做"上风流冢"，此风一直到高宗南渡之后方止。

《喻世明言》云："后人有诗题柳墓，写道：乐游原上妓如云，尽上风流柳七坟。可笑纷纷缙绅辈，怜才不及众红裙。"这句"后人有诗题柳墓"中的"后人"，应该就是冯梦龙，"可笑纷纷缙绅辈，怜才不及众红裙"可视作冯梦龙为柳永抱不平。

/ 第四章 / 小报流行，出版自由

一、报纸雏形——进奏院的发展史

> 总天下之邮递，隶门下后省。凡朝廷政事施设、号令赏罚、书诏章
> 表、辞见朝谢、差除注拟等合播告四方令通知者，皆有令格条目合报事
> 件誊报。
>
> ——徐松《宋会要辑稿》

说完了宋朝的杂剧和宋词之后，这个章节来说说宋朝的报纸。

报纸这种阅读形式在我国历史上是一直存在的，只不过各个时期的名称、发行形式不尽相同罢了，如邸报、朝报、进奏院状、宫门抄等等。

所谓朝报，就是朝政简报的简称，它跟我们现在机关内部流通的简报，本质上是没有区别的。

目前比较可信的说法是，中国最早的报纸出现于唐朝，即唐朝历史中记载的邸报。但也有人认为汉代就有报纸的形式存在了，不过这个说法尚无法佐证，故存有争议。

有争议为什么还有人说呢？其一，无论是科学的探索还是对过去历史的研究，都是从联想或假设开始的，如果连想都不敢想，更遑论探索、研究乎？其二，从汉唐设置的官方机构以及政令传递的方式来看，两者皆有相似之处，所以唐朝出现的邸报，在汉朝出现的概率是很大的。

我们来看一下汉朝的行政机构以及政令传达方式。西汉实行郡县制，即将全国分为若干个郡，郡以下又分为若干个县，每个郡在长安都设有一个办事处，这个办事处就叫做"邸"。"邸"的日常工作便是负责中央与地方的信息传递，定期把皇帝的谕旨、诏书，或是与地方相关的中央官员的奏章等重要政治信息，抄录在竹简或绢帛上，然后通过驿站传递至各郡，各郡的郡守传阅后，再传给各县。

我们再来看看唐朝政令的传递方式。唐朝实行的是藩镇制，汉以后，隋唐将郡改为州，此后郡县制演变为州县制，在各州设置都督府，后又设节度使，这种形式统称"藩镇"。但无论是郡县制还是州县制，中央的政令都需要向下传达，所以唐朝的藩镇同汉朝的郡一样，都在长安设有办事处，称"上都留后院"。不同的是，由于唐朝距离我们更近一些，有些珍贵的史料被保存了下来，因此唐朝的邸报有史可查，而汉朝有关于邸报的内容，则无法在历史的故纸堆里找到相关记录，这便是争议所在。但我相信汉朝是有邸报存在的，理由是汉唐郡县和州县制虽有一定的差异，但是中央集权、郡（州）县地方行政管理的制度本质上没有区别，中央需要向地方传达重要政治情报的需求也同样存在，只要这个需求存在，那么如若说汉朝没有邸报，只恐是说不过去的。

那么既然汉朝存在邸报，为何找不到史料的记录呢？我个人认为，可能汉朝的邸报是纯官方性质的，且是作为一种重要的政治信息流通的形式存在，换句话说，汉朝的邸报很多人可能看不到，包括一些级别较低的官员，都未必有阅读的资格。而唐朝的邸报，相对于汉朝而言，在传播形式上要略为宽泛一些，时效性同时增强。具体的表现为，在唐代宗李豫时期，将各州驻京的"上都留后院"统一改为"上都进奏院"，原"邸务留后使"统一改称"知进奏院官"，简称进奏官。

这个行政名称改变的原因是，各地方节度使独揽军、民、财三政于一体，权力太大了，有些藩镇连皇帝都无法牵制，所以驻京机构自然就受到了朝廷的重视，从"留后院"到"进奏院"名称的改变，我们从字面上也能瞧出些朝廷欲规范这个机构的端倪。只是规范一个机构，需要从根本上予以改革，如果整体的体制、制度没变，便妄想要改革一个机构的职能，那便是水中月、镜中花，是不可能实现的。所以，唐朝的留后院改为进奏院后，其职能并没有多少改变，各个藩镇为了能及时获取朝廷的信息，八仙过海、各显神通，不但在经费上予以倾斜，有些权力大的藩镇进奏院官员，在节度使的运作下，其权力也随之变大，地位可与参知政事（副宰相）比肩。及时获取朝廷的重要信息，成了各个藩镇的一项重要工作。

对于这种现象，唐政府也十分无奈，不过倒也促进了信息传播的时效性。虽然彼时所谓的信息，与老百姓没有多大关系，但不可否认的是，从新闻发展史的层面来看，却也有一定的促进作用。

从以上论述中，可以得出两个结论，一是邸报是报纸的雏形，是官方机构内部传播的一种简报，民间百姓还看不到，因此我们便可以得出第二个结论，即报纸与新闻还没有真正扯上关系，与后来的真正意义上的具有时效性、新闻性的大众读物还有一段相当远的距离。

既如此，那么为何史学界依旧认为中国最早的报纸产生于唐朝呢？这要归功于晚唐文人孙樵，在他所著的《经维集》里记载了一则题为"读开元杂报"的文章。

需要说明的是，孙樵所称的"开元杂报"是他自己命名的，并非官方报纸的名称。其次，他读到"开元杂报"的时间是大中年间（847—858年），即唐宣宗时期，距离玄宗时期的开元年间（713—741年）已有一百多年了，所以他读到的是旧文。不过，是不是旧文不重要，重要的是他记录的事情，对于今天的史学研究者来说，信息量很大。鉴于原文较长，限于篇幅，不便全文抄录，只挑拣几段重要内容，来予以解说：

> 樵囊于襄汉间，得数十幅书，系日条事，不立首末。其略曰："某日皇帝亲耕籍田，行九推礼；某日百僚行大射礼于安福楼南；某日安北诸蕃君长请扈从封禅；某日皇帝自东封还，赏赐有差；某日宣政门宰相与百僚廷争十刻罢……"如此凡数十百条。樵当时未知何等书，徒以为朝廷近所行事。

这段话的意思是说，我在襄汉一带时，曾得到过几十幅文书，这些文书是按照日期记录的，没有开头和结尾。大概的意思是说，某日皇帝亲自耕种籍田，举行九推礼；某日百官在安福楼南举行射礼；某日安北都护府的节度使奏请皇帝封禅；某日皇帝从东部封禅归还，并赏赐了大臣；某日宰相与百臣在宣政门争论到十刻才结束……这样的记录有百来条，我当时不知道这是什么文书，还以为这是近日朝中所发生的事情。

这是中国历史上第一篇有关于"读报"的文字记录，从文中记录的事件来看，是正儿八经的邸报。孙谯以为是近来朝中所发生的事情，这说明唐朝的邸报在地方上也能看到。

后来，有一个朋友从长安而来，孙谯将那些文书示之，这才得知，文书中所录的并非是本朝近来所发生之事。孙谯与朋友正在讨论这事时，刚好又有一个通晓文书的朋友从外地来，这才知道了原委，《经维集》如是说道：

> 有知书者自外来，曰："此皆开元政事，盖当时条布于外者。"

这位朋友说的这句话比较重要，他说这是开元年间发生的朝政要事，而且这些事情当时"条布于外"，是对外公布了的。

"条布于外"四字，直接印证了至少在唐玄宗开元年间，朝廷通过进奏院，以邸报的形式对外发布了朝政要事，而且是"系日条事"，这样的朝政简报是按日颁布的。

孙谯后来拿出《开元录》逐条对照，果如那位朋友所说都对上了，他所看到的文书确实是开元年间的旧文。在文章末段，还有一句非常重要的话：

> 及来长安，日见条报朝廷事者，徒曰："今日除某官，明日授某官；今日幸于某，明日畋于某。"

孙谯去了长安之后，也看到了这种每日对外公布的朝政要闻，说今日撤了某官，第二日授予某人官职，今日皇帝到了某处，明日又去打猎了等政要简报。

从孙谯《经维集》的这篇"读开元杂报"文章来看，史学界认为中国最早的报纸出现在唐朝，确实无有疑问之处，即便是汉朝也有邸报，但是如果找不出"系日条事""条布于外"这样的重要证据，那么汉朝的邸报和我们认可的报纸的概念是存在差距的，新闻的价值在于传播，传播的范围越大，价值越高，所以，我们基本可以得出这样一个结论，即汉朝的邸报虽可认为是报纸的雏形，但由于其只在官方内部流传，并不具备新闻价值，而唐朝的邸报，由于对外公开了部分朝政要闻，已初步具备新闻传播的职能，所以，相对而言，唐朝的邸报更接近于报纸的属性。

说完了汉唐的报纸，下面重点来说宋朝的报纸。

如果说汉朝的邸报是报纸的雏形，唐朝的邸报接近于报纸的属性的话，那么宋朝的报纸可以说已经达到了媒体的要求。

"报纸的属性"和"媒体的要求"这两点有很大的区别。唐朝的"报纸的属性"是官方基于政治宣传的前提，也就是说朝廷需要宣传什么，想要向百姓传递怎样的政治观念，进奏院就编写什么样的事件，并对外公布，这是一种单方面的强制性的灌输，我们可以将它视之为一种宣传品，既然有宣传品这种属性，那么它就没有达到作为媒体的条件。而媒体的意义是，独立于官方的可以自由采编、并拥有独立思想的新闻传播方式，它不是官方的木偶和传声筒，也不是简单的政令的颁发，是作为官方与民间沟通的媒介而存在的；它不只限于传播时政要闻，也可以刊发民间发生的事件以及百姓的声音，从而打破官民、上下之间的隔阂，形成一种双向沟通的交流方式，并形成一定的舆论氛围。

从这个层面而论，最早达到媒体要求的报纸产生于宋朝。

当然，要将报纸从宣传品过渡到媒体，有一段很长的路要走，即便是开明如宋朝，也并非是一步到位的。

那么在这个蜕变的过程中，宋朝的报纸经历了什么呢？我们先来看一段马端临《文献通考》里的记录：

> 宋缘旧制，皆本州镇补人为进奏官。其军监、场务、转运司则差，知后官则副知掌之。逐州就京师各置进奏院。
>
> 太平兴国六年，诸州罢知后之名，简知后官，得李楚等百五十人，并充进奏官，命供奉官张文璨提辖诸道进奏院。监官以京朝官及三班使臣充，掌受诏敕及诸司符牒，辨其州府军监以颁下之，并受天下章奏案牍状牒以奏御，及分授诸司。中兴以来，隶门下后省，给事中点检。讫乾道九年，依旧隶后省，合传报事，令后省录以报行。

《文献通考》的这段记录，基本就是宋朝报纸改革的一个缩影。

宋初，同唐朝一样，各州府在东京也派遣了驻京人员，并设立了进奏院。也就是说，在太祖时期以及太宗执政初期，宋朝的进奏院跟唐朝没有区别。但是到了太平兴国六年（981年），天下一统，四海升平，太宗就开始对进奏院动刀子改革了。

首当其冲的是原各州府设置在东京的那些进奏院官员，全部罢免，并进行重新整合。宋朝有两百多个州府（注：各个时期州府的数量不等，此处的两百多个是虚数），在京的进奏院规模也达到了两百个左右，这些进奏院原有官员想要回家的可以回家，不想回家要继续留京的，可继续留下来，但前提是要接受朝廷的统一管理。整合后，得李楚等一百五十人。同年十月，由朝廷统一管理的进奏院正式成立，其正式名称叫"钤辖诸道都进奏院"，隶属门下省领导，由给事中监督，供奉官张文璨担任首任监官，所有的监督官员均由京官或三班臣僚担任。原各州府进奏院的房子亦统一收归于三司，三司制铜朱印分发给各个官员，如负责青州文件收发的，上印"青州进奏院"，一个州一枚印，大家都在一个大院里办公。

太平兴国八年（983年），进奏院又改组成为一个中央政府性质的机构，依旧隶属于门下后省领导。据《东京梦华录》记载，"自大内西廊南去，即景灵西宫，南曲对即报慈寺街、都进奏院"，进奏院的位置应该在大内附近。

改组完成后，一个由中央直接统辖的消息收发机构基本完成，其职责是"总天下之邮递，隶门下后省。凡朝廷政事施设、号令赏罚、书诏章表、辞见朝谢、差除注拟等合播告四方令通知者，皆有令格条目合报事件誊报"（注：语出《宋会要辑稿》）。

机构改制完成后，接下来就是对刊发的报纸内容的审定了，于是就出现了中国历史上最早的新闻审查制度，谓之"定本"。

定本制度出现于真宗咸平二年（999年），是在太宗改革的基础上对邸报的进一步约束和规范，该制度规定"定奏院所供报状，每五日一写，上枢密院定本供报"（注：语出《宋会要辑稿》）具体的做法是，进奏院负责采集、汇编信息，每五日移交枢密院审查，由枢密院定稿之后，方能抄送各地。也就是说进奏院有采编和发行权，但没有审定权，该发什么不该发什么，由枢密院决定。

这里有个疑问，即太宗时期已经对全国的进奏院进行了改革，统一由中央管理，而且进奏院也升级成了中央政府直属的机构了，其一举一动都在门下后省的眼皮子底下，到了真宗时期，为什么还要对报纸的内容进行审定呢？

其实定本制度的出台，源于一场战争。

咸平二年，辽军南下，入侵至祁州、赵州，军情紧急，枢密院奏请真宗御驾亲征。在国家面临重大事件之时，抵御强敌自然是重中之重，但国内的统战宣传同样亦是举足轻重，不能忽略，在这样的背景下，真宗下诏，把邸报的审查工作交给他信任的枢密院。

此后，军情战报、朝政机要、天灾人祸等重大事件，须先审定后发行。

定本制度始于政治需求，其原则是报喜不报忧，即便有不好的消息不得不报，但是结语必须是正能量的，能让百官、百姓看到希望的。

这么做当然是有好处的，作为政府之喉舌，自然需要以维护国家稳定、团结为基础，不过如此一来，弊端也随之体现，那就是时效性大大减弱，信息严重滞后，以至于民间得不到官方的权威信息而谣言四起。如庆历三年（1043年），沂州王伦叛乱，朝廷为了稳定人心，把这事给捂了下来，欧阳修得悉此事，奏曰：

> 臣窃闻近日为军贼王伦事，江淮州军频有奏报，朝廷不欲人知，召进奏官等于枢密院，责状不令漏泄，指挥甚严。不知此事出于圣旨，或祇是两府大臣意欲如此？以臣料之，为近日言贼事者多，朝廷欲人不知，以塞言路耳。臣谓方今多事之际，虽有独见之明，尚须博采善谋，以求众助，岂可聋瞽群听，杜塞人口……江淮之上，千里惊搔，事已若斯，何由掩盖？（注：语出《欧阳修集·论谏院宜知外事札子》）

意思是说，近来江淮频频有奏报传来，朝廷为了不让百姓知道，责令进奏院不得漏泄消息，这是出于陛下的旨意还是大臣的意见？我觉得值此多事之秋，不但不应堵塞信息，且应博采善谋，一则可以听到更多的意见，二则可以消除民间的恐慌。况且你看江淮之上，敌军惊扰千里，已是尽人皆知之事，还刻意掩盖他作甚？

又如庆历八年（1048年），秘阁校书杨孜进言："进奏院逐旬发外州军报状，盖朝廷之意欲以迁授降黜示赏功罚罪，勉励天下为吏者。积习因循，将灾异之事悉报天下，奸人赃吏、游手凶徒喜有所闻，转相煽惑，遂生观望。京东逆党未必不由此而起狂妄之谋。况边禁不严，细下往来。欲乞下进奏院，今后唯除改差任臣僚，赏罚功过，保荐官吏乃得通报，其余灾祥之事，不得辄以单状伪题亲识名衔以报天下。如违，进奏院官吏并乞科违制之罪。"（注：语出《宋会要辑稿》）

这段话的大意是说，邸报理应印发升迁、贬黜之事，目的是鼓励官员上进，现在进奏院把军情、灾异之事报于天下，这些消息要是让心怀不轨者利用，转而煽动、蛊惑人心，那就大为不妙了。所以，今后除了改任、赏罚之事以外，其他的诸如灾异事件一律不得印发。

这个建议后来被朝廷采纳，此后，但凡不好的消息一律禁发。苏辙甚至建议"凡议时政得失、边事军机文字，不得写录传布"（注：语出《续资治通鉴长编》）。

列位看出来了没？从真宗到仁宗，从战事军情不报，到灾异不报，再到议时政得失的不报，限制越来越大。

定本制度既然可以因政治需要实施，那么自然也可以因政治需要而废除，废除的原因是王安石变法。

变法之初，新政屡屡颁布，且涉及政治、经济、教育、军事等各方面领域，每一项新政的实施，都涉及老百姓的生产生活，这个时候如果邸报的审查制度不随之跟进，就跟不上快节奏的时代的步伐了。于是，熙宁四年（1071年），诏"中书检正、枢密院检详官月以事状录付院，眷报天下"（注：语出《宋史》）。

需要说明的是，这个制度的变更，变的只是审查方式，其直接管理单位依旧是枢密院。诏书中提到的检正、检详官，由中书省和枢密院各派人负责，检正指的是对内容的校订，检详指的是对内容的审查，从字面上来看，前者针对的是文本内容，后者针对的是政治内容审查，我们可以将这两个职位理解为总编和副总编。

如此一来，就把真宗时期实施的"每五日一写，上枢密院定本供报"定本制度废除了，虽然名义上还是由枢密院审核，但实际上由检正、检详官直接做主，如果出了问题，他们要负领导责任，拿他们是问便是了，这就大大增加了邸报刊发的时效性。

只是后来王安石变法失败，新党退位，旧党重新上台，定本制度再次启用。自此之后，即从北宋中期到南宋后期，定本制度之存废一直在循环往复，如绍兴二十六年（1156年），御史凌哲奏曰："动辄年旬日，俟许报行，方敢传录；而官吏迎合意旨，多是删去紧要事目，止传常程文书，偏州下邑往往有经历时月不闻

朝廷诏令。窃恐民听妄生迷惑，有害治体。"（注：语出李心传《建炎以来系年要录》）

凌哲是个耿直的官员，说话也非常直白，说现在的审查制度，有两个弊端以及两个害处。两个弊端，一是审查时间太长，二是有些官员为了迎合上意，重要的、有风险的消息都删了，只传常规的消息或文书，于是就造成了两个害处，一是偏远些的地区，一个月都看不到朝政信息，二是由于百姓看不到权威新闻，不知真相，导致谣言四起。这么一来，民心不安，社会容易动荡，反而不利于管理。

此话可谓是金玉之言，朝廷为了维护稳定，把不利好的消息都压制不发，有时候反而会引起更大的恐慌。由于凌哲提出这条建议之时，乃是秦桧病亡的第二年，权相下台，又恰逢南宋政局渐趋稳定，所以此建议被朝廷采纳，由此，定本制度再次废止。但是到乾道六年（1170年）又恢复了，缘由有二，一是主要纳税地区江浙一带水患严重，二是孝宗重拾抗金雪耻之心，宋金关系再度紧张，而且朝中对孝宗之举不乏反对者，值此内外局势不稳之时，便又把定本制度恢复了。

总而言之，定本制度之存废现象，实际上是社会环境是否稳定的晴雨表，内外环境越是复杂，审查势必越发严厉，而环境稳定向好，也就没有必要高度紧绷了，存废之争议，不过是新闻传播的效率与社会稳定之矛盾的体现罢了。

说了这么多，有人或许会有疑问，上篇说杂剧、宋词时，宋朝的文化、言论环境如此之好，怎么到了报纸钳制便如此之严厉了呢，怎么看都不像是一个时代的？

没错，从目前所说的事情来看，宋朝的报纸虽较之汉唐有很大的进步，但尚未真正达到媒体的属性，而且与宋朝的整体环境并不相符，不过不要着急，写文章讲究一张一弛，其实社会环境也是如此，有压制必然就有反抗，故前面所说的内容只是铺垫，下面便重点来说说宋朝的小报。

二、宋朝娱记——现代化媒体的缩影

朝报，日出事宜也，每日门下后省编定，请给事判报，方行下都进
奏院，报行天下。其有所谓内探、省探、衙探之类，皆衷私小报，率有

漏泄之禁，故隐而号之曰新闻。

——赵升《朝野类要》

小报是中国历史上出现的最早的非官方性质的营利性商业报纸，严格来说它是非法的报纸，因为宋朝政府从来没有批准过民间机构运营报纸，民间采编、发行报纸在两宋都是明令禁止的，并且在小报现身街头后，也一直是被打击的对象。

小报最早出现于北宋时期，具体出现的时间不得而知，从史料记载来看，仁宗时期可能就已经存在小报的雏形了，如《宋史·刑法》有这么一条记录：

如闻诸路进奏官报状之外，别录单状，三月，开封府在京诸司亦有探报，妄传除改，至感中外。

说是进奏官除了编辑朝报内容之外，还另录了一份内容传到外面去了，开封府等在京的衙门，也有人给小报提供消息。这条记录出现在天圣九年（1031年），也就是说在仁宗时期就有小报存在了，而且给小报提供内容的是在京的官员。

到了南宋小报可以说是十分流行了，其发行量、关注度甚至超过了官方的朝报。从小报出现、流行的时间节点分析，它跟我们前文提到的冲破服饰禁令、小贩盛行、商家侵街等现象的出现异曲同工，随着社会的稳定、经济的繁荣、文化需求的增加，小报应势而起，且由于其自由广泛的采编模式，没有那么多条条框框的限制，出刊的速度比之朝报更快，内容更加新颖多样、抓人眼球，受人们喜爱自然也就在情理之中了。

从两宋小报流行的特点来看，小报的从业人员一直处在地下隐蔽状态，故朝廷虽恨小报的存在，也曾屡出禁令打击，但小服却禁而不绝，犹如野草也似，野火烧不尽，春风吹又生，打个可能不太恰当的比方，宋朝的小报有点类似于盗版行业，我们都知道盗版盛行对正版的冲击有多大，但是在利益的驱动下，却屡禁不止。之所以说这个比方不太恰当，是因为站在中国新闻史发展的角度来看，宋朝小报的出现可以说是一项推动新闻史进程的伟大事业，虽然这个堪称伟大的举动只存在于两宋，从历史的长河中看来，犹如烟花般短暂，至明清两朝便已难见其踪迹，但它却把中国的媒体业往前拉了几百年，即便当时的宋朝政府再怎么不高兴，然却令今天的我们引以为荣。

小报的出现，除了前面提到的百姓对文化的需求增加的原因外，还有一个重要的因素是，官方的朝报限制太多了。不报战事、边事，不报议政论政之文章，那么能报的事就所剩无几了，而从北宋晚期到南宋初期，边关动荡，民心不稳，老百姓对信息的需求欲越来越强烈，越是时局不稳，朝廷便越是想维稳，所以言论的限制，就造成了朝报和当时社会环境的严重脱节，这种脱节实际上是拉开了官方与民间的距离，而这个距离恰好就为小报的出现，提供了有利的发展空间，也为中国新闻史的发展提供了便利的条件。

你看看，历史的发展就是如此有趣而奇妙，老百姓的智慧是无穷无尽的，有的时候朝廷的阻碍，反而促进了民间的创新。

我曾在上一个章节里说，宋朝的报纸更接近于媒体的属性，所谓媒体的属性便是有自由的采编权，有独立之思想，并能形成一定的舆论氛围，说实话，在小报出现之前，宋朝官方的朝报虽然比之汉唐有较大的进步和发展，但并没有完全具备媒体的属性。

那么小报究竟有哪些媒体的特征呢？首先是信息来源广泛，其次是有专业的采编从业人员，最后是信息传播速度快，阅读的人多，因此能够形成一定的舆论。《朝野类要》云："所谓内探、省探、衙探之类，皆衷私小报，率有漏泄之禁，故隐而号之曰新闻。"这段话把小报的性质和"新闻"这个词语的含义解释得十分透彻。

什么是"探"呢？指暗中给小报提供信息的人，其性质有点类似于现在报纸上出现的"通讯员"，一般在各个机关供职，有相关消息时，可以及时提供给报社的记者，所以报纸上刊登的新闻，有时会出现记者和通讯员的署名。不同的是，宋朝的小报是非法的，那么通讯员自然也只能在地下偷偷地提供信息，只是在利益的驱动下，便是官方人员，也禁不住诱惑，给小报传递情报。

所谓内探，指的是在宫内探听消息的人，这些信息提供人员往往在宫里任职，近水楼台先得月，宫里一有风吹草动，他们就先得到了消息，这消息就是钱啊，便立马给了小报，由是，宫里的皇帝、皇子、嫔妃们的一举一动，悉皆入人耳目，并传播于外，大内禁苑居然没有新鲜事，让皇宫内苑的人非常头疼；所谓省探，指的是尚书省、中书省、门下省等中央一级重要衙门内探听消息的人，这些衙门往往是朝廷重要信息的交汇、集中之地，省探的存在，可以说是小报的重要信息的主要来源；所谓衙探，指的是在地方衙门探听消息的人，其提供的消息以地方官府的诉讼或刑事案件为主，我曾写过一本名为《衙探》的宋代历史悬疑小说，就是在此基础上创作的。

这些内探、省探、衙探为了赚外快，皆私衷于小报，于是就造成了信息就是金钱的传播氛围，由于这些信息存在一定的隐秘性，不为朝报所报，所以称之为新闻。《朝野类要》提到的"故隐而号之曰新闻"这句话，我的理解是，此乃最早把新闻和媒体挂上钩的历史资料，一个"隐"字，把新闻媒体的自由、独立体现得淋漓尽致。我们再来看一段记录于《宋会要辑稿》的文字：

> 近年有所谓"小报"者，或是朝报未报之事，或是官员陈乞未曾施行之事，先传于外，圆已不可。至有撰造命令，妄传事端，朝廷之差除，台谏百官之章奏，以无为有，传播于外。访闻有一使臣及阁门院子，专以探报此等事为生。或得于省院之漏泄，或得于街市之剽闻，又或意见之撰，日书一纸，以出局之后，省部、寺监、知杂司及进奏官悉皆传授，坐获不赀之利，以先得者为功。一以传十，十以传百，以至遍达于州郡监司。人情喜新而好奇，皆以小报为先，而以朝报为常，真伪亦不复辨也。

这段话的意思是说，近年来有一些小报，报朝报未报之事，或者是官员向朝廷提了建议，但朝廷还没有决定是否实施呢，就先传出去了，导致想圆都没法圆。甚至还有一些小报，捏造朝廷或官府的命令，明明没有的事，给你来个"震惊！这件事朝廷批了……""事关民生，关于免税这件事某某这样说……""没买房的有福了，房产政策将迎来这些变化……"诸如此类。朝廷的政令、官员的奏章往往无中生有，很多事情连皇帝和朝中的官员都不知道，民间的百姓已经传得沸沸扬扬了。那么这些乱七八糟的消息是如何传出去的呢？

听说宫中有一些使臣以及门下省、中书省、尚书省下面所属的一些机构的杂役，专门以传递这种小道消息为生，又或者只是一些个人的意见或揣测，直接就写在纸条上传出去了，省部、寺监、知杂司及进奏官为了获利，都干这种不法之事。让人震惊的是，干这种事的人多了，不免出现同一条信息由多人传递的情况，于是就以先到先得之原则，居然形成了消息传递的竞争机制。这些小报信息，以一传十，以十传百，很快就传到地方政府了。

只是奈何人们都追求新、奇，小报内容恰好就迎合了民间百姓追求新、奇的特点，所以现在大家读报，都以看小报的内容为先，想要了解最新的时政或民间动态，大家都去读小报了，只是真假就难以分辨了。

看了《宋会要辑稿》的这段内容，列位是不是闻到了一股自媒体的味道？

当下的自媒体兴起之后，碎片化的信息若潮水一般涌至我们面前，以至于泥沙俱下，真假难辨，我倒并不是贬低当下的自媒体，一个时代有一个时代的媒体传播方式，这是时代的特点，也是包容开放的特征，只是越是在开放的时代，在海量的信息冲击之下，政府的信息越需要透明、公开，唯权威的消息才是击碎谣言的最佳途径。

在宋朝小报流行之后，被黑得最惨的当属朱熹，甚至关于朱熹的那些"黑料"，到了今天还有人在传，且利用自媒体账号向当下的读者继续传播，可见谣言的韧劲儿之大、传播的时间之广，委实令人咋舌。

这个黑料叫做"朱熹扒灰"，属于专门针对官员的八卦绯闻，如果说这样的八卦绯闻只是针对诸如李师师之类的娱乐圈的明星，那可能只是想要博眼球或是赚流量罢了，或许没有更深层次的原因，但是针对朱熹而炮制出这么一则八卦，那么这八卦的背后便定有蹊跷。这则八卦的源头是一则弹劾的奏章，出自太常少卿胡纮之手，名为《劾朱熹省札》，后经监察御史沈继祖转呈宁宗，文中有这么两句话：

> 诱引尼姑二人以为宠妾，每之官则与之偕行，谓其能修身，可乎？
> 冢妇不夫而自孕，诸子盗牛而宰杀，谓其能齐家，可乎？

这两句话，一句是说朱熹勾引尼姑，二是儿子死后，媳妇无夫自孕，言下之意是说，朱熹乱伦，与儿媳私通。事实上在那份《劾朱熹省札》之中，不只这两项罪名，而且还有"不孝其亲、不敬于君、不忠于国、玩侮朝廷、为害风教、私故人财、诱尼为妾、诸子盗牛、冢妇不夫而自孕"等十宗罪，将朱熹说成是一个十恶不赦之人，便是拉出去凌迟都毫不为过。

那么这是真的吗？

当然是假的。这是因为宁宗登基之时，赵汝愚、韩侂胄争权，而赵汝愚曾扶持提拔过朱熹，韩侂胄借此排除异己，便授意其党羽，利用那"十宗罪"，将朱熹的理论定义为伪学，这就是南宋宁宗时期著名的"庆元党禁"，朱熹在这场政治运动中不过是颗棋子罢了。

庆元三年（1197年）二月，朝廷颁布了"伪学逆党"的名单，计五十九人，并诏令不得任用伪学逆党为官，次年四月，全面禁止伪学。

那场政治风波与本书之论题无关，我便不展开来讲了，不过这件事从史料的记录情况来看，官方的朝报应该没有报道朱熹乱伦以及诱引尼姑之事，"台臣劾公，仅见省札，而掖垣见不敢草谪词云"（注：语出叶绍翁《四朝闻见录》），当时弹劾朱熹时，那十宗罪也只现于那《劾朱熹省札》，其余史料均未见著，而且宁宗在处理朱熹时，也没有拿那十宗罪作为理由。

既然正史没有记载，当时的朝报也未报此事，朱熹的绯闻为何会流传下来呢？这就要归功于小报了。

我们不难想象，以宋朝小报那编撰之能事，为了抓眼球、引流，在朱熹倒台的大背景下，定然会编撰出诸如现代自媒体那样的谣言，"震惊！朱熹竟然和他的媳妇做了那样的事""吐血！儒家正宗朱子居然和尼姑……"

在自媒体的渲染之下，那些宋末元初的笔记小说，如洪迈的《夷坚志》、周密的《齐东野语》，甚至明朝凌濛初的《二刻拍案惊奇》亦以小说形式再次演绎该事，作家们纷纷展开想象、编撰演义，彻彻底底将朱熹钉在了耻辱柱上，以至于今天的自媒体作者，在看到以上笔记小说的那些内容时，竟也信以为真，再次改编并传播，让千年后的许多读者，都当了吃瓜群众，原来教唆别人"存天理、灭人欲"朱熹竟然是那样的人……

除了朱熹外，徽宗也受小报之害。

大观四年（1110年），小报以徽宗的名义刊发了这么一道诏书，曰：

> 朕承祖宗之烈，在位数年，深思股肱之臣，尽皆忠辅，以相予治，不可得也。前宰相蔡京，目不明而疆视，耳不聪而强听，公行狡诈，行迹诡谲，内外不仁，上下无检，所以起天下之议，四夷凶顽，百姓失业，远窜忠良之臣，外擢暗昧之流，不察所为，朕之过也。今州县有蔡京踪迹，尽皆削除；有朋党之辈，悉皆贬剥。仰内外文武臣僚无隐。

大意是说蔡京祸乱朝纲，导致民怨沸腾，这都是朕不察之过也，现在，只要发现蔡京踪迹，人人得而诛之，要是发现其朋党，必贬必杀，总之要除恶务尽，希望内外文武大臣据实举报，不要藏匿奸佞。

看到这儿，可能真有人会感到震惊了，小报的胆子大到如此境地了吗，居然敢替徽宗草拟诏书，颁行天下？

从表面上看，确实胆大妄为之极，不过我们不必先忙着下结论，不妨先来看看小报草拟这道诏书的背景。

大观三年（1109年），众臣相继弹劾蔡京，徽宗也顶不住压力，蔡京致仕，但依然顶着楚国公的爵位，负责主修《哲宗实录》，并可在每月一日、十五日上朝。后来，御史中丞石公弼、御史毛注又多次弹劾蔡京，陈朝老甚至上疏追究蔡京十四大罪状，徽宗顶不住压力，又退了一步，贬蔡京为太子少保。实际上明眼人都看得出来，徽宗根本不想处置蔡京，想要留着他以期日后重用。

这么一来，有些正义的小报就看不下去了，你舍不得杀蔡京是吧，那我便要替天行道为民除害了，于是小报就替徽宗拟了这么一道诏令，颁行于天下。

这道诏令一出，犹如前面所说的柳永的词一样，直戳人心，天下恨蔡京之臣民怎能不为之兴奋呢？于是一夜爆红，东京上下几乎人人都在传此事，说蔡京那狗东西的报应终于来了！

徽宗很快也听说了此事，惊得下巴都快掉下来了，深骇闻听，一个是帝王，一个是权相，居然就这么被小报玩了！

可是气归气，冷静下来后，徽宗通过权威媒体朝报，写了一篇文章，予以澄清，曰：

> 近传伪诏曰："朕承祖宗之烈，在位数年，深思股肱之臣，尽皆忠辅，以相予治，不可得也。前宰相蔡京，目不明而疆视，耳不聪而强听，公行狡诈，行迹诡谲，内外不仁，上下无检，所以起天下之议，四夷凶顽，百姓失业，远窜忠良之臣，外擢暗昧之流，不察所为，朕之过也。今州县有蔡京踪迹，尽皆削除；有朋党之辈，悉皆贬剥。仰内外文武臣僚无隐。"内外盛传此御笔手诏，深骇闻听。且奸人乘间辄伪撰诏，撰造异端，鼓惑群心。可立赏钱，内外收捕。并沿流州县等处，仍立知情陈告者特与免罪，候获不以赦降原减，当于法外痛与惩治。仍立赏钱

五百贯文，召人告捉。（注：语出《宋史·刑法》）

大意是说，近来我听说小报刊登的御笔手诏后，震惊之极，骇人听闻。这是别有用心者为离间君臣关系，制造内部矛盾所编撰之伪诏，蛊惑人心，其心可诛。即日起，悬赏抓捕这编撰伪诏的奸人，如果有人自首并供出同伙，可法外开恩，予以特赦免罪，如不主动投案，一旦抓获，罪加一等。

徽宗的这道诏书可谓是威逼利诱全都用上了，但是有效果吗？

没有！

徽宗的这道诏书是大观四年十一月一日颁布的，到了六日，又颁了一道诏令，曰：

> 近撰造事端，妄作朝报，累有约束，当定罪赏。仰开封府检举，严切差人缉捉，并进奏官密切觉察（注：出处同上）。
>
> 悬赏无效后，责令开封府侦破此案，差人捉拿，并且要求进奏院官员密切关注，自察自纠，相互监督。

从此番事件中不难看出，民间百姓痛恨蔡京，恨不得立马把那厮捉来杀了，以免再祸国殃民。小报顺应民心，行大义之举，替徽宗拟了这么一道诏书，也算是行侠仗义了，徽宗悬赏捉拿造谣之人，非但没有达到预期的效果，反而疏远了民心，抓不到造谣者自然是意料之中，无奈之下，只得责令相关部门缉查。

不过从徽宗的第二道诏书中，还可以发现两件事，一是当时的小报是仿冒朝报发行的，换句话说，可能北宋的小报还没有另立山头，打出自己的招牌；二是徽宗可能也听说了些进奏院的那些官员吃里扒外的事情，就借着此事敲打了他们一下，不要拿着朝廷的俸禄，去给小报办事。

两宋历史上明确记载了皇帝亲自下场辟谣的事件有两次，一次是徽宗，另一次是高宗，而且这两次都是为了位高权重的权相。

秦桧死后的第二年，也就是绍兴二十六年（1156年），靖康耻，犹未雪，老百姓压抑了那么多年，现在主和派死了，主战派有抬头之迹象，于是舆论四起，"自秦桧死，金人颇疑前盟不坚；会荆、鄂间有妄传召张浚者，敌情益疑"（注：语出《续资治通鉴》）。金人也有疑虑，恐宋军跨江打过去。恰在这时，在湖北一带出现了一道诏书，说是要重新起用张浚。

那张浚何许人也？同岳飞一样，是主张收复失地，明确要一雪前耻的主战派，只是在秦桧当权时，因政治主张与之不和，被贬后移居湖南永州。现在秦桧那厮死了，民间百姓希望张浚主政，领导大宋臣民，剑指北方，以雪靖康之耻。这则伪诏的出现，与徽宗时期伪诏的动机如出一辙，代表的是民心民意，所以与其说那是伪诏，倒不如说是民声更为准确一些。

当然，是否用兵，涉及国家重大决策，并不是说小报要重起张俊北伐，便真的依计而行，那样的话也太儿戏了。况且，高宗本无北伐之意，对秦桧也信任有加，即便是在其死后，于辟谣之时，也不忘了为其辩护，当年三月，诏曰：

> 朕惟偃兵息民，帝王之盛德；讲信修睦，古今之大利；是以断自朕志，决讲和之策。故相秦桧，但能赞朕而已，岂以其存亡而有渝定议耶！近者无知之辈，遂以为尽出于桧，不知悉由朕衷，乃鼓唱浮言以惑众听，至有伪造诏命，召用旧臣，献章公车，妄议边事，朕实骇之。仰惟章圣皇帝子育黎元，兼爱南北，肇修邻好，二百馀年，戴白之老，不识兵革。朕奉祖宗之明谟，守信睦之长策，自讲好以来，聘使往来，边郵绥靖，嘉与宇内共底和宁。内外大小之臣，其咸体朕意，恪遵成绩，以永治安；如敢妄议，当置重典！（注：语出《续资治通鉴》）

意思是说，我认为休兵养息于民，是帝王之德；诚信守盟，睦边友好，利于古今，也是为人治国之本，这就是我决心宋金修和的原因。已故宰相秦桧，不过是赞同我的策略罢了，怎么可能以他的存亡而改变修和之国策呢？近来有无知之辈，说是与金讲和之策尽出于秦桧，却不知那是出于我的决定，所以杜撰谣言，鼓动民心，甚至伪造诏书，妄议国策边事，我听了之后，实在是深感震惊！

我敬章圣皇帝（注：指宋真宗，也指真宗与辽签"澶渊之盟"，换来宋朝百年之和）之圣德，兼爱南北之黎民，开启了睦邻修好之治国之策，这才有了两百多年的和平，换来了几代人不识兵革的盛世。我奉祖宗英明之策略，坚守诚信和睦的长远之策，自讲和以来，多有使节往来，边关平安无事，因得以与天下子民共享这太平。朝廷内外、大小之臣都体谅我的苦心，所以众志成城，上下一心，共守今天这来之不易的和平，以图长治久安。现在，有人妄议朝政，想要鼓动人心，使之战火重燃，破坏和平，其心可诛，这样的人，应当以重法处置，方得以安民心。

高宗是南宋的第一代帝王，彼时，距离靖康之变未远，对于高宗、秦桧的主和之策，民间难免心存怨气，站在今天的角度看，小报的行为是完全可以理解的，但是站在彼时高宗的位置看，妄议国策，企图挑起战事，破坏自真宗以来，两百余年的和平，其用心实可诛也，因此，对小报之举深恶痛绝，所以才说出了"如敢妄议，当置重典"的狠话。

一如徽宗要"内外搜捕、召人告捉"惩治小报一般，高宗辟谣后，此事也不了了之，根本抓不到人。于是时任兵部侍郎的周麟之，说了这么一段话：

> 方陛下颁诏旨，布命令，雷厉风飞之时，不无小人诪张之说，眩惑众听。如前日所谓旧臣之召用者，浮言胥动，莫知从来。臣尝究其然矣，此皆私得之小报。（注：周麟之所言出自《海陵集·卷三·论禁小报》，下同）

说陛下颁旨施政厉雷风行，但不免有小人信口胡说，比如前几天说要起用旧臣张浚一事，简直是无中生有，我都不知道这消息是从哪儿传出来的。后来我去调查了下，原来都是源于小报。那么小报的消息又是从哪儿来的呢？周麟之接着说：

> 小报者，出于进奏院，盖邸吏辈为之。比年事有疑似，中外不知，邸吏必竞以小纸书之，飞报远近谓之小报。如曰："今日某人被召，某人罢去，某人迁除。"往往以虚为实，以无为有。朝士闻之，则曰："已有小报矣！"州郡间得之，则曰："小报到矣！"他日验之，其说或然或不然。使其然焉，则事涉不密；其不密焉，则何以取信？

小报的消息绝大部分都出于进奏院，那些朝报的小吏为了钱私卖消息，有些消息朝廷尚未决议，小吏就先传出去了，比如某人被召进宫了，某人被罢免，某人迁任这些消息，根本没有的事，小报就先给刊发了，本来八字还没一撇的事居然天下尽知。后来，那些事情朝廷定下来时，有些猜对了，有些则猜错了，即便小报能未卜先知，都可以猜对，这也不是好事啊，事关官员任命，如此严肃之事，朝中上下都不知情，小报先泄密出去了，朝廷威信何在？

举了具体事例之后，周麟之最后下结论说：

> 此于害治，虽若甚微，其实不可不察。臣愚欲望陛下深诏有司，严立罪赏，痛行禁止。使朝廷命令，可得而闻，不可得而测；可得而信，不可得而诈；则国体尊而民听之。

小报这种行为，虽然伤害不了国本，但也不可不察啊。我以为应该诏告相关部门，出台相关政策，痛行禁止，使百姓可以听到朝廷正式颁发的政令，但不可胡乱猜测，使百姓信任朝廷，而不是揣度、怀疑朝廷，如此，国家有公信力了，百姓自然不会再信那些臆测之词。

周麟之说了那么多，事实上可以概括为一句话，那就是禁止小报。

从北宋出现小报始，自南宋小报盛，朝廷禁止小报的政策一直贯穿始终，几乎没有断过，特别是到了南宋，小报盛行之下，禁令亦是频频出台，如孝宗淳熙十五年（1188年）：

> 近闻不逞之徒，撰造无根之语，名曰小报，传播中外，骇惑听闻。今后除进奏院合行关报已施行事外，如有似此之人，当重决配。其所受小报官吏，取旨施行。令临安府常切觉察禁戢，勿致违庆。（注：语出《宋会要辑稿》）

又如淳熙十六年（1189年）：

> 今后有私撰小报，唱说事端，许人告首，赏钱三百贯文，犯人编管五百里。（注：语出《宋会要辑稿》）

英宗治平三年（公元1066年）：

> 窃闻近日有奸妄小人，肆毁时政，摇动众情，传惑天下，至有矫撰

敕文，印卖都市。迄下开封府严行根捉。（注：语出《宋会要辑稿》）

英宗治平三年的这段话，出自监察御史张戬之口，这段话里明确说了"印卖都市"，也就是说在街上就能买到小报，这就涉及一个问题，既然朝廷屡出禁令，为什么还有人敢公然售卖？要知道印制报纸和公然售卖是两个概念，印制作坊可以在地下，只要足够隐秘，官府想查也查不到源头，公然售卖就不一样了，必须走到大街上，且得让人知道你是在卖报，那么在官府严查之下，小报还如何售卖？

关于这个问题，遍查史料未见记载，但在汪藻所撰的《靖康要录》里面发现了些端倪，说是在靖康二年（1127年）二月，金兵围困东京，徽钦二帝陷于金营，要立张邦昌为帝，改国号大楚，于是召百官往秘书省讨论这事，《靖康要录》如是说道：

> 事初，百官集秘书省，莫知议何事，凌晨有卖朝报者，并所在各有
> 大榜揭于通衢，云金人许推择赵氏贤者。

开始的时候，百官不知道要讨论的是什么事，估计是在前往秘书省的途中，遇到了卖朝报的人，看了报纸才知道，原来金人允许百官可以在赵氏子孙中择贤明者，另立新君。

金人把徽钦二帝抓了去，却允许百官在赵氏子孙中挑贤明者立新君，这事可能吗？当然是不可能的，不过是引诱百姓集合秘书省，逼他们推举张邦昌罢了，所谓的"许推择赵氏贤者"实际上是金人放出的烟雾弹。

后来秦桧、张浚、赵鼎等人坚决要保赵氏江山，不事二主，于是被抓的抓、逃的逃，北宋至此亡国，这是后话，我们姑且不论，只说《靖康要录》里面提到的朝报一事。

此所谓的朝报，很明显不是由进奏院采编发行的官方报纸，一则，亡国在即，朝廷上下人心惶惶，估计也没人有此闲心去采编报纸内容；二则，"许推择赵氏贤者"一事是由金人放出来的烟雾弹，以进奏院的做事风格，在没有核实的情况下，这么大的消息不可能印发出来；三则，即便是核实了信息，事关另立新君，兹事体大，这种事情朝廷内部商议即可，枢密院也不可能让这样的消息发出

来，令天下皆知。综上所述，《靖康要录》提到的"朝报"，实际上是民间的小报，由于其时效性强，所以金人的消息一放出，凌晨就可以读到最新的新闻了。

那么，这是不是意味着小报为了躲避监管，一直有在凌晨卖报的习惯呢？

我只能说不排除这种可能性，要知道平时官府管得严，想要把小报卖出去，也只能选在衙门还没上班的这个时间点了。但是靖康二年，在徽钦二帝被掳的情况下，卖小报的人还有必要为了躲避监管而选择在凌晨售卖吗？个人以为，至少在当时是没有这个必要的，国家存亡只在旦夕之间，谁还有心思去理会一个卖报的小贩合不合法？所以，百官在去秘书省的途中遇卖朝报者，很有可能是出现了突发新闻，小报为了快速将此事报道出去，临时加急赶印出来的报纸。

我特意搜索了《东京梦华录》，并没发现有售卖朝报的记录，不过在《武林旧事》以及《西湖老人繁胜录》中，倒是看到了"供朝报"以及"卖朝报"的专职卖报人，这是不是说在北宋还没有公开叫卖小报的人？由于资料欠缺，不敢妄下定论，此处存疑，理由是，在徽宗时期，小报顺应民意，公然与朝廷叫板，令徽宗不得不亲自出来辟谣，说明小报的影响力是巨大的，它形成的舆论也是朝报无可比拟的，这就足以说明肯定有其特殊的流通渠道，不然的话，无法形成那样的舆论氛围。

由于我们今天能看到的关于宋朝报纸的史料十分稀缺，只能说到这里，下面我简单地来做一个总结。

首先，可以肯定的是，宋朝的小报是日报，以保证它的时效性，并牢牢地占领市场，如此，民间办报人方才有利可图，这是报纸市场化以后决定的，这一点毋庸置疑。至于朝报，前期应该也是日报，后期限制了采编内容后是否还是日报，这一点我也不敢肯定。

其次，宋朝的小报是迄今为止发现的世界上最早的市场化、商业化的报纸，从整个新闻媒体发展史的角度来说，意义重大。

最后，宋朝小报的出现，弥补了朝报刻板和效率低下的缺陷，满足了民间百姓对追求时效性和新奇事物的欲望。同时，由于其没有限制，无须考虑政治因素，采编自由，思想独立，发挥了舆论作用，对朝廷、地方官府形成了实质性的舆论压力和监督作用。毫无疑问，这是时代的巨大进步，也正如我前面所说的，宋朝的报纸具备了新闻媒体的属性。也就是说，宋朝的小报已基本接近现代的媒体报纸。

此外，还有一个特点就是，如同茶道、酒文化一样，小报在宋朝同样也是处于巅峰时代。宋亡之后，新闻媒体业可以说是全面倒退，元朝就不用讲了，慢说是小报，连进奏院这个机构都不复存在，朝报自然也消失在了元朝的历史之中。及至明清两朝，报业又有恢复并呈现出发展之态势，如晚明有专业的抄报人，以抄录朝报售卖而生，清朝出现了"京报"，有独立的报头，可见报纸已出现自己的品牌了，这无疑是进步之处。但无论是抄报还是有独立品牌的《京报》，其性质都是抄录或转录朝报内容，也就是说，只能按照原文转载，不得报朝报未报之事，不得额外添加评论或揣测之词，从新闻之自由、思想之独立这个层面来讲，自宋朝以降，到元、明、清就全面倒退了。

三、书籍出版——国有、民营出版业齐头并进

> 余犹及见老儒先生，自言其少时，欲求《史记》《汉书》而不可得，幸而得之，皆手自书，日夜诵读，惟恐不及。近岁市人转相摹刻诸子百家之书，日传万纸，学者之于书，多且易致如此。
>
> ——《苏轼文集》

思想家的涌现，并不一定在盛世，但出版业则一定是在盛世才得以繁荣。

每一个朝代在立国之后，国家渐趋稳定之时，首先要做的一件事便是教化民众，以便利于统治，并呈现出盛世之景象。

众所周知，宋朝崇文抑武的根本就是为了更好地统治，因此"用文吏而夺武臣之权"（注：语出《宋史》），开启了两宋三百余年的文治。

太宗雍熙元年（984年）说："夫教化之本，治乱之源，苟无书籍，何以取法？今三馆所贮，遗逸尚多。"（注：语出《续资治通鉴长编》）说治乱的根本就是要教化，如果没有书籍，所谓教化也就无从说起了。今天，昭文馆、集贤馆、史馆的藏书，遗失较多，种类不全。于是"诏三馆以开元四库书目阅馆中所阙者，具列其名，募中外有以书来上及三百卷，当议甄录荟萃，馀第卷帙之数，等级优赐，不愿送官者，借其本写毕还之。自是，四方之书往往间出矣"（注：语出《续资治通鉴》）。诏告三馆以"开元四库书目"[注：指四库全书，开元五年（公元717年）开始修撰，开元九年（公元721年）整理完毕，分经、史、子、集

四部，故名〕为准，列一份单子，缺少的书就向社会征集，秉承自愿的原则，如愿捐则捐，不愿捐的就借，抄录完毕后即时送还，于是，天下之书尽出。

太宗在位期间，编修的文献书籍有：录史实、典故一千卷，名为《太平御览》；录野史、小说五百卷，名为《太平广记》，另录诗文一千卷，名为《文苑英华》；真宗继位后，又录"历代群臣事迹"一千卷，名为《册府元龟》。此四部史集文献，后世称之为宋代四大书。

这四大书洋洋洒洒数千卷，诚可谓是卷帙浩繁，所耗费之人力、财力巨大，其编纂目的除了教化以及整理古代文献外，还有一个重要的政治原因，即安抚人心。我们都知道，太祖立国之后，为避免再出现五代之乱，于是杯酒释兵权，承诺众将永享富贵，但手里的兵权都要交出来，从而奠定了大宋王朝稳定之基础。及至太宗，已无太祖之顾虑，但太宗也有一件不得不去完成的事情，即武将让太祖收了，文臣却没有得到妥善的安置，那要怎么办呢？把他们都招进来编书，南宋文人王明清在《挥麈后录》中如是说道：

> 诸降王死，其旧臣或宣怨言，太宗尽收用之，置之馆阁，使修群书，如《册府元龟》《文苑英华》《太平广记》之类……以役其心，多卒老于文字之间云。

意思就是说，五代之后，那些旧臣文人多是心怀不满，存有怨气，还时不时地对新朝发一些牢骚，太宗把那些发牢骚的文人都招进来，让他们去馆阁修书。《册府元龟》《文苑英华》《太平广记》之类的无一不是大部头的书籍啊，所以很多人一辈子的时光就耗在这上面了，吃穿不愁，拿着高俸禄，做着自己最喜欢的读书著文章的事业，还有什么不满足的呢？

一边完成了古代文献的编修，丰富了文学文化，以实现对民众之教化，一边安抚了旧臣文人之心，一举两得。然而，站在宋朝文化发展的角度来看，太宗之举也推动了宋朝出版业的繁荣。

首先来说说宋朝的出版机构，它一共由三部分组成，第一部分是官刻，也就是由政府运营的官方出版机构，主管部门是秘书省，具体的监管部门是国子监；第二部分是坊刻，也就是民营出版机构，宋明两朝的民营出版业基本都集中在福建和浙江两省，其中又以福建的建安、建宁、建阳三地最为著名，被称为出版之都；第三部分是私刻，即以私人的收藏为目的，一般都是藏书家或地方名人为主，如岳珂的相台家塾，吴兴施元之的三衢坐啸斋，隐士王氏取瑟堂等等。这些私刻虽是个人行为，但由于其书籍精美，质量上乘，同样受到市场的青睐。

下面，我便以官刻、坊刻、私刻这三部分出版机构为脉络，具体来说说它们的职能及运营情况。

可能很多人认为，国子监是中央最高的学府以及教育主管部门，实际上它更是出版监管以及国家级的出版机构。纵观两宋，国子监实际上垄断了教育、军事、政治、法律、宗教、技术、医学等重要书籍的出版和发行权。比如北宋初期，在崇文抑武的政治大背景下，从京城到各个州县大量增设学府，并广开科举，以为国家储备人才，如此一来，教育类书籍的需求自然激增，国子监为满足教育所需，出版发行了大量的诸如《九经》《周礼》《仪礼》《公羊传》《穀梁传》《孝经》《论语》《尔雅》《孟子正义》等经史子集。后来，又由于教学所需，出版发行了诸子百家以及《冲虚至德真经》《南华真经》等道家书籍，颁之学校，供生员研习所用。

这些教育类书籍国家是严格管控的，至道三年（997年），太宗诏令："国子监经书，外州不得私造印板。"（注：语出《宋会要辑稿》）明令除了国子监外，地方不得制版印刷。

我们都知道，在图书出版业中，教育类书籍绝对是一个香饽饽，谁要是能拿到专有出版权，那就相当于拿到了一只聚宝盆，金钱便源源不断而来。国子监所出版的书籍除了卖给学校的生员外，也是对全社会公开发行的，为此，在国子监下面专门设置了书库监管一职，相当于是发行部主管，统筹发行、销售，虽然在真宗天禧元年（1017年），朝廷颁布了《国子监经书更不增价诏》，明确学习类书籍不得涨价。但是，其垄断了教育、军事、政治、法律、宗教、技术、医学等主流的教育学术类书籍，薄利多销之下，亦是所获颇丰。

这么块香饽饽民营出版商能不眼红吗？若说是不眼红，那是不可能的，只是朝廷明令禁止其他书商染指，没有办法罢了。但是，主流的学术教育类书籍不能出版，咱可以打擦边球啊。

那么这个擦边球怎么个打法呢？其实也不难，朝廷不是广开科举了吗？全国上下读书人激增，千军万马过独木桥，谁都想货与帝王家，这竞争不就激烈了吗？竞争一激烈，课外书的需求当然也大了啊，咱就出版课外学习类读物。

仁宗景祐四年（1037年），秘书郎李淑奏称："切见近日发解进士，多取别书小说，古人文集，或移合经注以为题目。"除此之外，还"编经史文句，别为解题，民间雕印，多已行用"（注：语出《宋会要辑稿》）。这说明在仁宗时期，民营书商发行的课外书已经比较流行了，而且为了迎合应试之需求，还编写了重要的经史文句成书，并进行解题，以便生员对重要的考试题目能够理解得更为透彻。

这的确不违法，还促进了教育类书籍的发展，不得不说，这一招剑走偏锋的确高明！

从图书出版业的角度来看，民营书商此举的确起到了推动教育类书籍发展和繁荣的作用，但是站在国家的高度来看，弊端也是显而易见的。其一，考试的范围从经史子集拓展到了古文甚至古代小说，读书人的压力就很大了，除了学校布置的作业外，课余时间还要大量阅读课外书籍，这哪个受得了？其二，国子监出版书籍的权威性大大降低了，如果任由其这么发展下去，主流教育书籍在考试中的比重只会越来越低，那么国子监出版教育书籍以及学校任教的意义也会随之逐步降低，教育就像一匹脱缰的野马越跑越远。这既不利于国家意识形态的输送，连教育的本质怕也会逐渐丧失，于是在仁宗朝，出台了这么一项规定：

自今试举人非国子监见行经书，毋得出题（注：语出《续资治通鉴》）。

就是说科举出题的题目只能在国子监发行的书籍范围之内，对教育类书籍和应试题目进行了规范。

课外教育类书籍令行禁止，并对考题范围进行规定后，读书人的压力就大大减轻了，只须专注学习学校所教的书籍即可，但民营书商的财路却给断了，特别是对专注于教育类书籍出版的民营书商来说，无异于当头一记闷棍，把他们打蒙了。

不过，清醒过来后，民营书商并没气馁，另寻商机。课外书不让出了，那咱就出考试指导书，把历年来的考题进行汇总，做成类似于"历年应试冲刺卷""应试必刷题""全国名师名校试题汇总"之类的书，要想得高分，不就得刷题吗？

果然，这一类"冲刺卷""必刷题""名校名师试题"等书籍投放市场后，考生们纷纷抢购，一时间洛阳纸贵，《宋会要辑录》如是记录此现象：

> 今之学者程文短晷之下，未容无恤。而鬻书之人，急于锥刀之利，高立标目，镂版夸新，传之四方。往往晚进小生，以为时之所尚，争售编诵，以备文场剽窃之用，不复深究义理之归，忘本尚华，去道愈远。

程文指的就是历年考试的题目或者被录用的范文，这一类的文字并不在禁止出版之列，所以民营出版商出于利益，将之编汇，并冠以各种诸如"冲刺卷""必刷题"之类的十分醒目、惹眼的书名，考生及考生家长见了，为了能得个好名次，于是就争相购买。

这么一来，的确利用考生集中学习或复习，也确实提升了拿高分或好名次的概率。但是，缺点也是非常明显的，一是"不复深究义理之归，忘本尚华，去道愈远"，说浅白一点就是把读书这件高尚的事情变成了读死书。

读书的本质是什么？是深究义理，是要把古人的智慧融会贯通，并学为所用，成为一个明智、博学、睿智之人，现在那些生员只顾埋头刷题，无异是忘记了读书之本质，与读书之正道亦相去甚远了。这样靠读死书读出来的人，既未达到启智之目的，更谈不上博学睿智，浪费了寒窗十年之光阴不说，连是不是人才都得另行考量。

二是给一些作弊之人提供了条件，死记硬背的目的就是生搬硬套嘛，如此一来，实际上考试的意义也不复存在了。

这种情形在北宋末期非常普遍，到了南宋，甚至还出现了口袋本，"近来场屋违戾，书坊规利，撰印小册，名曰夹袋"（注：语出《宋会要辑录》），这种口袋本主要也是以历年试题和范文为主，但更方便携带。

针对这种现象，朝廷也并非熟视无睹，比如南宋宁宗庆元五年（1199年），诏："将今来省试前二十名三场程文，并送国子监校定，如词采议论委皆纯正，可为矜式，即付板行。"（注：语出《宋会要辑录》）这实际上是以官方的名义出版了一套必刷题和范文，但对遏制民营书商出版考试指导类书籍，以及规范读书和应试的作用不大。

国子监除了出版教育类书籍外，法律类图书亦由其承印出版，这是为了普及法律所需，如教育类图书一样，也实行薄利多销之原则。此外，作为民生工程，"国子监镂刻经史外，最重医书，且听人购买"（注：语出叶德辉《书林清话》）。由于医书有大量的插图，且多为大部头书籍，造价成本高，定价自然也高，不利于医学的推广和发展，作为国家重要的出版部门，国子监便承担起了这一重任，收集天下医书，校雠刊行，对外发售。从这一点上来看，国子监虽然垄断了大量重要的书籍出版，但作为国家级的重要出版机构，其在规范图书、控制书籍价格、稳定图书市场等方面的作用却是不容忽略的。

除了出版重要的书籍之外，国子监还负责出版内容的具体审查工作。

那么当时的出版内容是如何审查，审查些什么呢？元祐五年（1090年）礼部颁条例曰：

> 凡议时政得失、边关军机文字，不得写录传布；本朝会要、国史、实录不得雕印。违者徒二年，许人告，赏钱一百贯。内国史、实录仍不得传写。即其他书籍欲雕印者，纳所属申转运使、开封府，牒国子监选官详定，有益于学者，方许镂板，候印讫，以所印书一本，具详定官姓名，申送秘书省。如详定不当，取勘施行。诸戏亵之文，不得雕印，违者杖一百，凡不当雕者，委州县监司、国子监觉察。（注：语出《续资治通鉴》）

这段话出自苏辙，我们在说报纸的时候也曾摘录过其中一段，这段话被史学界认为是最早的出版审查条例。出台该审查制度的起因是，苏辙出使辽国时，发现宋朝民间出版的书籍在辽国广泛流通，其中不乏涉及国家政策、军事以及朝廷机要的内容，出于国家安全考虑，回国后苏辙向礼部提出了该建议并获批。

该条例除了规定哪些内容不得出版外，还对审查流程进行了规范，即如有图书要出版，内容首先要经所属的地方转运使审查，然后再送国子监，内容无误后，可以刻版印刷了，印刷完成后，取其中一本书送往秘书省，并且标注出具体审核官员的姓名，一并送审。如果最后在秘书省那里审查发现了问题，依旧会被取消发行，并由各州县监司、国子监具体问责。

这套审查流程与现在的出版流程基本接近，国子监作为最高的出版管理机构，其虽有出版权，垄断了重要书籍的出版，但其他图书的出版权是下放到了地方的，所以各路、州县的官方出版机构以及民营书坊都是可以出版的，但是出版前的最终审查权依旧在国子监。

对于宋朝的这套出版流程我是这么理解的，假设民营书商需要出版一本书，书商内部编辑并审定内容后，将书稿交给所属的各路转运司或州县初审，初审结束后，移交国子监终审，获得批文后，雕版印刷。如果作者或出版商所在地是京师，则直接移送国子监。

从这个审查的过程来看，那些在京师的知名的文人出版一本书可能不难，可要是在地方上且距离京师较远的文人，想要出版一本书，以当时的邮寄情况来判断，没一两年甚至更长的时间，估计很难出版。从中也不难得出这么个结论，即地方文人如果想要以写作为生，是件难以想象的事情，也难怪有不少文人穷尽一生，写了一部书，至死犹未见发行于世，比如我所了解的徐霞客，其《徐霞客游记》是子孙帮他整理后找书商出版的，死后方才流行，这对文人而言，确也是件十分无奈的事情。

当然，我们已知的宋朝知名的文人，大多有官职在身，即便如苏轼被一贬再贬，柳永数度落第，终归还是有个不大不小的官职在身，就算没有稿酬，还不至于饿死。

闲话表过，继续说国子监的审查制度。从史料所记载的情形来看，及至南宋，审查略有松懈，如庆元五年（1199年）有礼部官员奏称："凡书坊雕印时文，必须经监学官看详。"（注：语出《宋会要辑录》）这说明评论时事的书籍在当时已经出现，并在市场上占有一定的份额，让礼部有所察觉，因此，向朝廷提议，凡是议论时事的图书，必须要经国子监审查。需要注意的是，这里未提禁止，只说要经过审查方许出版。不难发现，从元祐五年的"凡议时政得失、边关军机文字，不得写录传布"，到庆元五年的"凡书坊雕印时文，必须经监学官看详"，在这几十年间，审查制度并非是一成不变的，而是根据社会的发展与时俱进的。

比如在绍兴十五年（1145年），出现了有人冒用司马光的名头，出版了一本《司马温公记闻》的书，借此来议论时政，其曾孙司马伋得知后，向朝廷举报说：

> 建州近刊行一书，曰《司马温公记闻》，其间颇关前朝政事。缘曾祖平日论著，即无上件文字，显是妄借名字，售其私说。伏望降旨禁绝。（注：语出《宋史》）

说那是伪书，借司马光之名论前朝政事，于是，朝廷下诏"委建州守臣将不合开板文字尽行毁弃"（注：出处同上）。

那么司马光是否著有此书呢？据史料记载应该是写过的，后来秦桧当权时，此书果然成了禁书，这是后话，后面会具体再说。不过司马伋说的这事，应该是民营书商所为，打着司马光的名头论述前朝政事，禁了倒也合情合理。

同年十二月，又有太学官员孙仲鳌奏称："诸州民间书坊收拾诡僻之辞，托名前辈，辄自刊行，虽屡降指挥禁遏，尚犹未革。欲申严条制，自今民间书坊刊行文籍，先经所属看详，又委教官讨论，择其可者许之镂板。"（注：语出《宋会要辑稿》）这说明假托名人的书在南宋并非少数，而且是在屡出禁令之下，此类书依然不绝，所以孙仲鳌提议，必须再严申条例，民营书商出版的书要严加管理，其所出之书一定要经过所属的审查单位审定之后，方许出版发行。孙仲鳌提出的建议被采纳，不过我们也能从中看出，南宋时期的出版，在对民营书商以及图书内容的管理上，并没有如北宋那么刻板和严厉了，是允许适度议政的，只不过需要经过审查，不能假托名人名家。

下面再来说说图书具体的审校制度。众所周知，在图书出版过程中，除了必要的审查外，还需要对内容再三校对。北宋初期，由于大量的学术、文献以及教育类书籍需要出版，光是靠国子监根本忙不过来，所以动用了昭文馆、集贤馆、史馆的官员来共同审校，如真宗时期出版的《三国志》，由秘阁黄夷简、钱惟寅，史馆刘蒙叟，崇文院检讨杜镐，集贤院宋皋，秘阁校理戚伦等人校定，《新唐书》由昭文馆安德裕、勾中正，集贤院范贻孙、史馆王希逸等人校定。其具体的编校程序如下：

> 凡校勘官校毕，送覆校勘官覆校。既毕，送主判馆阁官点检校，复于两制择官一二人覆加点检。皆有程课，以考勤惰焉。（注：语出罗畸《蓬山志》）

也就是说有三道工序，即我们现在所谓的"三审三校一通读"，在这个过程中，编审、校对人员都会具名，以免有人偷懒疏漏。比如《经典释文》这本书的勘官有张崇甫、李守志、皇甫与、姜融、冯英，详勘官有聂朝义、卫融，重详勘官有陈鹗、姚忠。《春秋左传正义》的勘官是李觉、袁逢吉，都勘官是孔维，详勘官是刘若纳、潘宪、陈雅、王炳，再校官是王焕、邵世隆，再都校官孔维。

这个制度既保证了图书的质量，也对内容进行了审查。正常来说，如此做毫无疑问是有益的，也是必需的，毕竟图书是公共精神文化产品，一经公开发行，对社会的影响是巨大的。但是，任何一项好的政策，在特殊时期，被人当作政治工具，那就另当别论了。

了解宋史的人都知道，两宋实行过几次变法，这些变法的利弊我们姑且不论，总之在新旧两党的较量中，均以失败告终，且演变成了宋朝历史上轰轰烈烈的党争。

在北宋年间，支持变法的叫"元丰党人"，反对变法的叫"元祐党人"，北宋中后期，元丰党人为了打击元祐党人，将之学术著述悉数销毁，一时间三苏、黄庭坚、张耒、晁补之、秦观、马涓、范祖禹、范镇、刘攽、僧文莹等众多元祐党人著述成了禁书，"印板悉行焚毁"（注：语出《续资治通鉴长编》）。

后来哲宗上台，因其年幼，太皇太后高氏临朝听政，并起用司光马，恢复旧法，于是又肯定了元祐党人的学术书籍，只是好景不长，没几年后，哲宗亲政，又复新法……及至秦桧主政，再次否定元祐党人的著述，如此反反复复，来回折腾，好好的学术或思想著作，忽而封禁，忽而又大行于市，说好听点是政治需要，说难听点就是斯文扫地，一群文官为了捍卫自己的地位，保证自己的思想才是正统的，打击异己，党同伐异，毁书焚书，哪还有文人或官员的样子？

还记得前面提到的《司马温公记闻》吗？

其实这本书的真正书名叫《涑水记闻》，当年范冲在史馆工作时，奉旨出版了该书，一套十册，后来秦桧禁野史，《宋史》如此记录该书的命运：

> 至是秦桧数请禁野史，伋惧罪，遂讳其书，然后其书卒行于世。

该书记录了北宋六朝（960年—1070年）时政军机、社会矛盾等要事，秦桧想要钳制言论，那司马光这书必然是首当其冲，司马伋怕获罪，就把书藏了起来，然后此书就再没面世过。

总之，这么几十年反反复复地折腾下来，从文化发展角度来说，罪莫大焉。试想，连司马光的书在特殊时期都要被毁，其他文人的著作也就可想而知了，反正是在当时的大势之下，若是站错了队，那么你的人包括著作都将被朝野共弃之，这种动不动就直接毁版焚版之举，对出版业来说真的是釜底抽薪式的破坏，严重影响了宋朝的出版业。

当然了，把内容审查当作党争的工具，其针对的也是那些站了队的主流文人和官僚，要是跟新旧两党都不沾边，所写的内容也与政治保持着一定的距离，如上文提到的柳永那样，只写风花雪月，任你风云如何突变，我只在罗绮丛中风流，这样的人大概率是不会有事的，别看柳永一生命运多舛，但历朝历代以来没有哪个朝代把他的词列为禁书的。

有正版书籍，自然就会有盗版书籍，宋朝的图书也有盗版。我们先来看看《书林清话》里的这段话：

> 书籍翻版，宋以来即有禁例。吾藏五松阁仿程舍人宅刻本王偁《东都事略》，在目录后有长方牌记云："眉山程舍人刊行。已申上司，不许覆版。"

意思是说，对翻版的禁令宋朝就有了，又以《东都事略》一书举例说，在目录后有一行字："眉山程舍人刊行。已申上司，不许覆版。"这行字的意思，相当于我们现在图书版权页上的"版权所有，侵权必究"，可见宋朝的图书出版者已有相当高的版权意识。

版权意识的提高，主要源动力来自于商品经济的发展。

无论古今都有这么一个现象，建国初期，经济落后，大家都基本没有什么版权意识，经济越强，商业越活跃，图书作为商品的属性日益突出，版权意识自然也就随之增强了。

盗版商为将利益最大化，所盗者往往都是名家名著，宋朝很多知名作家都遭遇过盗版，比如我们前文提到过的苏轼，他的一生虽屡遭贬谪，仕途极为不顺，但其诗文放眼整个宋朝却是数一数二的，故莫看他官职越贬越低，可他的人在文坛的地位却越来越高，因此成为盗版商眼中的香饽饽。有人专门收集他沿途所作的诗文，凑够了字数，未经授权，便私自出版。那要是凑不够字数呢？没关系！盗版商的法子多的是，就找枪手写几篇，塞进苏轼文集里面，生生给拼出一本书来。为此，苏轼曾说：

世之蓄轼诗文者多矣，率真伪相伴，又多为俗子所改窜，读之使人
不平。（注：语出苏轼《答刘沔都曹书》）

说世上攒我诗文的人很多啊，攒不够就硬凑，更可气的是多出自三流写手之
手笔，实在是太气人了！

别说苏轼看着气，我看着也替他生气，你要盗版也就罢了，还请人代笔生拼
硬凑，这不是直接拉低了苏轼的文学水平了吗？你把钱赚了，还要把作者侮辱一
把，简直禽兽行径。

后来，苏轼为之愤而言道："某方病市人逐于利，好刊某拙文，欲毁其板。"
（注：语出苏轼《与陈传道书》）说有人为了利益，盗我的诗文，真的想去把那
些印版都砸了。

苏轼是淡泊名利之辈，漂泊各地，往往随遇而安，为此，他气的并非是有人
盗用他的诗文没给他稿费，而是盗版商乱来，"今所示者，不惟有脱误，其间亦
有他人文也"（注：语出苏轼《与陈传道书》）。不仅有缺失，还夹杂着三流枪手
的拙文。

朱熹作为宋朝知名作家、教育家、思想家，也是盗版商青睐的对象，不过，
相对于苏轼而言，朱熹被盗版商害得要更惨一些。

朱熹一生，大部分时间都在从事教育以及著书立说工作，从这一点来说，他
更像是一位以著文为生的纯粹的文人。既然著文为生，对著作版权自然更为重
视，他曾在《朱子语类》中如是说道：

论语集注盖某十年前本，为朋友间传去，乡人遂不告而刊。及知
觉，则已分裂四出，而不可收矣。其间多所未稳，煞误看读。

我们都知道，朱熹耗尽平生心血，终成《大学章句》《中庸章句》《论语集
注》《孟子集注》等四部书，但是《论语集注》在写完初稿尚未成熟之时，被朋
友拿去看，结果一传十、十传百被人传了出去，让盗版商盯上，未经授权就给出
版了。及至朱熹察觉时，盗版书早已大行其道。朱熹认为，当时该书尚不成熟，
很多地方有待商榷，需要修改，提前传播是误人子弟。

通过这段文字我们不难看出，朱熹是一位有责任心的作家和教育家，不成熟

的作品提前被传播出去后，他首先担心的是怕误人子弟。这并非是朱熹第一次遭遇盗版，《孟子集注》刚写出来不久，盗版商又给他来了次抢先出版：

《论孟解》乃为建阳众人不相关白而辄刊行，方此追毁，然闻鬻书
者已持其本四出矣。（注：语出《朱文公集》）

朱熹听说《孟子集注》被盗版时，第一反应是要去追毁，可去市面上一看，盗版已经泛滥，毁之不及矣。

面对盗版商之猖獗，朱熹的表现为"心甚恨之"，那要怎么办呢？他把心一狠、牙一咬，决定自己做出版，并出版自己的书。

这一招的确够狠，你们不是老是干未经授权，就私自出版我的书这种事吗？现在我自己出版了！于是就在建阳开了一家同文书院，委托其子及其女婿负责，以出版自己的书为主，其他诸子百家的书为辅，不以经营为目的，旨在传播儒家经典，打击盗版。

朱熹治学严谨，所出版之书自然也是不肯存在丝毫纰漏，不只是一字一句悉心校订，连版式、刻字、用纸等都一一亲自过问，如此做出来的书的质量肯定是过硬的，不只是盗版商比不了，一般民营书商也比不了，所以朱熹甫入出版界，便一跃而成为民营出版商的翘楚。

看到这儿，有人可以会说，朱熹简直是良心出版商啊，那销量一定很好吧，盗版也应该绝迹了吧？

相反，同文书院所出版的书虽然在质量上得到了认可，但在销量上的表现却毫不亮眼，而盗版虽在建阳一带绝迹了，却在建阳以外地区若雨后春笋般崛起，比之以前更加猖獗。

这是为何呢？

首先来说同文书院的销量问题。一般来讲，书的装帧越好、版式越美、质量越好销量肯定也越好，但是，装帧、设计、质量都上去了，成本势必也要跟着上去，成本一上去，定价自然也得水涨船高，朱熹出书虽不以营利为目的，可他好歹也得吃饭啊，得维持同文书院活下去吧？这就造成了同文书院的书虽比一般书商的书要好，可价钱也要比一般书商的书要贵上一些，买那些儒家经典的人绝大多数是求学的学生，一来这个群体买书不是用来收藏的，对他们来说书就是工

具，所以他们对书除了没有错字、脱页之外，便没其他要求了；二来正在求学的人绝大多数没钱，有钱的大多数都是纨绔子弟，他们对书就更没要求了，如此明明有便宜的选择，为何要买贵的呢？

再说抵制盗版。朱熹质量上乘的正版书一出来，有名气而无销量，诚可谓是曲高和寡，盗版商一看，乐了，我模仿你的版式设计，照搬你的独家文稿，除了所用的材料不同之外，其他你有的我都有，于是，同文书院的盗版书，在建阳地区以外的地方开始风行。

这下真的把朱熹气坏了，自己没做出版之前，别人擅自盗印他的书，现在做了出版，别人又复刻他出版的书，这些盗版商真的是像苍蝇一样怎么甩都甩不开啊！自此之后，朱熹一边继续做出版，一边委托各地的好友，帮他打击盗版，一应费用皆由朱熹负责。他曾在写给好友吕祖谦的信中如是道：

> 前附一书于城中寻便，不知达否？纸尾所扣婺人番开《精义》事，不知如何？此近传闻稍的，云是义乌人……（注：语出《晦庵集》）

说是在义乌有人盗印他的书，委友予以打击。同文书院本就不赚钱，又要在打击盗版上耗心耗力，不出几年，书院就倒闭了。

这不得不说是件憾事，一位潜心治学、用心出版的学者，竟拼不过盗版商。

北宋时期同样有名的司马光，也深受盗版商之害。司马光在写《资治通鉴》之前，先写的是《历年图》，换句话说，《历年图》是《资治通鉴》的草稿，他在《记历年图后》如是说道：

> 光顷岁读史，患其文繁事广，不能得其纲要，又诸国分列，岁时先后，参差不齐，乃上采共和以来，下讫五代，略记国家兴衰大迹，集为五图。

要写一部史书并非易事，更何况是要写一部开先河的大史书呢？所以在正式动笔之前，需要做大量的准备工作。然而，盗版商为了追求利益，便是连司马光的草稿都没放过，我们再来看《记历年图后》是如何说的：

凡一千八百年，命曰《历年图》。其书杂乱无法，聊以私便于讨论，不敢广布他人也。

他说《历年图》相当于是一份草稿或大纲，可以说是杂乱无法，只是自己私下用以讨论，哪敢公然拿出去示于人前呢？可叹的是，那些猪油蒙了心，利益熏了心之流，竟然偷拿出去私刻印卖：

不意赵君摹刻于板，传之蜀人，梁山令孟君得其一，通以相示。始光率意为此书，苟天下非一统，则漫以一国主其年，固不能辨正闰。而赵君乃易其名曰《帝统》，非光志也。赵君颇有所增损，仍变其卷帙，又传写脱误。今此浅陋之书既不可掩，因刊正使复其旧而归之。（注：出处同上）

没想到有个姓赵的家伙，把他私藏的草稿拿去出版了，还自作聪明地给此书起了个名字，叫做《帝统》。不仅如此，那姓赵的还擅自增删、变更卷帙，在这变动的过程中，更是错误百出，这不是误人子弟吗，为了赚钱真的是良心都不要了。

类似于被盗版的事例，还有很多，李觏在《皇续稿序》中说：

庆历癸未（1043）秋，录所著文曰《退居类稿》十二卷，后三年复出百余篇，不知阿谁盗去，刻印既甚差谬，且题《外集》，尤不韪。

李觏提到的事情，不仅让我想起了20世纪武侠小说刚引进大陆的那会儿，盗印金庸、古龙的书层出不穷，五花八门，"外传""别集"之类的在街头小摊上随处可见，甚至还有"金庸新""古龙巨""全庸""吉龙"等以假乱真的署名。

那么面对如此猖獗的盗版，宋朝官府有没有采取措施呢？

有的，但效果不太理想。

具体的措施是"附牌记、发榜文、立公据"。所谓的附牌记，指在图书的扉页、目录或者书的最后一页印上版权信息，相当于现在图书的版权页，一般印有书名、作者、出版时间、出版方等信息；所谓的发榜文，即将书稿报送有司登记，有司发布榜文公示，可以理解为现在的版权登记，在发生纠纷时可以拿出来作为证据；所谓立公据，就是国子监出具的准许出版发行的证明，相当于是现在的出版发行许可证或者书号。

除此之外，虽也有一些不得盗印的禁令，但对于打击盗版一事却并未立法，所以，纵观两宋，盗版从未禁绝。

当然，禁绝盗版本非易事，即便是在当下，盗版也是屡见不鲜，所以，宋朝对治理盗版上面表现出来的有心无力，亦当可理解。不过从另一个层面看，盗版的横行也算是见证了宋朝出版业的繁荣。苏轼如是评述宋朝的出版业：

> 余犹及见老儒先生，自言其少时，欲求《史记》《汉书》而不可得，幸而得之，皆手自书，日夜诵读，惟恐不及。近岁市人转相摹刻诸子百家之书，日传万纸，学者之于书，多且易致如此。（注：语出《苏轼文集》）

意思是说，我常听一些老先生讲，他们年少时，想要看《史记》《汉书》而不得，往往一书难求。偶尔得之，如获珍宝，日夜诵读，手不释卷。

这段话不禁令我想起了小时候，那个时候电视机刚刚普及，能看的节目不多，印象中好像周二还是电视台的休息日，没有节目。游戏机之类的更是没有了，唯一的娱乐消遣品就是图书，关键是图书也少得可怜，买自然是买不起的，一般是借，要么往亲戚朋友处借，要么花钱往租书店借，无论是从哪里借来的书，都是要限期归还的，毕竟你要看，别人也想看不是？

不知是正版的还是盗版的书，反正都很厚，无论是《倚天屠龙记》还是《平凡的世界》都是单行本，砖头一样。但就是那砖头一样的书，往往一两天就看完了，那时候真的是佩服自己看书的速度，也佩服自己看书的认真劲儿，真的是如痴如醉，那劲头一如许久没尝过肉的饥汉，捧着一块肉大快朵颐，其余味至今回想起来，尚可咀嚼。

闲话表过，再来看苏轼的话。他说，近年以来，市场上出版的诸子百家之书很多，而且品种也多，看书的人自然也不用因无书可看而烦恼了。苏轼所说的"市人转相摹刻"，自然不单指国子监出版的书，他说的"市人"应指的是民营出版商，宋朝有史可查的出版社有：

建安余氏、临安陈氏、建宁府黄三八郎书铺、建阳麻沙书坊、建宁书铺蔡纯父一经堂、武夷詹光祖月崖书堂、崇川余氏、建宁府陈八郎书铺、建安江仲达群玉堂、杭州大隐坊、临安府太庙前尹家书籍铺、杭州钱塘门里车桥南大街郭宅书铺、临安府金氏、金华双桂堂、临江府新喻吾氏、西蜀崔氏书肆、南剑州雕匠叶昌、咸阳书隐斋、汾阳博济堂等等。

从以上资料中不难看出，这些出版社绝大部分集中在福建、浙江两地。私人刻书就更多了，如：

岳珂之相台家塾、廖莹中之世彩堂、蜀广都费氏进修堂、临安进士孟琪、京台岳氏、瞿源蔡潜道宅墨宝堂、清渭何通直宅万卷堂、麻沙镇水南刘仲吉宅、麻沙镇南斋虞千里、建溪三峰蔡梦弼傅卿家塾、吴兴施元之三衢坐啸斋……

这些书肆记录在叶德辉的《书林清话》里，由于名单过长，我就不一一摘录了，有兴趣的读者可自行前往查阅。总体而言，由于两宋崇文，文治天下，文化文学自然亦是高度繁荣，映射到出版业，自亦非汉唐时期可比，其间虽有过党争而引起的禁书行为，但毕竟整体良好的人文环境摆在这里，那些野蛮的政治行为，并不能真正地改变或动摇文人的创作和出版行为。因此，两宋就文人而言，依旧不失为一块温和的适合滋养文化的土壤，而就出版业而言，不言其他，仅从民营出版业的规模来看，便不难窥见出版业之繁荣，特别是闽浙一带，出版机构犹如商铺一般林立，诚可谓出版之天堂矣。

/ 第五章 / 寒门学子，登科进第

一、宋朝科举制度的先进性和弊端

> 今世之取人，诵文书、习程课，未有不可为者也。其求之不难，而得之甚乐，是以群起而趋之。凡今农、工、商贾之家，未有不舍其旧而为士者也。
>
> ——苏辙《栾城集》

本书说到这里，列位大抵也应了解宋朝文化之兴、文人之多，而这一切之根源就在于宋朝以文治天下，太祖杯酒释兵权后，文人的时代便来临了。

我在前面的章节曾说过，到了太宗时期，为了改变五代以来社会上文化程度整体低下的局面，也为了取天下之材为朝廷所用，广设学堂，并增开科举，太平兴国二年（977年），太宗举行的第一次科举，就录取了109名进士，其他诸科录用207人，一举打破了唐朝以来的取士记录。但太宗觉得还不够，于是又亲自调阅考生的试卷和个人档案，经考量后，御笔一挥，又增录了进士和诸科士子184人，换句话说，仅太宗朝的这一科就录取了500人！

这个空前的手笔，犹如一场春雨，一下子使萎靡的人文环境复苏了，属于读书人好时代来了！

从太平兴国二年（977年）到淳化三年（992年）的这十几年间，太宗共开科八次，累计录取进士及诸科士子达6692人，纵观太宗一朝，朝中一时人才济济。太宗之后，经真宗的传承、完善，到仁宗时，达到顶峰。

在仁宗朝前后几十年间，朝中人才辈出，前所未有，范仲淹、欧阳修、韩琦、富弼、包拯、司马光、王安石、苏轼、苏辙、晏殊、宋祁、曾巩、柳永、黄庭坚、秦观、周敦颐、邵雍、张载、程颢、程颐、蔡襄、李公麟、苏颂、沈括……这些彪炳史册的人物密集地出现，断非偶然，乃是与当时的政策以及环境密切相关的。

那么，同样是以科举取士，录用天下之才，为什么密集地涌现出那么多的读书人，以及大量载入史册的文官之现象，只出现在宋朝而非唐朝呢？除了执政者对文人的态度之外，还有一个重要因素是科举制度的改变。

唐朝时期，由于每次科举所录取的人数较少，对大部分人来说，通过读书改变命运依旧是件可望而不可即的事情，客观存在的现实改变了人们的心理和思维方式，从而进一步影响了社会整体的形态，既然读书不是唯一的出路，那么只能通过其他方式去改写人生，抑或是通过其他方式活下去。

到了宋朝，由于朝廷需要文人治国，在广开科举的同时，也改进了科举制度，使考试更加公平公正，一举打破了门阀、阶层、关系之陋俗，使寒门学士有了可以与世家子弟同台竞技的机会。所谓英雄莫问出处，无论你在应试之前是贫穷还是富贵，是世家还是商贾，有无靠山，考试面前人人平等。随着出身寒门的学子在政治舞台上的一一亮相，那些人无疑成了天下读书人的精神领袖和楷模，所有有志于读书之人纷纷以他们为榜样，发奋读书，刻苦学习，穷经皓首，他们唯一的目标就是金榜题名，从此后平步青云，一举改写命运。

于是乎，读书成了唯一能改变命运的方式，读书也成为了所有人唯一的目标。不管你是贫穷还是富贵，有无靠山，打从出生的那一刻开始，就注定了只能依靠读书开始你的人生，整个社会从上到下，人人都在说读书，并鼓励自己或孩子读书，读书成了人的一种目标，也成为了人的一种任务。

这是一种通过制度改变人们心理和社会形态的过程，这个过程的变化并不漫长，从太宗开始，到真宗、仁宗时期便已基本定型，中间只用了几十年时间。

想想还是挺可怕的，一个时代有一个时代的制度，而这些制度又演变成了，一个时代有一个时代的人的特性，我们现在回头去看历史，每个时代的人的精神风貌都不一样，归根结底是制度的不一样而已。

这可能就是所谓的时代的特征。

宋朝是属于读书人的时代，这是宋朝的制度决定的，下面我就具体来说说宋朝科举制度的优势，以及由此而开始的弊端。

宋朝的科举制度承袭于唐，宋初，由于朝廷急需人才，求才若渴，每年举行一次科举，考试的形式也与唐朝相差无几，即进行两级考试，第一级是由各州县举行的解试，合格者称之为解元，第二级是由礼部举行的省试，省试合格后即为状元，状元及第后即可授官。

在天宝六年（973年）之前，唐宋两朝的科举制度区别不大，但是在天宝六年的春天，发生了一件事，改变了宋朝的科举制度。对于这件事，《宋史》是这么说的：

> 昉之知贡举也，其乡人武济川预选，既而奏对失次，昉坐左迁太常
> 少卿，俄判国子监。

很简单的一句话，也看不出什么玄机，大意是说，天宝六年的那一次春闱，主考官是李昉，李昉是河北饶阳人，当年参加省试并且考中的武济川是李昉的同乡，考试完毕后，皇帝为示对科举之重视，会接见那些脱颖而出的才子，然在殿上奏对时，武济川不知道太紧张还是真的徒有其名，居然表现失常。

太祖本是多疑之辈，而且他是从五代时期的官场过来的，考场舞弊之事见也见得多了，甚至有些主考官为了拉拢势力，往往照顾同乡，或会以一己之喜好决定录用之名单，而被录取之人为了感恩，便称是"某某门生"，如此新势力在朝中便有了靠山，而朝中的官员也因此而拉派结派，壮大势力，二者像是有某种默契一般，往往心照不宣，一拍即合。这种事情对官员和考生有好处，但对朝廷是没有好处的，而且危害极大，太祖意识到这一点之后，宣布本次考试作废，召集所有落榜和入榜之考生，当殿重新考试，结果那武济川在殿试上落榜了。

这下李昉便是跳进黄河都洗不清嫌疑了，由于受武济川之牵连，李昉被贬为太常少卿，后来又改判去国子监供职了。

在宋朝以前是没有殿试一说的，也就是从天宝六年开始，殿试成为了一种制度，科举从此由两级考试变成了三级。

这件事从表面上看也没什么，武济川发挥失常加上太祖多疑，由此促成了殿试。但是，从李昉的生平履历以及历史评价来看，此事却颇是耐人寻味。

李昉在历史上的风评是非常好的，为人宽和，胸襟广阔，且公正廉明，行事正直，在史书上根本就找不出他的劣迹。更让人不解的是那次被贬后，李昉的仕途并没有因此受到太大的影响，到了太宗朝，他甚至担任了参知政事、同平章事，年届七十时，以特进、司空致仕，可以说是位极人臣了，而且太宗对他的评价非常高，谓之："两入中书，未尝有伤人害物之事，宜其所享如此，可谓善人君子矣。"（注：语出《宋史》）后来，真宗对他的评价是"国朝将相家能以声名自立，不坠门阀，唯昉与曹彬家尔"（注：语出《宋史》）。这样的一个人，他会为区区一个同乡，而开方便之门自毁名声吗？

答案是，不会！

那么问题就来了，既然李昉没有舞弊，那太祖为什么要搞这么一出？我们再来看一段《宋史》的记载：

> 次年五月，复拜中书舍人、翰林学士。

也就是说在第二年，李昉就官复原职了。如果他真的舞弊了，以太祖那眼里容不下沙子的性格，别说官复原职了，没贬为庶民就算是祖坟上冒青烟了。所以，最大的可能性是，天宝六年那次所谓的考场舞弊案，乃是太祖唱的一出戏。

为什么要唱这么一出呢？就是为了杜绝官员结党，这些考生既然是大宋的人才，朝廷的栋梁，那他们就不应该是"某某门生"，而是天子门生，这手段与杯酒释兵权几乎如出一辙，就是要把主考官的权力给剥夺了，李昉被贬后于次年又官复原职就是最好的证据。

自此以后，状元及第者均自称天子门生，不再是某些官员的左膀右臂了，所有人才亦均为皇帝服务。也是自此之后，殿试成为定制，明清沿之。

太宗太平兴国八年（983年）始，将之进一步细化，"八年，进士、诸科始试律义十道，进士免帖经。明年，惟诸科试律，进士复帖经。进士始分三甲"（注：语出《宋史》）。也就是说，从太平兴国八年开始，殿试之后，赐进士，而进士又分三甲，便是我们常听说的进士及第、进士出身、同进士出身，这三甲取士在宋朝并无定额，视考试成绩各取若干名，只是在一甲之中，常以前三名为荣，即所谓状元、榜眼、探花，故为民间所熟知。

到太宗淳化三年（992年），又将进士分为五等，一、二、三等赐进士及第，四、五等赐进士出身。及至仁宗天圣五年（1027年），又分为六等，第一等五名，第二等若干名，称为一甲，以此类推，第六等若干名，称为第五甲。

列位看出来了没？考试的名次在科举中日益突出，为此，有些天才型的学霸，因为没中一甲而引以为耻，不惜复读而重考。

仁宗时期，有个叫章惇的世族子弟，才智出众，且勤奋好学，博闻强识，天纵奇才加上勤奋，少年时期便名满乡里，他也自认为以其之才识，要么不考，一考定是名列头甲。嘉祐二年（1057年），章惇入京会试，结果考了个二甲，而且名次还在其族弟章衡之下，一时间感觉自尊心遭遇了极大的打击，虽进士及第，但一气之下，放弃所考取的名额回家了，"进士登名，耻出侄衡下，委敕而出"（注：语出《宋史》）。

到了嘉祐四年（1059年），再次参加科举，得了个开封府试第一，殿试名列一甲第五名，这才满意。

名次是把双刃剑，它可以刺激考生努力往上爬，也能使人沉沦，是好是坏，因人而异。对于像章惇这样的人来说，名次能激发他的斗志，哪怕第一次没有考得他所期望的排名，依然心揣壮志，重头再来。而对于像章衡那样的人来说，虽说考了个二甲，却也心满意足，毕竟千军万马过独木桥，得之二甲，已然是人中龙凤，怎能不为之欢喜呢？事实上，如这般全国性的考试，即便是考了个几百名，但只要能金榜题名，就说明熬出头了，不负了十余年的寒窗苦读，很少有人会去在意那名次。

如果说增设殿试是出于统治之目的，意在夺取主考官之权，不使官员之间拉帮结派，那么下面的改革则纯属为量才取士的公平公正。首先是弥封，又叫糊名，就是把考生的名字糊起来，用现在的话说就是匿名批卷。

弥封之措施并非是宋朝独创，在唐朝的时候就有了，宋朝文人高承在其《事物纪原》中如是描述：

> 武后以吏部选人多不实，乃令试日自糊其名，暗考以定其等第。盖糊名考校，自唐始也。今贡举发解，皆用其事曰弥封。

从以上文字中可以看出，糊名出现于唐朝，但是并未广泛应用，它只是用于吏部铨选，也就是在内部选官时用的，没有在科举中公开使用，而且武周之后，糊名又被取消了，没有形成制度。但是到了宋朝，无论解试还是省试，皆启用弥封制，真正做到了所有考生一视同仁，可见宋朝为了给天下学子营造一个公平公正的学习环境，让科举真正成为有真才实学之人的舞台，可谓是下了决心、用了苦心的。

当然，中国历来是个人情社会，要真正杜绝舞弊，光是弥封还远远不够。如果考生之中真有主考官的亲戚或熟人，不必看姓名、籍贯，光是看字体也能看得出来是谁，要是有人走后门托关系，在字体上稍做些手脚以便让主考官辨认，也不是什么难事。所以，为了杜绝此类事件发生，在启用弥封制的同时，又增加了誊录制，即考生答卷完毕后，由誊录院抄录一份，将考生的真卷存档，誊录的草卷用于批改，如此一来，主考官既无法得知考生姓名、籍贯，更无法识别字体或暗号，真正做到了从源头上杜绝舞弊的现象。

弥封制和誊录制的出现和推广，毫不夸张地讲，像一道光照亮了百姓的心间，给了寒窗苦读的莘莘学子无限的希望。要知道在北宋以前，人人都知道这个社会是属于上流人士的主场，当官的代代为官，富有的世世富贵，门阀、门第根深蒂固，即便是从国家层面想要改革，以打破这种世家贵族的垄断，往往也是心有余而力不足。宋朝从读书人入手，改革科举，一举打破了这种局面，什么叫书中自有黄金屋，书中自有颜如玉？这就是！哪怕你在参加科举之前一贫如洗，被所有人看不起，但只要你肯读书，肯咬紧牙关好学上进，那么你就有可能成为人中龙凤，可以使自己扬眉吐气。

这是件多么解气、多么痛快的事情啊！当年喊出了"王侯将相宁有种乎"的陈胜，要是泉下有知，看到宋朝的科举，估计当可含笑九泉了吧？

实施弥封制和誊录制后，真宗本人对此举亦颇是满意，曾对王旦说："今岁举人，颇以糊名考校为惧，然有艺者皆喜于尽公。"（注：语出《宋会要辑稿》）说现在的举人，对糊名考试都有些恐惧心理，但是，有真才实学的人则赞赏这样的公平之举措。由于此举使寒门学子有了鲤鱼跃龙门的机会，也使国家能录取到真正有才学的人才，我们完全可以想象，真宗在说这句话时定然是洋洋自得的。

事实上，真宗完全有资本洋洋自得，因为这两项制度慢说是在宋朝，便是放到今天同样也是实用的，现代考试中所用到的"密封线"，其实就是由弥封制发展而来。不得不说那真是一项伟大的创举，也因此引出许多科举之佳话，最有名也最解气的当属《梦溪笔谈》记录的一则故事。

说是有个叫郑獬的学子，非常有才气，在国子监的考试中得了第五名。郑獬见此名次，表示不服，认为以他的才学，如果不是考官从中作梗不可能只得第五名，为此怀恨在心。在给主考官的谢辞中，他大发牢骚，说我有李广之本事，有杜牧之文才，举世无双，却只得个第五名。为什么呢？因为"骐骥已老，甘驽马以先之；巨鳌不灵，因顽石之在上"。用现在的话说就是那些老东西老糊涂了，明明有我这样的骏马，却偏偏让劣马跑在前头，以权谋私；明明如我这般的鳌龙可以腾飞，却让冥顽不灵的老顽固压在头上，你说气不气人？

考官一看，好家伙，公然辱骂考官，端的是可忍孰不可忍，到了殿试时，考官有心让那厮落榜，由于采用了弥封制，便将有可能是郑獬的卷子都刷下去了。

郑獬此举固然有错，可考官公报私仇，且一竿子打倒一船人，把本有可能一举高中的人悉数黜落，实为不妥。

我不知道《梦溪笔谈》记录的这则故事是真是假，其结尾有点类似于现代爽剧的感觉，说是到了发榜日，郑獬居然名列第一，状元及第。不过从这则故事中我们能明显读出，弥封制不仅杜绝了徇私舞弊，也规避了因考官个人之好恶，而人为地决定考生命运之现象的发生，一切以文章优劣为前提，最大程度地保证考试的公平性。

还有一则故事，同样也出自《梦溪笔记》，说是有个叫刘几的士子，人很有才气，在国子监的考试中屡考第一，被誉为是国学第一人。只是文风乖张，不走寻常路径，行文颇有些诡谲之意味，偏偏国子监的学生都很喜欢这种独特的文风，因此纷纷仿效。

欧阳修虽知其名，却不太喜欢这种人，更不喜欢那样诡异的文风流行，这一年，欧阳修主考，决定煞一煞这种标新立异之风，交代其他考官，在考卷中凡是出现这种文风的一律不予录用。结果，这一年的考试，刘几以及跟风刘几的学子俱皆落榜。

过了几年，又到省试之期，刘几又来应试，主考官依旧是欧阳修，端的是冤家路窄，又教他们相逢了。欧阳修认为，似刘几这等猖狂之人，就该煞煞他的威风，而文坛的这股歪风邪气同样也该治一治了，"除恶务本，今必痛斥轻薄子，以除文章之害。"

考完之后，欧阳修一眼就看出了刘几的考卷，就毫不犹豫地把他刷了下去，而另一名考生的文章甚得欧阳修之心，便点了那人为第一名。

等到放榜之日，结果被刷下去的那人叫萧稷，而受欧阳修称赞者叫做刘辉，也就是前几年猖狂的刘几。

这两则故事结果一样，但结局的性质却大不相同，前者是两人有私怨，利用科举公报私仇，后者欧阳修虽也有针对刘几之嫌，但其本质是要煞一煞文坛的不正之气，后来刘几改正，被点为头名，修成正果，而被刷下去的萧稷，文风浮躁，属于是咎由自取，也不算冤，不失为一段科举之佳话。

那么实行了弥封制和誊录制后，科举的改革真的就完善了吗？

所谓道高一尺魔高一丈，要是舞弊之风就此终结，那就太小看人类的智慧了。

泄题之事古今皆有之，即主考官在正式考试之前，把考题透露给有关系的人，提前得到考题之后，只要把答案背熟即可，所谓的考试在这些有关系的人眼里，不过是走一个过场罢了，这对刻苦努力却没有关系的考生来说，是极端不公平的。

为了防止此类事件发生，锁院制应运而生，即在确认主考官名单开始，至考试完成的这段时间内，主考官只能待在贡院之内，不得外出或回家，也不得跟外界有任何联系。

这项制度并非是由朝廷出台的，而是自发的，《宋会要辑稿》说：

> 是年，又知贡举，既受诏，径赴贡院，以避请求，后遂为例，谓之"锁院"。

说是在淳化三年（992年），太宗下诏，令翰林学士苏易简、毕士安，知制诰钱若水、王旦、吕祐之等为当年科举的考官。苏易简为主考官，接到诏令后，为了避嫌，苏易简率所有考官主动去贡院把自个儿锁了起来，断绝跟外界的一切联系。后来，有人觉得这个方法好，可以避免泄题，或是托关系、走后门等麻烦事，于是遂成定例，成为了一项科举制度。

锁院的时间由出命题以及考试的时间长短而定，一般在五十天左右，在这长达一个多月的时间里，主考官要完成出题、监考、阅卷、确定名次等工作，且是在封闭环境下进行的。到了真宗时期，锁院制被推广至地方上的解试，即下面州县的应试要与省试一样，考官都要集体回避，"自今差发解、知举等，授敕讫，即令阁门祗候一人引送锁宿，无得与僚友交言"（注：语出《续资治通鉴》）。

　　说到这儿，相信列位也看出来了，相比于唐朝，宋朝在科举上的改进和革新，可以说是肉眼可见的，非常明显，当时的这些创举影响了中国上千年，有些举措甚至沿用至今，这些举措对社会风气的影响，以及对学子读书热情的刺激是不言而喻的。要做到这些，除了朝廷的决心之外，还需要投入大量的人力、物力和财力，需要上下齐心，共同营造公平之环境。

　　那么，做到这些就够了吗？

　　还不够！官府把官员舞弊的漏洞全都填上了，几乎是无懈可击，那么考生就只能靠自己了，于是乎小抄应运而生。

　　所谓的小抄就是把可能会考到的文字抄在纸上，然后把纸卷起来塞在衣服、头发、鞋袜等不易被人发现的地方，带进考场，古人把这种行为称之为"怀挟"，意思是挟在怀里。

　　挟在怀里只是怀挟的初级手段，后来还有人把小抄藏在干粮或塞入笔杆里面，有些别出心裁者甚至抄在内衣上，总之五花八门，花样繁出。总之，托不了关系，走不了后门，那就自己动手，丰衣足食。

　　随着怀挟的盛行，小抄在社会上也形成了一门副业，或许有人会觉得奇怪，小抄怎么还能发展成一门副业呢？

　　莫看区区小抄，专业性还是很强的。其一，哪些是必考的，哪些是可能会考的，初次经历考试的人肯定不知道，即便是想要作弊，带一些小抄入考场，面对浩瀚如烟的书籍，想抄也是无从下手，所以这就需要经验了，必须要请专业人士为你做准备；其二，那么多的内容要抄，对字体的大小是极其严苛的，字大了所抄写的纸就多，所费的纸张一多，小抄就变厚了，一眼就能让人发现，抄了也白抄，故也得请专业的代抄人员抄写。

　　欧阳修作为老资格的考官，很早就发现这问题了，他在嘉祐二年（1057年）向朝廷反映说：

　　　　近年举人，公然怀挟文字，皆是小纸细书，抄节甚备。每写一本，笔工获钱二三十千。亦有十数人共敛钱一二百千，雇请一人，虚作举人名目，依例下家状，入科场，只令怀挟文字。入至试院，其程式，则他人代作。事不败，则赖其怀挟，共相传授。事败，则不过扶出一人。既本非应举之人，虽败，别无刑责，而坐获厚利。（注：语出《欧阳文忠公集》）

从欧阳修的这份调查报告来看，当时小抄作弊的现象已经到了触目惊心的地步。他说，近年以来，举人应试怀挟文字已经公开化了，社会上也形成了产业链，请人抄一本小抄，二三十千钱，有时候为了赶工期，十人一起抄，每人可分得一二百钱。

此外，小抄除了形成产业链外，还有规模化的趋势，小抄专业户雇请一人，扮作考生进入考场。这人在考场内不干别的，就卖小抄。如果没被查出来，几份小抄你抄完后再给他抄，依次传授，轮番收钱。如果被查出来了，也没多大的事儿，因为此人是以考生的身份进来的，最多把这人给处理了，并永久取消其考试资格罢了。而消取考试资格对卖小抄的人来说，实际上没有造成任何损失，相反，被查出来时，他已经卖出去几份小抄了，早就赚了钱了。

面对如此猖獗的作弊现象，官方当如何应对呢？事实上官方也很无奈，小抄的产业链源头在考生，你动用行政手段查封小抄产业是治不了根的，只能用笨办法，那就是搜身。

怎么个搜法呢？方法也非常简单粗暴，就是脱光了搜。脱了衣服之后，不光要把衣服里里外外仔仔细细地翻一遍，还要在考生的裸体上进行一番搜查，把发巾解下来，个个披头散发，拿梳子梳理一遍后，又在皮肤上检查有无文身，耳朵、鼻孔内有无塞东西。对搜身这套流程，《梦粱录》如是记录：

前三日，宣押知制诰、详定、考试等官赴学士院锁院，命御策题，然后宣押赴殿。士人诣集英殿起居，就殿庑赐坐引试，依图分庑坐定，各赐印刊策题，其士人止许带文房及卷子，余皆不许挟带文集。士人入东华门，各行搜检身内有无绣体私文，方行放入。午则赐食与士人，其砚水之类，皆殿直只直供办。午后纳卷而出。

大概的意思是说，在考官锁院的同时，考生也被集中在集英殿内，每天都会被独立安排在一间房屋里面，官方会有人来分发考卷，发放完毕，有人引导考生入东华门，此时，考生只能带笔墨及考卷入内，除此之外，一应物件皆不得带入。入东华门时，会进行搜身，搜完之后方许放入，其间，吃的东西以及砚水之类的必需品，由官方人物直接供应。

《梦粱录》记录的是南宋事情，这说明在南宋时期，考前搜身依旧是存在的。但是，从史料记载来看，考前搜身并未如弥封、誊录、锁院那样形成定制，且对搜身这一行为是存在争议的，如大中祥符五年（1012年），真宗曾说过这么一番话：

帝谓宰臣曰："闻贡院试诸科举人，皆解衣阅视，虑其挟藏书册。颇失取士之体，宜令止之。"（注：语出《续资治通鉴》）

意思是说，脱光了搜查，有辱斯文，是对读书人的不尊重，也有悖科举取士之初衷，还是消取了吧。

真宗果然是体恤读书人！从中不难看出搜身曾被禁止过，只是怀挟行为禁而不绝，且愈演愈烈，即便是如真宗这般宽仁的皇帝想要废止考前搜身，恐也是心有余而力不足了。诚如冯梦祯在《历代贡举志》中所说：

祥符间，以贡院举人解衣阅视，虑挟藏书册，谓失士体，欲止之，而挟书扶出者最多，得不为禁乎？

意思是说，在真宗时期由于因怀挟而被踢出考场的人非常多，你想要禁止搜身，岂能禁得了？

确实很难一禁了之，因为一旦禁止了搜身，科举之公平性也就荡然无存了。所以，在真宗时期虽提出过"宜令止之"的建议，但到了南宋搜身行为依然存在，便说明怀挟作弊之行为贯穿两宋，从未被真正禁绝过。

事实上，怀挟之行为不只在两宋存在，到了明清时期依然十分盛行，甚至可以说是，自打科举出现始，怀挟小抄之事就没断过，若顽疾一般除而不尽，也委实令人头疼。

或许这就是人性使然吧，从古至今所有的制度、律法都是依据人性制定的，换句话说，人性缺什么，制度或法律便补全什么，从而使社会趋于完善、稳定。宋朝科举制度的逐步完善差不多就是这么一个过程，它是与时俱进的，是与时代同频共振的，从中也不难看出朝廷为了保证科举之公平性而做出的努力，然而不可否认的是，代价也是巨大的。

从以上的叙述中，我们已经得知，弥封制始于唐而成熟于宋，并为此专门成立了"封印院"，然后是誊录，又置"誊录院"，誊录之后，为免在抄写过程中出错，又有专门的校对官。在此基础上，又设编排官之职，编排官的职责是对考卷进行编号，在弥封、誊录的中间，起到承上启下的作用，其具体的工作是这样的：

> 举人纳试卷，内臣收之，先付编排官，去其卷首乡贯状，以字号第之，付弥封官誊写、校勘，用御书院印，始付考官，定等讫，复弥封，送复考官，再定等，编排官阅其同异，未同者再考之，如复不同，即以相附近者为定，始取乡贯状字号合之，乃第其姓名差次并试卷以闻，遂临轩唱第。

以上这段文字出自《续资治通鉴长编》，是对编排官职责的详细介绍，大概的意思是说，考生交卷后，内臣统一收卷，收上来的卷子首先交给编排官，由编排官将卷子送封印院，把卷首考生的姓名、籍贯这些信息隐藏了后，以字号编排卷子。这个字号不一定是数字，也有可能是文字，总之是随时变动的，比如《宋会要辑稿》记载说，在大中祥符二年（1009年），"于《玉篇》中取字为号"，是在一本叫《玉篇》书里取其中一段文字为号，一个字代表一张卷子一个考生，因此，除了编排官之外，谁也不知道那个字代表了哪个考生，颇有点像接头暗号的意味，亦可见为了保密，官府端的是煞费苦心。

编排官编好字号后，交给誊录院抄写并校对，然后送御书院检查，查证这些卷子都是草卷，而非真卷后，盖上印章，送去给考官审卷。

考官审卷结束后，要把这些审定的卷子再次弥封，送复考官再审。也就是说在复审的时候，会把卷子的编号以及初审考官姓名等信息都隐藏起来，及至复审的结果出来，编排官进行审查，主要是核对编号与考生姓名是否对得上，真卷与草卷在审卷的过程中是否还保持一致等等，如出现异常，那就得重考。

需要注意的是，在考官出题之后到整个审卷的过程中，主考官都是锁在贡院的，时间长达一个多月，其间不得与外界的任何人接触，不难看出，在整个的科举过程中，其制度之严密、程序之细致前所未有，这才最大程度地保证了科举的公平性。

我们可以毫不夸张地说，在中国历史上整个封建时代，科举是最公平的，除了科举之外，再没有哪件事、哪一项制度可以与之相比拟。但是，为了确保这公平，投入的人力、物力也是十分巨大的，可以说为了举行一场科举，从朝廷到州县每年都是忙得不可开交，甚至可以说是焦头烂额。

当然，忙得不可开交、焦头烂额的不只官员，读书人为了参加每年一次的应试同样也是不胜其苦。要知道古代除了牛马和船只之外，便没有其他东西可以代步了，而且马车也只有殷实人家才有，普通家庭为了上京赶考只能步行或走水路，一走就是几个月，来回大半年，风餐露宿之下，体质不好在半途中病倒错过考期的亦是大有人在。如果说第一年没考中，第二年再考，那么就意味着这位考生将再来一次徒步走遍大半个中国的苦旅，在这一年当中，他真正用在学习上的时间有多少？而且对一个连马车都买不起的考生来说，连续一两年甚至更长时间用在学习和旅途中，即便是身体支撑得起，可是经济支撑得起吗？

考虑到种种客观因素，考制从宋初的每年一考，逐渐演变为两年、三年一考，至英宗治平三年（1066年），"三年大比"成为定制。

以上便是宋朝科举之优点，其形成的科举制度影响了中国上千年，其形成的"万般皆下品，唯有读书高"的思想也同样影响了中国上千年，苏辙说："今世之取人，诵文书、习程课，未有不可为者也。其求之不难，而得之甚乐，是以群起而趋之。凡今农、工、商贾之家，未有不舍其旧而为士者也。"（注：语出《栾城集》）自从宋朝科举制度日趋完善之后，不分阶层，亦无论贫富，只要肯读书，都可以参加科举，从此之后，工、农、士、商的牢固的阶层被彻底击碎，人人放弃家族之族业，纷纷争相读书。由此，全社会俱皆形成了一个共识——只有读书才是唯一的出路，也只有读书才能改变命运。

我不否认"只有读书才是唯一的出路，也只有读书才能改变命运"的说法，因为在这个世界上确实只有知识才能改变命运，但无论是什么事情，一旦追求极致，便会出现差之毫厘，谬之千里的错误。

知识改变命运这条真理永远不会有错，放之古今而皆准，但是，改变命运的方式只有"货与帝王家"一条道吗？读书的目的就是当官吗，或者说读书的出路只能是当官吗？

遗憾的是，至少从封建社会科举的情况来看，确实是这样的，纵观中国历史，无论他是谁，有无名气，才情、胸襟有多高多宽广，他们读书的目的就是当官，即便是如苏轼、柳永那样，把一切都看淡，留下了令后世惊叹的名篇，可他们人生的终极目标还是当官。

毫无疑问，这是全民科举带来的最大的遗憾之一，也是中国社会中最大的弊病之一，换句话说，当读书的目的是权力和利益的话，这件事情本身就已经开始变质了，变质之后就会引起一系列的连锁反应，最直观的体现就是政府机构冗官现象严重。实际上，科举制度从宋初的每年一考到三年一考，除了我前面说到的两个原因之外，还有一个原因就是官员太多了。

那要怎么办呢？只能限制。除了限制科举的次数之外，还得限制录取的名额，皇祐四年（1052年）出台限制措施曰："进士以三百人为额，明经诸科不得过进士之数。"（注：语出《续资治通鉴》）明确限制了进士录取的名额。可即便是予以了限制，依旧是难改官多为患之现状，"三年一取士，进士登第者五百人，而年老举人推恩者，不减四五百人，至于资、荫、胥吏之类，计三年之内又不知授官几何人"（注：语出《续资治通鉴长编》）。除了考上来的进士之外，还得照顾那些多次应试落第的老举人，考了一辈子了，因此特开恩科，授之以官，柳永就是在老年时期开恩科才当的官。

这么一来，每年入官者依旧不是个小数目，可机关就那么多，且都塞满了人，实在塞不下了怎么办呢？

将官位分为三个部分，即官、职、差遣，官和职都是虚的，只有差遣是实职，比如英宗时期的王安石，官是吏部尚书，职是观文殿大学士，差遣是江宁知府。当然，王安石是属于特例，更多的是有官无职，有职无差，说白了有很大一部分人是在吃空饷。所以说，宋朝的税为什么多而重，有一部分原因是商业发达了，还有一部分原因是官员太多了。

在说茶酒文化的那个章节中，不知列位对宋政府巨大的财政支出是否还有印象？很多人说史书时，都在夸耀宋朝茶酒文化之盛，宋朝官员工资之丰厚，不知是否想过个中因由？我们常说，财税取之于民，用之于民，可在我们浩荡之历史进程当中，有多少财税是真正用之于民的？事实上，当所有人的读书人争破了头要去当官，当科举取士成为了冗官的主要原因时，最终苦的依旧是底层的百姓，当财税取之于民而不能用之于民时，人类文明实际上已经开始倒退了。

闲话表过，言归正传。科举、取士被限制之后，无疑就意味着竞争更加激烈了，三年一考，千军万马过独木桥时的情形更加惨烈。

到了此时，百姓有退路吗？

答案是，没有！

因为当全社会都形成一种共识，当某一种思想开始固化的时候，是很难被改变的，除非社会制度转型或是进行一场深度之变革，不然的话，百姓被这场洪流卷入其中，连挣扎的资格都没有。可惜的是，在科举出现之后的这数千年中，依靠读书改变命运的读书人，似乎从来都没有改变过命运，读书除了当官这条路外，几乎无路可走。

这种现象映射到底层百姓之中后，要更为决绝、惨烈一些。至少殷实之家即便没有金榜题名，还有家底托着不至于饿死，至少他们依靠祖辈之荫翳，依旧可以过着上流人士的生活，可底层的百姓呢？

科举对底层的百姓而言，可谓是孤注一掷之举。

历史并没有记录最底层的百姓在科举之途中的惨烈之状，下面我便以苏轼为例，来说说科举对他们家庭经济的影响，应也能管中窥豹，可见一斑。

我们都知道唐宋八大家，在这八大家之中宋朝占了六席，在这六席之中苏门三父子又占了三席，可见苏门三父子在历史中的占比之重，亘古未有。然而，三父子有如此成就，乃是有人在背后为他们默默地付出，此人便是程夫人。

程夫人乃眉山大户程文应之女，而苏门是耕读之家，若以财富论，不敌程门之万一，只是两家是世交，常有往来，因此便缔结了这门亲事。

苏洵年少气盛，且仗着聪明眼高于顶，未将一般的文人及文章放在眼里，又学李白、杜甫等辈周游天下，及至与程夫人结婚时，依然是一事无成。而其父亲苏序则是纵而不问，由着他胡来。

任性、自以为是，加上成婚后没有人可以对苏洵予以约束，他依旧终日嬉游，这一年程夫人生长女，孩子未满一岁夭折。诚如苏洵自己在《嘉祐集》中所言："始余少年，父母俱存，兄弟妻子备具，终日嬉游，不知有生死之悲。"

可如此一来却委实苦了程夫人，试想她出身于大户人家，从小也是娇生惯养出来的，可到了苏家后，丈夫在外游荡，终日不着家，家中的重担自然就落到了她一个人的身上。这要是一般女子，要么哭闹要么吵架，家中早已是鸡犬不宁，可程夫人却选择了默默地承受这一切，而且从历史零星的记载中，她似乎还对丈夫极为尊重。

有人曾建议程夫人说，你娘家那么有钱，若求之，应不会不答应。程夫人想了想，终是没去向娘家开这个口，倒不是说她开不了这个口，而是怕会伤了丈夫的自尊，"以我求于父母，诚无不可。万一使人谓吾夫为求于人以活其妻子者，将若之何？"（注：语出司马光《武阳县君程氏墓志铭》）意思是说，我有求于父母，自然没什么不妥的，可万一有人说我的丈夫是靠妻子生活的吃软饭之人，如何是好呢？

这样的日子一直持续到苏洵二十七岁那年乡试落第，苏洵方才痛定思痛，决心发奋读书，对程夫人说："吾自视，今犹可学。然家待我而生，学且废生，奈何？"（注：语出司马光《武阳县君程氏墓志铭》）我觉得现在开始发奋读书还来得及，然而我要是不管不顾地读书去了，家里的生计怎么办呢？

程夫人盼啊盼，终于盼来了苏洵觉醒，说道："我欲言之久矣，恶使子为因我而学者！子苟有志，以生累我可也。"（注：语出司马光《武阳县君程氏墓志铭》）这话我早就想跟你说了，但那时你自己不想学，要是我说了，也是因我而学，没有什么意义。现在你有此志向，家里的事就不要去想了，有我呢，只管安心读书就是了！

程夫人说到做到，变卖家当、嫁妆，在临街租了一间店铺，做起了丝绸买卖。苏洵闭门谢客，从此后立志读书。后来苏轼、苏辙相继出生，为了能让苏洵安心治学，大部分时间苏轼和苏辙的学业是由程夫人教授的。在这期间，苏洵曾参加过两次科举，均落第。

不过此时的苏洵科举虽落第，但论学问已然自成一家，与往日的那位浪荡少年已不可同日而语。及至苏轼、苏辙成年时，苏洵带兄弟二人入京应试，程夫人送别父子三人，泪眼婆娑，她这一生默默无闻，任劳任怨，只为使父子三人有一个安心的读书环境，对她而言，这三个男人便是她一生中最好的作品。

嘉祐初年（1056年），父子三人抵京，苏洵谒见欧阳修，欧阳修十分欣赏他所著的《权书》《几策》《衡论》等文章，于是向朝廷举荐苏洵。在名人的推荐下，苏洵名动京师，当时京中士子争相阅读苏洵的文章。

次年，苏轼、苏辙参加省试，二人同时入榜，就这样，一门三父子成了风云人物，人人皆知。然而，就在父子三人轰动京师之时，程夫人却在家中病逝了，享年四十八岁。

劳碌一生，最后竟在家中孤独地去世，甚至连儿子金榜题名的消息都没听到，便匆匆地离开了这个世界。父子三人赶回家奔丧时，苏洵如是说道：

　　洵离家时，无壮子弟守舍，归来屋庐倒坏，篱落破漏，如逃亡人家。（注：语出苏洵《嘉祐集》）

从以上叙述中我们可以看到，苏洵从成婚始，就没为家庭生计操过心，他唯一操心的一次是在决心刻苦读书时，跟程夫人说的那句话："学且废生，奈何？"我要是专心读书去了，家里怎么办？这是他唯一的一次为家里的事操心，但是程夫人却没让他操心，"子苟有志，以生累我可也。"一双柔弱的肩挑起了家庭的重担，不仅给予了丈夫一个安心的读书环境，还培养了一双好儿子。

我们不妨想象一下，家中三人读书，开销得有多大？这个问题我相信列位都是深有体会的，慢说是三人读书，便是家里有一人在读书，一直供到他成才，那费用也是相当可观的。况且苏洵还要时不时地出去游学，路上吃的用的都是钱。后来父子三人上京，在京师一待就是两年，这两年的吃喝住宿等一应用度都是程夫人提前给他们备好的，不然慢说是在京师一住住两年了，便是上京赶考都成问题。

苏门因有程夫人操持，这才使一门三父子有了出人头地的机会，也因了程夫人贤良淑德，经营家门有方，终未使苏家败落。从中也不难看出，苏门虽不富裕，但也算不上是寒门，至少是衣食无忧的。如果真是那种穷得连饭都吃不起的寒门子弟，别说读书了，只恐是连书都买不起。

宋朝的出版业虽发达，且国子监出版教育类书籍时，亦以平价销售，可即便如此，书籍也不是一般人家所能消费得起的。宋朝的书价综合来看，大概是一百文一册，比如一部《杜工部集》为十册，那么就是一千文钱。

一百文相当于是宋朝普通老百姓一天的工钱，那么一部《杜工部集》也就是十天的辛苦钱。如果要是想把四书五经、诸子百家这些必考的书籍全部买齐，是笔不小的数目。

其次是纸张很贵，大概是七文一张，如果在读书的过程中，不断地消耗纸张，普通人家是消费不起的，所以欧阳修年幼时，母亲郑氏"画荻教子"，拿芦秆在沙地上写字，教欧阳修读书。

除了书和纸张外就是上学。宋朝实行的是免费教育，只要是在公办的学校，除了每日一至两文的学杂费外，没有其他任何费用了，以普通人家每日一百文的收入而言，学费基本可以忽略不计。

十年寒窗苦读，通过了解试，终于迎来了省试，自然是砸锅卖铁也要供其上京的，一般人家没有马车，考生只能步行，一走就是好几个月，再怎么节约，几个月出门在外，费用也不会小。如此来回大半年，耗尽家资，若金榜题名自是皆大欢喜，若名落孙山，投河者亦大有人在。

科举这条路绝非普通人家所能承受得了的，寒窗苦读所消耗的不仅是金钱，还有半生的时间。其恰如一场豪赌，押上前半生的时间和积蓄，赌后半生的命运，赢了则罢，输了产生的巨大的心理落差，自非一般人所能承受。

只是科举的诱惑实在太大了，在朝廷不断地对科举制度做出调整后，其公平性是显而易见的，且一旦金榜题名，宋朝官员的待遇也足够让人逍遥一生了，只要考中，名和利就都有了，为何不赌一把呢？于是，整个社会都卷入了科举这场洪流之中，人人为此争得头破血流。

当读书是为了考试，考试是为了当官，当官是为了名利时，读书这件事的意义早已荡然无存，甚至对寒门学子而言是一种极大的折磨，倾尽半生，一朝落第，便是有诗书满腹，在世人眼里，也不过是一介穷酸罢了。落第的穷酸若非时来运转当了官，则意味着一生将再无出头之日。

不可否认，宋朝对科举的改革是彻底的，最大程度地体现出了科举的公平性，使读书之热情空前高涨。但也正因如此，造成了整个社会"万般皆下品，唯有读书高"的心理，在读书人的黄金时代之下，则是另一群读书人的悲剧。

这样的社会环境究竟是好是坏？知书达礼、耕读传家、读书继世成为全社会的一种共识，有何不好的呢？然弊端亦同样明显，这就是任何事都有其两面性的结果，一如人性也似，有其善也有其恶。因此，我们不能盖棺定论，亦不可不分青红皂白一棍子打死，因为宋朝既然被称之为读书人的黄金时代，其对读书人的优待不应只是体现在对科举的改革上，而应该是方方面面的，下面就来讲讲关于教育那些事儿。

二、北宋的三次兴学运动和教育制度

> 三代之隆，其法寖备，然后王宫、国都以及闾巷，莫不有学。人生八岁，则自王公以下，至于庶人之子弟，皆入小学，而教之以洒扫、应对、进退之节，礼、乐、射、御、书、数之文；及其十有五年，则自天子之元子、众子，以至公、卿、大夫、元士之适子，与凡民之俊秀，皆入大学，而教之以穷理、正心、修己、治人之道。此又学校之教、大小之节所以分也。
>
> ——朱熹《大学章句序》

以上这段话出自朱熹的《大学章句序》，说是经过几代人的经营，实现了教育的普及和完备，现在上至王宫、国都，下至闾巷、农村，无不设有学堂。每个人一旦到了八岁，自王公以下，到百姓的子弟，都可以进入小学读书。老师会教他们洒扫道路、庭院，让孩子们学会做家务事，一屋不扫，何以扫天下呢？就是要从这些小事做起，然后再学习礼、乐、射、御、书、数这些书本上的知识。及至十五岁，也就是经过七年的小学阶段，便进入大学了，此时，无论是皇帝的嫡长子还是诸王子，无论是公卿大夫的儿子还是百姓家之俊才，都可以进入大学学习。大学里老师会教授穷理、正心、修己、治人的方法，小学和大学所教育的知识完全不一样，这就是为什么学校要按年龄大小教育。

朱熹生活在南宋时期，事实上经过北宋的三次教育改革，及至南宋，宋朝的教育制度的确已经十分完备。下面，我便以宋朝历史上的三次教育改革为脉络，谈谈宋朝教育制度的变迁。

从前文中我们已然知悉，科举在经历了太祖、太宗、真宗三朝的改革后，渐趋完善，使天下寒士见到了光明，阶层门阀等固有观念和壁垒被打破后，读书成为了有志之士改变命运的唯一方式。但弊端也随之出现，一是大量的科举取士之后出现的冗官现象，二是读书成为了一种与利益直接挂钩的事情，于是读书就演变成了读死书，博闻强识，死记硬背，反正是为了应付科举嘛，只要一举得中，便能一步登天，怎么读书还重要吗？

当读书与利益挂钩，当读书的过程不再受人重视，影响的不仅是教育而已，整个社会之人心取向、国家的人才结构都会为此而发生改变。在仁宗朝之前，宋朝的整个社会都是偏重于科举而轻视学校，认为只要能在科举中一举考中即可，在学校读不读书，怎么读书都是次要的。

这样的观念一旦形成，且若是任由其发展蔓延，后果是极为可怕的，很有可能最终所录取的所谓的人才，就是一群什么都不懂、什么都不会、只会背书的书呆子。

于是在仁宗时期，一边出台限制科举取士之措施，一边进行了教育改革，这是宋朝历史上的第一次教育改革，史称"庆历兴学"，此番改革由范仲淹主持。

范仲淹首先提出："当太平之朝，不能教育，俟何时而教育哉？"（注：语出《范文正公文集》）。当下正值太平盛世，此时不兴教育，还要等到什么时候再兴教育呢？

那么要如何兴教育呢？范仲淹首先提出了当前存在之弊端，他在《答手诏条陈十事》中的"精贡举"中如是说道：

> 今诸道学校，如得明师，尚可教人六经，传治国治人之道。而国家乃专以辞赋取进士，以墨义取诸科，士皆舍大方而趋小道，虽济济盈庭，求有才有识者十无一二。况天下危困，乏人如此，将何以救？在乎教以经济之业，取以经济之才，庶可救其不逮。

这段话翻译过来的意思是说，现在国内的学校，如果要是遇上名师，还可以教人六经，传授治国治人的经验和方法，然而，国家取士则以诗词歌赋优劣而论，以能背诵经书章句而量才，如此一来，学生都剑走偏锋，不以读书学习为重，而行旁门左道，导致庙堂之上看似人才济济，实则经国济世之才十人之中也找不出一两个来。这不就是科举之悲哀吗？何况现在内忧外患，而真正的人才缺乏至此，何以救国家？所以他建议，教育要以实用为主，要"教以经济之业，取以经济之才"，教学中须以"经义""治世"为主要方向，前者是为了明理启智，后者是为了学习治国安邦之策，从而使国家能够得到经国济世的人才。

具体的做法体现在三个方面，一是扩建学校，要求各州府、县都要建学校，并且聘请有经验的老师专门授课，规定凡是参加科举的学生，都必须要经过学校的学习，学习时间至少要满三百天。这个举措的针对性很强，就是要把重科举而轻学校的观念转变过来。二是改革科举，规定科举先考策、次考论、再考词赋，并且废除帖经、墨义，从根本上杜绝死记硬背，强调读书的实用性。这一点与现在的语文改革有异曲同工之妙，强调灵活应用，迫使学生自主地阅读更多的书籍，不然的话，即便是能把四书五经倒背如流，也过不了策、论这两关。三是扩建并改革太学制度。

从以上所说的三个方面得知，宋朝真正开始在各地方兴建学校始于仁宗朝，并且强调了老师的重要性。这个举措说起来容易，真正推广起来难度非常大，最大的困难是经费，一下子要在全国建那么多学校，钱从哪儿来呢？

可以这么说，在宋朝仁宗以前，历朝历代都没能从根本上解决地方教育的经费问题，比如唐朝地方教育的经费来源主要靠国家拨款以及官员的捐助，捐助自不必多言，除非是强制捐款，不然那便是良心问题，教育作为国家之根本，岂能靠官员的良心去解决？至于国家财政拨款，则要看时局是否稳定，财税是否增收等因素，因此导致地方教育举而不振，甚至荒废。真宗乾兴元年（1022年）十一月，判国子监孙奭奏请朝廷赐给兖州州学学田十顷，以为学粮，被认为是学田制的开端，庆历兴学开始之后，学田制向全国推广，成为定制。

所谓的学田制，即将一部分田产划归学校，由学校将这些学田对外出租或承包，从而获得收益，成为学校日常开支的经费。

学田的来源主要有：一为绝户或来源不明的田产，二为官府没收的田产，三是当地乡绅捐助的田产，四是学校自购或地方政府购置的田产。关于田产的具体数量，大的州府即人口数量较多的地方学校为十顷，一般州府为五顷，县学是二顷，由当地官府负责拨给，学校自行管理。

解决了经费问题之后，接下来便是师资力量。在范仲淹主持的庆历兴学之中，老师主要还是靠官员的举荐，比如著名的"宋初理学三先生"，石介（徂徕先生）、胡瑗（安定先生）、孙复（泰山先生）都是由范仲淹举荐而成为国学之师。

庆历四年（1044年），"兴太学，下湖州取其法，著为令"（注：语出《宋史·胡瑗传》）。说是在庆历四年，范仲淹取胡瑗于湖州教学之方法，并撰《学政条约》颁行全国，又以"湖学"为模板，改革太学。

所谓湖学，乃是当年胡瑗应湖州太守滕宗谅之邀，到当地的州学担任教授，没想到这一无心插柳之举，竟致百花齐放，一时间四方学子云集湖州听学。

胡瑗到底有何能耐，能让天下学子趋之若鹜，赶去湖州学习，让湖学成为了学习之模板？我们不妨一睹胡瑗的教育理念，便能见分晓，其曰：

> 致天下之治者在人才，成天下之才者在教化，职教化者在师儒，弘教化而致之民者在郡邑之任，而教化之所本者在学校。（注：语出胡瑗《松滋儒学记》）

意思是说，治天下的关键是人才，成才的关键在教育，教育的关键在老师，弘扬教育的责任在于地方官府，而教育的根本则是在学校。提出了为什么要弘扬教育的根本问题，并阐明了治世、人才、教育和学校之间的内在联系。

实际上，这段话概括起来也可以理解为，教育兴则国兴，少年强则国强。这样的教育理念在宋朝的时候提出来，可见胡瑗果真非一般人物。

那么，胡瑗除了这套超前的教育理念外，还有什么独特的教育方法呢？宋人张镃在《仕学规范·为学·胡安定言行录》中如是说道：

> 安定先生自庆历中教学于苏湖间二十余年，束脩弟子前后以数千计。是时方尚辞赋，独湖学以经义及事务为先，故学中有经义斋、治事斋。经义斋者，择疏通有器局者居之；治事斋者，人各治一事，又兼一事，如边防、水利之类。故天下谓湖学多秀彦。其出而筮仕，往往取高第；及为政，多适于世用。

意思是说胡瑗在湖州教学二十余年，前后前来受业听学的学生数以千计，为何胡瑗会如此受欢迎呢？当时，举国上下崇尚词赋，以文字词藻之美为尚，只有湖学以经义和务实为教育重点，因此分了经义、治事两门学科，进入经义斋学习的人，往往是心性开明、有器量及大局观者，通过经义斋的学习，他们能识大体、能知大义、能任大事；进入治事斋学习的人，往往有某一方面的专长或者技能，可以主修一门，并兼修一门，比如主修边防者的可以兼修水利。所以当时天下人称湖州出来的人多为俊才，他们要是出去考取功名，往往高中，要是将来为官为政，也多为务实的能踏踏实实做事的好官。

这段话概括为一句成语，就是因材施教，什么样的人才学习什么样的课程，并开创了主修和副修课之先河，将军事、水利、科学、天文、算术等学科正式纳入官学的学科之中，与儒家经学处于同等地位，对后世影响至大。

从此后，宋朝太学开始分斋授课，一改科举由文学之优劣而取士之学风和方向。后来，虽说范仲淹的"庆历新政"以失败告终，但分斋授课的制度却被保留了下来，甚至被推广到了州学、县学之中，南宋时期的朱熹亦有类似的提倡，曰：

> 律历、刑法、天文、地理、军旅、官职之类，都要理会。虽未能洞究其精微，然也要识个规模大概，道理方浃洽通透。（注：语出《朱子类语》）

可见分斋授课自仁宗朝始，于两宋已形成共识。

胡瑗的这种教育理念，在中国的教育史上可谓是开天辟地的创举。

太学原设于国子监的里面，庆历兴学之后，太学扩招，便从国子监迁出，搬到了御街对面的锡庆院，从此后太学独立于国子监。至神宗朝，由王安石主持的"熙宁兴学"拉开帷幕，太学再次扩招，又将锡庆院旁边的朝集院西庑并为校舍，至此方才足用；及至徽宗时期，由蔡京主持的"崇宁兴学"开始，学校规模再次扩充，在京城南门外营建了新校舍，共有学屋一千八百七十二楹，由于其建筑形制外圆内方，徽宗赐名"辟雍"。

经过庆历、熙宁、崇宁三次兴学，北宋太学的规模达至顶峰，每年在太学就读的学生有三四千人。

所谓分斋，可以将之理解为分班，也可以理解为分科，比如现在的大学分文科、理科等等，宋朝的分斋就是分科分班教学。一般一斋为三十人，如神宗元丰二年（1079年），太学有学生二千四百人，因分八十斋，每斋为三十人。

需要注意的是，这二千四百人属于是常年就读的学生，此外，太学还有旁听生，即有兴趣听某位老师讲课内容的，可以去太学申请并旁听，胡瑗的学生程颐曾回忆说：

> 往年胡博士瑗讲《易》，常有外来请听者，多或至千数人……孙殿丞复说《春秋》，初讲旬日间，来者莫知其数。堂上不容，然后谢之，立听户外者甚众。（注：语出《二程集·回礼部取问状》）

胡瑗一堂课千数人来听，孙复授课时来者不知其数，课堂上站不下的，就在课堂外站着听。可见彼时宋朝的学风之盛，也不难看到，一名优秀的教师，影响学生的不只是所授课本之内容，还足以影响学生之观念，以及对知识的兴趣，从这一点上来说，范仲淹此番改革无疑是成功的。

我们先来说宋朝的第二、第三次改革，然再集中讲述宋朝的学校和读书的那些事儿。

如前所述，宋朝的第二次教育改革，是由王安石主持的"熙宁兴学"，其主要体现在四个方面，一是继续改革太学，并设置"三舍法"。二是在继续前一次兴学的基础上，进一步发展地方学校。值得注意的是，在范仲淹主持"庆历兴学"时，虽然太学的老师由官方举荐，但是州学、县学的师资力量依旧是由地方上自行解决的。而"熙宁兴学"之后，对老师在专业要求上有所提高，除了官方举荐之外，朝廷会主动派遣学官到州学任教，学官称之为教授，要经过朝廷举办的学官考试，合格者方可出任教授，一改此前会读书者就能教书的观念。但是，县学的老师依然得自己解决。三是创立武学、律学、医学等专科学校。四是编撰《三经新义》作为统一的教材，全国统学统考。

所谓的三舍法，即将太学分为外舍、内舍和上舍三个等级，并开始实行学分制。即初入太学者为外舍生，人数也是最多的，如前文提到的元丰二年有两千四百名学生，其中外舍生就占到了两千人，内舍生为三百人，而上舍生仅为一百人。

外舍生每月要进行一次考试，称之为"私试"，由太学内的教授主持，月考的内容为"凡私试，孟月经义，仲月论，季月策"（注：语出《宋史》）。即考经义、论、策三项，成绩合格的分为三等，一等一般是空缺，二等第一名可得3学分，第二名可得2.5学分，第三等的第一名可得2学分，第二、三名各得1.5学分，第四、五名各得1.3学分，其余各给1分。

每年的二月，外舍生还要举行一场由礼部主持的考试，谓之"公试"，公试的内容为"凡公试，初场经义，次场论策"（注：出处同上）。第一场试经义，第二场考策论，公试成绩合格的分为五等，第一等同样是空缺，二等可得3学分，三等可得2学分，第四、五等分别给1学分。

在外舍就读满一年，且中间没有犯过错的，在本年度的公试中获得3学分以上者，即可升入内舍就读；同样，在外舍就读满一年，在私试学分名列前三者，一般学分不少于8分，可免公试直接入内舍就读；本年度公试只有2学分的，暂不能升级，但学分可以保留，如若次年公试再得2学分，便可以升入内舍了。同样，如果私试的成绩低了，但公试取得了3分，也不能升级，但学分可以累积，若次年私试拿到了足够的学分，则可升入内舍。

进入内舍后，与外舍一样每月都要进行私试，考题类型和评分标准也类似。每年九月，会进行一次"上舍试"，参加者是内舍生和上舍生，合格的成绩分为优、平两级，优级第一名得10学分，第二、三名各得9学分，第四至第十名各得8学分，平级者各得6学分。

如果在上舍试中取得8学分以上的成绩，且已在内舍读满两年者，予以毕业，赐进士出身，并授官职；在内舍读满两年、上舍试中得了8学分，但在年度评定中的成绩仅为平者，可以升入上舍读书，或者直接参加殿试；在上舍试中只得了6个学分、年度评定为平，但在内舍已读满两年者，也可以升舍，或参加当年的解试。

那么那些成绩一直不理想，没有攒够学分的学生当如何呢？要是"三试不升舍，遣还其州"（注：语出《宋史·选举志》）。

王安石的此番改革，是对范仲淹改革的持续推进，在庆历兴学中范仲淹就提出了教育的重要性，及至王安石，则是有意将教育和考试交给学校，从而逐步废除科举。可惜的是，科举尚未完全废除，神宗驾崩，年仅十岁的哲宗即皇帝位，因其年幼，由其祖母高氏临朝听政，高氏无意改革，起用旧党，王安石下台，变法至此终。

绍圣元年（1094年）高氏去世，哲宗亲政，此时王安石已不在人世，哲宗追谥王安石为"文"，并恢复其新法，包括三舍法亦得以继续实施。绍圣三年（1096年），蔡京为相，颁《内外学制》，即颁布了从京师到地方学校的一套相互关联制度。元符二年（1099年），将三舍法推广到了地方学校，各州各县皆按三舍法选取人才。崇宁三年（1104年）正式废除科举推行三舍法，曰：

取士悉由学校升贡，其州郡发解及礼部试并罢。自是，岁试上舍，悉差知举，如礼部试（注：语出《宋史·选举志》）。

自此，由蔡京主持的"崇宁兴学"登上历史舞台，王安石未能完成之理想，在蔡京手里得以实现了。

我们先来看一下崇宁兴学具体有哪些举措，其主要体现在五个方面：一是继续增设地方学校，从中不难看出，从仁宗至徽宗，终北宋一朝都在大力发展地方学校；二是建立了县学、州学、太学等三级学校的联动体制。在科举没有取消之前，县学、州学、太学这三级学校之间互不隶属，也无联系，各读各的，各考各的，实行上下联动之后，每一级学校都实行三舍法，县学成绩优秀者，可进入州学读书，在州学成绩优秀者，则可进入太学学习，至此，一张巨大的全国统一的学习网络基本成形；三是扩建太学，因为如此一级一级往上考的话，入太学的生员肯定要比以前多，为此，在京城南门外建了新校舍，徽宗赐名"辟雍"。

辟雍也叫外学，即所有从州学考上来的学生，一律入辟雍学习，凡"士初贡至，皆入外学，经试补入上、内舍，始得进处太学"（注：语出《宋史·选举志》）。

四是恢复医学，并创建算学、书学、画学等专科；五是罢科举，改由学校取士。

北宋的三次兴学之举已然悉数登场了，从范仲淹、王安石到蔡京，他们的理念或许不尽相同，出发点亦有所差异，但有一点是相同的，即他们都看到了科举本身存在的弊端，如果读书只是为了科举，而轻视了教育，那么读书的意义将会大打折扣，朝廷通过科举选取出来的人才，将会有很大一部分会是书呆子。注重教育的过程，包括教师队伍的选拔以及任教课本的编撰等等，让学生重新回归到读书中来，畅游在知识的海洋，而非读死书，唯如此，才能培养出具有真才实学的人才。

而且，在这三次兴学中不难发现，朝廷对专科人才的培养同样非常重视，几乎每次兴学都提到了增设或恢复专科，以便因材施教，培养专业的人才。

专科学校同样隶属于国子监，如算学，学生以算术、历法、天文、卜筮之法为必修课，另选修一门如《论语》《孟子》等文化课。在学习过程中，同样有私试、公试，亦同样实行的是三舍法；又如医学，在崇宁兴学之前，医学的地位不高，隶属太常寺，读书人大多不愿选此专业。为改变这个现状，在国子监增设医学教学，另建医学院，以培养上医，其考试和录用的形式与其余诸科一样。

北宋三次兴学的情况大致如此，需要注意的是，并不是说科举到了徽宗这儿就彻底被扔进历史的故纸堆里了，准确地说，应该是在徽宗崇宁三年（1103年）

废除科举，又在徽宗宣和三年（1121年）罢三舍法，并重启科举取士。

仅仅过去十八年，科举再次出现在人们的视野，为何会如此呢？

从古至今，教育之所以能一直存在，并成为所有人的希望所在，无非就是其公平性。一旦教育失去了其公平性这一特质，教育也就没有存在的必要了。三舍法的退出，科举的重现，究其根由就是在公平性上出现了问题，而科举经过了那么多年的改革，至少可以最大程度地保证公平。

三舍法的优势是显而易见的，但它同科举一样，弊端也十分明显，比如考试频繁，月考、季考、年考等可以说是经常在考试。换句话说，从进入县学的那一刻起，直至太学几乎年年月月都在考，且每一次考试所得的学分，都与升级息息相关，因此，学生的神经几乎一年到头都是紧绷着的。考得越多作弊的概率自然也就越大，比如考策、论这两项，没有标准答案，私考或公考给3分还是2分，这一分之差对学生而言可能一生的命运就被改变了，而在考官而言仅仅是一念之差罢了，由是走后门之风盛行，一时官员府邸门庭若市，读书之风气再次变异。

此外，还有一个根本性的原因是，太学这个地方从开始设立起，就是一个由政府组织的高等贵族学校，跟普通百姓没有什么关系。它始于西汉，由于当时没有科举，是直接在太学内选择优秀人才的，刚成立时相对还算是公平，因为从孔子开始，私人办学俨然成风，到处都是私塾，优秀的人才散落在全国各地，太学一出现，把优秀的人才直接纳收进去了。那个时候，朝廷的目的是要通过太学笼络人才，无分等级贫富，所以我说相对还算是公平的。

在东汉末年到魏晋时期，是太学变味最严重的时候。彼时在太学选官已为常态，太学几乎可以说是官员储备学校的代名词，如此一来，有头有脸有身份的人自然要把自己的子女往太学里送，太学的资源本就有限，经权贵一挤压，留给普通百姓的空间便所剩无几。

为了解决这个问题，晋武帝设立国子学，与太学并行，但国子学的规格更高，规定只许五品以上官员的子嗣入学。直接把学校跟人的身份等级挂钩，其初衷或许只是想减轻太学的压力，或是把空间留一些出来给百姓，但实际上如此一来，只会使阶级矛盾更加突出，教育的公平性更是无从谈起，贵族学校之所以为贵，除了必要的环境之外，师资力量肯定也是最好的，资源再次向权贵倾斜，阶层之固化自然也是越发严重，寒门学子根本就没有出人头地的机会。

及至隋唐时期，朝廷设立国子监，并在国子监下面设立国子学、太学、四门学、律学、算学等不同的学校。这些学校的设置除了教授的知识不一样外，还有一个重要的功能，即将人分为三六九等。三品以上官员子女可入读国子学，五品以上官员子女可入读太学，七品以上官员的子女可入读四门学，八品以下及平民的孩子则只能选择读律学、算学等专科学校。我们也可以将之理解成为，平民的孩子即便是读了书也还是平民，因为律学、算学这些科目学得再好，最终还是要去给权贵打工。

宋朝的国子监沿袭于唐朝，其功能与唐朝时也没有什么不一样，就是一所贵族学校，这一点在《宋史》里也说得非常明白，其曰：

> 凡学皆隶国子监。国子生，以京朝七品以上子孙为之，初无定员，后以二百人为额。太学生，以八品以下子弟若庶人之俊异者为之。及三舍法行，则太学始定置外舍生二千人，内舍生三百人，上舍生百人。

北宋三次教育改革就是在这样的背景下进行的，目的就是想让教育更加公平，取士更加合理，在这期间确实让一批寒门学子登科入第，出人头地了，也让天下读书人看到了希望，奈何任何一种方法，无论其初衷怎么好，实施一段时间后总会走样，三舍法实施后，上上下下走人情、攀关系，有人谓之"利贵不利贱，利少不利老，利富不利贫"（注：语出《续资治通鉴长编》）。读书再次成为权贵的专利，教育的公平性在人情关系下亦荡然无存，朝廷看到了三舍法的弊端后，下令取消，重启科举。

兜兜转转走了一圈，又回到了科举。客观地讲，偌大一个国家，如何能保证从县学考到州学，州学考到太学的过程是公平公正的呢？这在古代来说，是件非常困难的事情，几乎难如登天。明清估计也自认为做不到每一级考试的公平性，因此没有采用三舍法，而是沿袭了宋朝的科举制。从这个角度来看，科举确实是封建社会中唯一能够最大程度保证公平的一件事情。

北宋的三次兴学，轰轰烈烈，规模巨大，虽以失败告终，但无论是对当时还是后世之人，都产生了很大影响，尤其是读书不能读死书，要以学校的教育为根本的观念，便是放在今天也是适用的。其次，在三次兴学中建立起来的学校，推动了读书的氛围，使普通百姓读书方便了。最后，借助兴学之东风各地的书院纷纷崛起，作为官办和私立学校之外存在的书院，犹如鹤立鸡群，一枝独秀。

书院相当于是民办大学，它更加独立，也更加自由、开放，以发挥个人特长、崇尚个人钻研为主，在学术上实行自由辩论，提倡百家争鸣，与现在的大学已经比较接近。特别是应天书院、岳麓书院、白鹿洞书院，在中国的教育史上具有举足轻重的地位。如白鹿洞书院，由于朱熹曾于此任教，制定了书院之教规，名声大振，历来享有"海内第一书院"之誉，为"中国四大书院之首"。

从宋朝教育的改革力度而言，几乎与科举不相上下，有些举措甚至是同步的，力求一个公平的教育和科举环境，而且在改革这条路上，执政者可以说是不遗余力的。这主要得益于宋朝的良好的人文环境，培养出了一大批震古烁今的名臣和思想家，同时，这一大批名臣和思想家又为丰富宋朝人文精神的宝库，作出了重要贡献，两者可以说是相辅相成，共同创造了读书人的黄金时代。

最后，我用朱熹为白鹿洞书院制定的教规中的一句话来结束本章节：

为学之序：博学之，审问之，慎思之，明辨之，笃行之。

愿天下所有学子，皆有独立之精神，自由之思想，并"博学之，审问之，慎思之，明辨之，笃行之"，以所学之能力，改变古老之中国，方不负五千年灿烂之历史！

三、宋朝的那些学霸

公处南都学舍，昼夜苦学，五年未尝解衣就枕。夜或昏怠，辄以水沃面。往往饘粥不充，日昃始食。

——楼钥《范文正公年谱》

有人说宋朝开放科举，并改革教育，给了天下寒士改变命运的机会，但是，在两宋的名臣当中，很少有真正的出身寒门的人，是否真正是如此呢？

今天我们来盘点一下宋朝的学霸，并验证一下这个说法是否正确。

首先登场的是划粥断齑的范仲淹。

范仲淹是改革派的先锋，在前一个章节也曾提及，他是贫苦出身，但严格说来并不能算是寒门学子，其祖籍在陕西邠州，先祖是唐朝宰相范履冰，这可以说是豪门贵族了。到了唐懿宗时代，天下已乱，其先祖定居江苏吴县（注：今苏州），高祖范隋是丽水县的县丞。五代时，曾祖、祖父以及父亲范墉均在吴越为官。宋代建国后，范墉追随吴越王钱俶归降宋朝，任武宁军节度掌书记，范仲淹正是出生在武宁军节度掌书记府的。

从这一段经历来看，虽说从高祖开始官职有所下降，并未能维持其先祖一般的高官显贵，但范氏好歹一直都是官宦世家，其家庭的社会地位并不算低。只是不幸的是，父亲范墉在范仲淹两岁时病故，母亲改嫁淄州长山人朱文翰，范仲淹改姓朱，名说，从此生活一落千丈。

倒也并不是说养父的家庭条件不好，以范家的社会地位而言，范母即便改嫁，也不可能嫁去穷苦人家，事实上朱文翰也是个读书人，乃太宗端拱二年（989年）的进士，授平江府推官，真宗时官至户部郎中。范母嫁过去时，朱文翰任淄州长史，家庭条件并不比范墉在世时差。只是朱文翰也是二婚，其原配生有两个儿子，范仲淹进入朱家时，等于是凭空多了两个兄弟。不过别看名义上是同姓兄弟，实际上并无血缘关系。在古代，兄弟姐妹多的时候，往往容易产生纠纷，更别提是没有血缘关系硬拉到一起的所谓的兄弟了，说直白一点，那种所谓的兄弟关系还不如朋友。

从史料来看，朱家那两位兄弟即便不是纨绔子弟，也是有些官宦气息的，花钱大手大脚，从不节约，这与范仲淹的品性完全不同，有一次范仲淹没忍住，提醒了那两位兄弟一下，说家里虽不缺钱，但也没必要这般浪费。结果那两位兄弟一听，就随口来了一句："我们花朱家的钱，与你何干？"

这句话像一根刺一样扎在了范仲淹的心坎上，什么叫花朱家的钱与你何干，难道我不是朱家的人吗？

范仲淹入继朱家时才两岁，确实不知道自己的身世，然彼时已然成年，听了这句话后，听出了别样的味道，多方打听之下方才得知自己姓范，果然不是朱家人，一时悲愤不已，收拾行囊，要离家出走。

范仲淹此举并非是一时情急要逃离朱家，而是"决欲自树立门户，佩琴剑径趋南都"（注：语出《范文正公年谱》）。他少年有志，一心想通过读书改变命运，听到自己非朱家人后，就产生了自立门户的想法，便收拾行囊要去南都（注：河南商丘，北宋陪都）读书。

范母见状吓坏了，急追将出来，欲挽留，范仲淹决心已下，自是没有留下，但他却留下了一句诺言："故期十年，登第来迎亲。"（注：语出《范文正公年谱》）说给我十年，待我高中进士，再来接母亲回家。

一句登第来迎亲，既表明了范仲淹的决心，也能从中看出，宋朝的读书人以做官为唯一目的，读书如果没做官，那就是没出息。

我在浏览相关资料的时候发现，不少人在说到范仲淹刻苦学习之时，都云生活十分艰苦，母亲谢氏拿树枝在地上写字教他读书。这样的描述固然刻画了其艰苦生活之情景，但却是不现实的，童年的范仲淹生活没那么艰苦，如果说官宦世家的人生活都过成那样了，那普通人家还了得？只能说是在决定自立门户，离开朱家后确实吃了不少苦，既然说要自立门户，那就不能再向朱家要钱，此后读书学习生活都要自力更生，吃些苦自是在所难免。

范仲淹入读的是南都的应天书院，这一年他二十三岁。

这所书院在上个章节曾提到过，元代赵孟頫说："宋初时天下有四大书院，应天书院为首。"用现在的话说，那是一所全国知名的私立大学。能上私立大学者，一般都是通过了解试的举人，这说明彼时范仲淹已经通过了解试，也说明范仲淹以十年为期，并不是一时冲动说出来的话，而是给自己留了余地的，一般大学不需要十年，如果在大学内学了十年还没有出成绩的话，早就被学校勒令退学了。

进入应天书院之后，范仲淹开始了刻苦学习的生活，也开始步入了他的学霸生涯。

这天下所有的学霸都不是天生的，在那些傲人的成绩背后，必是经历了常人难以想象的辛勤付出，《范文正公年谱》如是记录范仲淹的学习情况：

> 公处南都学舍，昼夜苦学，五年未尝解衣就枕。夜或昏怠，辄以水沃面。往往饘粥不充，日昃始食。

说范仲淹在应天书院昼夜苦学，五年都没有解衣就枕，累了困了，就以冷水洗脸，清醒一些了就继续学习。这话说得夸张了些，无论古今，一旦说及名人刻苦的场景时，必要虚构些夸张的情景，用夸张的词语来描述，事实上睡觉脱不脱衣服跟学习紧不紧张没有必然的联系，因为学习再紧张，也不差穿衣服那点时间。"饘粥不充"倒是真的，废寝忘食是每一个爱好学习之人的品质，粥煮好了先放着，等到完成了自己设定的学习任务后再吃。因此也衍生出了一个成语，叫做划粥断齑，江少虞在《事实类苑》中如是记载范仲淹吃粥的情形：

> 惟煮粟米二合作粥一器，经宿遂凝，以刀为四块，早晚取二块，断齑十数茎，酢汁半盅，入少盐，煖而啖之，如此者三年。

大意是说，把粥煮好以后，放一宿，凝固了后切成四块，早晚取二块来吃，这就是他一天的口粮，如此过了三年。

这般情状在外人看来确实很苦，但对努力的人而言，却并不会觉得苦，"至以糜粥继之，人不能堪，仲淹不苦也"（注：语出《宋史·范仲淹传》）。因为努力的人专注于读书，对外在的一切视而不见，往往不会去在意，而外人看到的则只是其表象，更在乎眼睛所看到的直观感受，关注点不同，感受自也迥异。

据明代文人郑瑄的《昨非庵日纂》记载，南都留守之子亦就读于应天书院，与范仲淹交好，见他吃那样的食物，心中不忍，便回去告知父亲。南都留守惜才，答应以钱银支持其留学，然却被范仲淹拒绝了，倒并非是他不知好歹，而是觉得现下的生活虽然清苦，但好歹能够过得去，既然过得去，那就没有必要接受他人之馈赠了。

那留守之子见他不接受钱银，便又拿了些好菜来，好歹让他打打牙祭，这回范仲淹碍于情面，没再拒绝，但那些好菜却也一口没动。留守之子再次见到他送的那些食物时，已经发霉了，不免有些生气，我好心好意送你些吃的，你怎的置之不理呢，莫非你从未将我当作朋友？范仲淹答道："非不感厚意，盖食粥安之已久，今随享盛馔，后日岂能吃此粥乎？"并非是我不知好歹，不领你的情，实在是吃这粥吃得久了，习惯了，要是今天吃了你的美食，明天就再也吃不下这粥了，今后我的日子还如何能过得下去？留守之子听了此话，不由释然。

还有一则轶事，说是真宗幸南京（注：指北宋陪都商丘），莅应天书院，天子驾临，举院轰动，自是人人争相前去一睹天子风采，只有范仲淹不为所动，兀自捧着书埋头苦读。有人问他："你为什么不去看天子？"范仲淹答："异日见之未晚。"

这一句异日见之未晚，与前面跟母诀别时的那句"登第来迎亲"，异曲同工，不愧是学霸的口气，现在是读书时间，急着去见天子做甚呢？改日登科进第时，再去见他也不晚。

这般定力，此等决心，若无出头之日，那端的是老天无眼了。大中祥符八年（1015年），范仲淹以"朱说"之名入京应试，登蔡齐榜，中乙科第九十七名，这一年，范仲淹二十七岁，距离他辞别母亲去南都求学仅仅四年而已。

一介寒儒，终成进士，一切辛苦，俱是值得，"公既登仕版，始迎其母以养"（注：语出《范文正公年谱》）。他终于把母亲接回来奉养，当初的诺言终于实现了！

越两年，即天禧元年（1017年），范仲淹任文林郎、集庆军节度推官，归宗复姓，恢复范仲淹之名，从此开始了"宁鸣而死，不默而生"（注：语出范仲淹《灵乌赋》）的刚正不阿的政治生涯。

第二位登场的学霸是连中三元的北宋大臣冯京。

冯京的名气不大，特别是跟范仲淹、王安石这些名人名臣比起来，他根本算不上什么，但他是标准的学霸，是中国科举史上为数不多的连中三元的状元，若以考试成绩论，范仲淹、王安石这些人在他面前根本不值一提。

当然，成绩不是衡量一个人能力的唯一标准，学霸也不一定就会成为治世之能臣，虽说在中国科举史上连中三元者不过十八人而已，但在这十八人之中，真正青史留名、为万世称颂者则寥寥无几，看来成绩是次要的，文凭也不过是敲门砖，个人能力方才是影响人生的法宝。

闲话表过，言归正传，我们一起来看看冯京的学霸经历。

与范仲淹一样，冯京也并非是寒门出身。冯父是个商人，虽说在古代商人的社会地位不怎么高，但家境却是实打实的殷实，而且在宋朝，科举是开放的，商人也可以参加，所以冯京打小就不曾有过出身商贾之家的自卑感。

根据野史传说，冯父到了中年依旧无子，心里着急，便在一次外出经商时，托人买一女子为妾，以便继承香火。两厢见面时，冯父问那女子身世。不料那女子未语先泣，呜呜地哭个不停。这下可把冯父吓坏了，不明真相者还以为他抢了个女人回来，便好生安慰，这女子待情绪平复后，这才说出原委。

原来，这女子本也是官宦世家，因丧母，又逢父得罪权贵入罪，家中遭遇大变，便想着卖身入一个好人家，以便替父赎罪。冯父听了这番话，大为感动，寻思这般至孝之女子，理该嫁个好人家，若是将之纳为妾，承继香火，实在是大罪过。于是依约支付了她卖身的银两，却放她回去救父了。

回到家中，将这番经历告知冯母，冯母听说后，叹道："吾夫这般心善，岂忧无子？"

没过几个月，冯母竟果真有了身孕。在冯母临盆的前几天，家里人做了一个梦，门前有人敲锣打鼓，十分热闹，开门一问，说是冯家有人高中状元，因特来报之。

这当然是附会传说，跟某位皇帝出生前一样，总有真龙或神仙下凡托梦，不过据《宋史》记载，冯京少时就"隽迈不群"，打小就表现出了是块读书的好料子，三四岁开始读书识字，七八岁就会吟诗作对了，十三岁时已然小有名气，当地的知州将之召至府上，与其子一起读书，从此作为知州之子的陪读，自由出入知州府。十八岁离家游学，脚步遍及浙江、江西、河南、江苏等地，增加见识，结交名士。

游学似乎是古代学子的一门必修课，范仲淹、王安石以及苏洵三父子等都有过游学的经历。与如今学校组织的赶鸭子似的研学之类的方式大为不同，游学往往是孤身一人，体验世情，感受民间百态，其方式可以理解为现在的穷游，唯如此，方才能学以致用，古人说的破万卷书行千里路，是有一定道理的。

仁宗朝庆历八年（1048年），冯京二十七岁，参加解试，夺得头名，一举将解元收入囊中。次年春，礼部举行省试，冯京又得第一，夺得会元。

连中两元，已经是破纪录的好成绩了，当然，能不能再拿个好成绩，授个好官职，还得看殿试的成绩。按理说，冯京这种专门为考试而生的学生，在殿试中再拿个好成绩是没有悬念的，但是在殿试时却出现了一个小插曲，且由此诞生了一句"错把冯京当马凉"的谚语。

事情是这样的，皇祐元年（1049年）殿试前夕，张尧佐亲切地把冯京拥至府上，尚未及坐定，便找来一条金带，束于冯京身上，道："此乃上意也。"说这是皇帝的意思。

冯京莫名其妙，皇上好端端的送他一条金带作甚？

原来，这张尧佐乃是仁宗爱妃张氏（注：张氏死后追封为温成皇后）的伯父，由于张氏丧父，便视张尧佐为父，故张尧佐的身份相当于是当朝国丈。当时，他拿出条金带，说是皇上的意思，冯京自然是相信的，只是不明白皇上赠他金带是什么意思。

接着，张尧佐又搬出一箱金银珠宝，说这是我送给你的，原因无他，乃是嫁妆，《宋史》载，张尧佐"欲妻其女……直出奁具目示之"。说我有一个女儿，嫁给了当今圣上，还有一个女儿打算嫁给你，你愿是不愿？

这要是换作一般人，面对如此诱惑，哪个抵受得了？但冯京的反应是"京笑不视，力辞"。拜谢张尧佐的好意之后，径出府来，把个目瞪口呆的张尧佐晾在了那里，脸上青一阵红一阵愤怒不已。

这段故事，从表面上看，属于是标准的童话故事模式，只是其记录在《宋史》之中，又不由得教人不信，那么冯京为何会拒绝与皇帝成为亲戚的绝好机会呢？说起来根由在温成皇后张氏身上。

张氏容貌出众，且能歌善歌，一下子就把仁宗迷倒了，一时宠冠后宫，一下子从才人、修媛、美人升至贵妃，与此同时，仁宗爱屋及乌，不仅将其伯父张尧佐接二连三地提拔，连张氏已故的曾祖父、祖父、外祖父都被追赠了官职，诚可谓是一人得道，鸡犬升天。

这样的事情，要是换在政治环境压抑的时期，没人敢跳出来说三道四，可仁宗时期是出了名的开明的时代，什么都可以说，再加上当时包拯等一批敢言的谏官在朝，一时朝议纷纷。包拯甚至屡次在殿上建议把张尧佐撤下来，只是当时仁宗正宠着张氏，不肯就范，着实把包拯给惹怒了，当庭大骂张尧佐是盛世垃圾，白昼魔鬼，又说近年来城中有水冒出，地方上又屡现地震，这都是因为小人当道，导致上苍震怒，不撤张尧佐不足以平民愤天怒。说到激动处，包拯唾沫星子乱飞，溅了仁宗一脸。

由于这事越闹越大，张尧佐觉得再不请辞，仁宗脸上怕也无光，主动辞去宣徽使、景灵使等职，得到了仁宗的默许。

总而言之，张尧佐作为外戚，虽说在京师呼风唤雨，但在外界的名声并不好。冯京年少气盛，书生意气，加上连中两元后，正自春风得意，心中难免有些自负，想他作为一名超级学霸，即便是没有攀附贵戚，也能靠自己的本事榜上有名，平步青云，那么又何必去走这捷径，教人指着鼻子骂呢？

读书人多少有些读书人的纯粹的气性，当时冯京想也没想便拒绝了这门亲事。但是，出了门后，回到落脚的客栈，再去回想这件事，冯京开始有些担心了，想那张尧佐乃皇亲国戚，贵不可言，多少人想高攀都攀不上哩，却让自己毅然拒绝了，张尧佐会否怀恨在心？眼下殿试在即，他会否从中作梗呢？

如此思来想去，越想越觉得自己的担忧不无道理，当下灵机一动，在殿试之时，将名字改作马凉，以防万一。结果真让他给防着了，那张尧佐果真怀恨于心，在殿试前夕，找到主考官，将事情缘由一五一十说了，那主考官一听冯京这般猖狂，连温成皇后的妹妹都没放在眼里，说你放心，这样的狂生理该煞煞他的锐气，好教他知道什么叫做天高地厚。

及至殿试结束，考生俱皆交了卷，由于是糊名制，考官也不知道哪张卷子是冯京的，只能通过文章判断，好在冯京是连中两元的学霸，文章才思俱佳，多少还是能够看出些端倪的，便通过大概的判断，排好了名次，交给仁宗最终决定。

仁宗最终审定之后，在编排官的监督下，揭晓最终的名次，排在第一的叫马凉，第二名叫沈遘，反正没有冯京，主考官这下放心了，就以此名次放榜，不想考生入殿后，主考官和张尧佐都目瞪口呆，头名的马凉居然就是冯京！

冯京以自己的本事和聪明终于再次拔得头筹，成为连中三元的状元，此消息一出，朝野哗然，民间更是流传着"天上中马凉，天下中冯京""张氏权威无用，不中冯京中马凉"的调侃之语，而"错把冯京当马凉"亦成了一句谚语。

冯京作为北宋科举史上最后一位连中三元的状元而名留史册，风光无限。但是，"错把冯京当马凉"这个故事可信吗？

我个人以为是不可信的，首先《宋史》没有记载这件事，只说了冯京连中两元后，在殿试前夕，张尧佐榜下捉婿，欲妻其女，遭到冯京拒绝，后面殿试的"错把冯京当马凉"的故事未见记载；其次，仁宗时期，正值范仲淹改革科举以及教育的时候，科举和教育的公平性是被绝对放在首位的，容不得丝毫马虎，张尧佐本就被包拯等一批谏官弹劾得体无完肤，这种时候即便再借他俩胆，也不敢为了私怨去碰科举这条红线，搞不好连温成皇后都得遭殃；第三，"错把冯京当马凉"作为谚语流传，那是后世的事情了，宋朝的时候实际上还没有这句话，比如清代的《善一纯禅师语录》说："状元本是天生定，莫把冯京作马凉。"以及同时期的《笑林广记》云："错把冯京当马凉，且宜持酒细端详。"在清代之前，明朝虽也有《冯京三元记》的笔记小说，也还没有出现"错把冯京当马凉"之语。可见"错把冯京当马凉"之语，作为张冠李戴的意思出现，最早出现在清朝；最后，参加殿试的人选是经过省试选拔出来的，随便杜撰一个名字别说参加考试了，连考场都进不去，怎么可能出现"错把冯京当马凉"的事情？如此基本可以确定，这是一个杜撰的民间故事，不过是百姓恨张尧佐，借此故事出口气罢了。

不过，虽说"错把冯京当马凉"的故事是后人虚构的，但是，冯京的学习精神以及书生风骨依旧值得人敬佩。冯京状元及第后，以将作监丞通判荆南军府事，后又娶了昭勋阁二十四功臣之一的宰相富弼之女为妻，虽非皇亲国戚，然其风头却也是一时无两了。按理说，此时的冯京完全可以凭借岳父的关系，继续一步一步往上爬，但他却没有往前进，相反，选择了往后退，"避妇父富弼当国嫌，拜龙图阁待制、知扬州"（注：语出《宋史》）。由于岳父是当朝宰相，冯京为了避嫌，主动要求下放地方，远离京师，到扬州做知府去了，试问这样的气节和风骨，古今几人有？

后来，韩琦为相，冯京以翰林侍读学士之职被召还京师，知开封府，其时岳父富弼说，你既然回京了，理该去拜访一下韩琦。然冯京却迟迟不动身，搞得连韩琦都耿耿于怀，《宋史》的说法是：

> 数月不诣丞相府，韩琦语弼，以京为傲。弼使往见琦，京曰："公为宰相，从官不妄造请，乃所以为公重，非傲也。"

回京数月后，不登丞相府，韩琦就跟富弼说，你那女婿啊眼高于顶，连我都没放在眼里。富弼也觉得冯京无礼，回家后就唆使冯京去见韩琦，冯京说，公为宰相，位高权重，多少双眼睛盯着呢，我不妄自造访，乃是为丞相着想，并非狂傲。这话说得非常中听，事实上不往高官府里钻，不只是为了韩相，也是为了他自己的清白。试想他连自己的岳父都不攀，又怎会去攀韩琦呢？

我在前文中曾说，与范仲淹、王安石比起来，冯京在历史上没有多少名气，事实上从他的为人以及经历来看，他无意高官，也无心位极人臣，更不想为了仕途而低下读书人高贵的头颅，之所以踏入仕途，不过只是学习成绩实在是太好了，想不当官都难，然即便是当了官，步入了名利场，依旧初心不改，秉性不移，委实难能可贵。

第三位登场者乃是号称北宋神童的晏殊。

晏殊的家庭条件一般，更无显赫之门第，除了其高曾祖父晏墉是唐懿宗咸通十年（869年）的进士之外，其后三世不显，祖父是一名普通的衙役，从事文书工作，大概率只是个编外的临时工。父亲也无甚功名，生活虽然谈不上穷苦，但也并不富裕，只能说是勉强度日罢了。如果非要说晏殊是寒门出身的话，也勉强算得上，不过从其祖辈的履历分析，应也不是农民家庭，毕竟祖上也曾出过进士，祖父又是做文书工作的，这个工作若非读书人是做不了的，因此，至少家里有人喜欢读书，这一点从晏殊身上也能得到验证。

所谓言传身教，一个孩子是否喜欢读书，首先得看父母是否爱好读书，读书并不是靠逼出来的，自然也不能硬按着孩子的头去读，它首先应该是一种兴趣，继而培养成一种习惯，唯如此，读书方得以致用。

前文中曾提到，纵观两宋，那些靠科举出来的名人名臣，大多非寒门出身，这并不是说宋朝的科举没有真正的开放，没有给寒门提供机会，而是与学习环境有关，与家庭生活中的耳濡目染有关，千军万马过独木桥，如果真有人靠硬逼着读书，靠读死书考中了状元，那才是真正的咄咄怪事。

以晏殊为例，据传他五岁时还不会开口讲话，连走路都不太利索，按我们传统的说法，男孩开窍比较晚一些，这是可以接受的，但五岁了连话都不会说，那估计就是个二愣子了，还能有什么希望可言？晏父生出了将他遗弃的念头。

按野史记载，那一日晏父取了只木盆，抱着晏殊来到河边，想把他装在木盆里，任由其随波逐流而去，若是途中有人将他捡回去，那便是缘，若是没人要一直漂流着，那便是他的命了。

就在晏父准备要送他走之时，在一旁乐呵呵玩的晏殊，弯弯斜斜地在地上写了个"个"字，晏父一看，不觉愣了一下，心想这二愣子不会说话走路，却能写字，莫非是块读书的料？想到他晏家三世不显，自打先祖晏墉之后，没正经出过一个读书人，说不定这现状能在此子身上得以改变呢，当下又将他抱回了家。

这种附会传说不大可信，即便晏父真有遗弃他的念头，也不大可能因为晏殊在地上写了个似字非字的符号而打消遗弃的想法，多半也是因了舍不得儿子之故。不管怎么说，抱回家后，晏殊居然慢慢地开始学说话并走路了，而神童的潜质亦自此开始表露出来。

晏殊对书籍表现出了极大的兴趣，且记忆力惊人，看过之后，过目不忘，及至七岁之时，已经能够作文了。

这下不只晏父惊异不已，十里八乡的人得知后，俱惊奇不已，要知道那晏殊原本不过是个二愣子罢了，险些被其父扔掉，如何短短两年就发生了惊人的逆转，表现出了神童的潜质？在这样的反差之下，十里八乡的人都过来看晏殊，想要验证一下传闻是不是真的，结果一传十、十传百，晏殊的神童之名不胫而走，且这一传就传到了正在江南赈灾的安抚使张知白耳朵里。

那张知白乃何许人也？史载他"幼笃学，中进士第"（注：语出《宋史》），也是一位从小好学之人，乃太宗端拱二年（989年）的进士，在仁宗朝，位居工部尚书同中书门下平章事，官至宰相，这一年江南旱灾，张知白正奉旨在江南安抚赈灾，听到晏殊的传闻后，爱才之心油然而生，派人去打听后，情况属实，遂召至面前亲自测试，果不其然，一时大喜，待灾情缓解后，张知白告知晏父，说此子乃天纵之才，将来前途不可限量，我要将他带回京，向朝廷举荐此子，你可愿意？

晏父自然愿意，这么好的事情哪个会不愿意哩？迭连点头答应。于是张知白将晏殊带入京，"以神童荐之"（注：语出《宋史》）。真宗也是个爱才之人，让他直接参加了当年的殿试，"帝召殊与进士千余人并试廷中"（注：语出《宋史》）。

有资格参加殿试之人，都是经历了省试的，而通过了省试的人，都已经是进士出身了，殿试不过是给这些进士排个名次而已，晏殊直接参加殿试，这属于破格提携了，用现在的话说就是跳级，直接从小学跳到了大学。

多少人寒窗苦读，皓首穷经，也未必能通过省试，取得进士，如前文提到的苏洵，别看位列唐宋八大家，可考了大半辈子也没过了省试这一关，而这一年晏殊才十四岁，如果按照朱熹《朱子家礼》的标准，男子十五至二十岁方可举行冠礼，晏殊还是个未成年人。

一个未成年人，与一千多进士出身的学子同台竞技，这实属千古未有之事。

然晏殊却表现出了成年人所没有的定力，"殊神气不慑，援笔立成"（注：语出《宋史》），气定神闲，浑然不怯场，仿佛一副胸有成竹之态，提笔很快就做完了题目。这让真宗惊喜不已。然而这还不算什么，后复试时，才表现出了真正的天才本质。

复试时考的是诗、赋、论，晏殊低头一看，说来也巧，这些考题居然是他平时做过的，这要是换作一般人，定然是欣喜若狂，这不就是传说中的送分题吗？拿个进士前几名犹如探囊取物，从此以后高官厚禄，平步青云，何乐而不为呢？可晏殊一则年轻，二则毕竟是远近闻名的神童，满腹经纶，未将这眼前轻易可取的富贵放在眼里，起身朝真宗道："臣尝私习此赋，请试他题。"（注：语出《宋史》）说这题我做过，不用考了，请重新给我出题吧。

此言一出，举座震惊，到手的功名不要，此人要么是二愣子，要么真是天才。真宗见状，却是眼睛一亮，"帝爱其不欺，既成，数称善"（注：出处同上）。此子不光有才，且还诚实，委实是个好苗子，便满足了他的要求，专门给他另出了考题。

几乎没有什么悬念，晏殊完成了专门给他出的考题，御赐同进士出身。不过据《续资治通鉴》记载，在赐晏殊进士之时，出现了个小插曲，时任宰相寇准提出了反对意见，说是本朝有祖训，南人不得坐吾此堂，如此破格录取，恐有不妥。

"南人不得坐吾此堂"之言出自宋初文人陶谷的《开基万年录》，此外，北宋末年的《邵氏见闻录》亦有"不用南人为相"之语，按此说法，寇准提出异议，倒也并无不妥。不过从历史上来看，江南一直是财赋重地，在宋朝建国之初，太祖不大可能去歧视江南。然《续资治通鉴》在晏殊这件事上，既如此记载了，我们姑且信之，只是真宗求才若渴，更何况遇到是这么一个天才，岂肯放过？因此说道："朝廷取士，惟才是求，四海一家，岂限遐迩？如前代张九龄辈，何尝以僻陋而弃置耶？"要说真宗真的是开明，说朝廷取士，唯才是求，况且四海一家，怎还分地域远近？你看前朝宰相张九龄，他不也是广东人，唐玄宗嫌弃他了吗？

从此之后，晏殊踏入仕途，后迁太子舍人，历任知制诰、翰林学士等职，在仁宗还是太子的时候，侍读太子，与仁宗关系亲密，故仁宗继位后，官至宰相，仕途总体比较顺遂。曾提携过欧阳修，又曾与范仲淹一道改革教育，兴办过学校，应天书院正是在他的主导下方才兴盛起来的，《宋史》谓之："自五代以来，天下学校废，兴学自殊始。"

晏殊一生著作颇丰，亦不乏政绩，欧阳修曾如是评价他，说是："富贵优游五十年，始终明哲保身全。"晏殊为人低调，行事缜密，且又正派刚直，严于律己，这才得以富贵优游五十年。

不过，对于晏殊来说，其一生最大的骄傲应该是第七子晏几道，此子与柳永有得一比，风流多情，不慕权贵，自在潇洒，明明可以通过父亲之荫庇，出入朝堂，却选择了游走人间，明明可以利用蔡京升官发财，他却偏偏装傻，错失攀附权贵之良机，把文人之真性情表现得淋漓尽致，因此他的作品至纯至情，动人心魄，千古流传，也因此他的作品胜于其父晏殊，为后世传诵。

虽说在历史上，晏殊、晏几道被称为"二晏"，但由于晏殊在为人处世上处处求稳，不求有功但求无过，由于这性格上的因素，其作品难以与至真至纯的晏几道相媲美。古人云文如其人，诚然不虚，可见在盛世时，为官可以求稳，而作为文人，若做不到当世人眼中的"痴傻"，便达不到后世人心目中之"可爱"。

/ 第六章 / 夜泊寺下，拾石山前

一、宋朝旅游业概述

> 苏子得废圃于东坡之胁，筑而垣之，作堂焉，号其正曰雪堂。堂以
> 大雪中为之，因绘雪於四壁之间，无容隙也。起居偃仰，环顾睥睨，无
> 非雪者。苏子居之，真得其所居者也。
>
> ——苏轼《雪堂记》

旅游业发展须有两个前提，一是文化的发展，二是经济的发展，抛开文化和经济谈旅游是不现实的。换句话说，一个国家或地方的旅游想要发展，并为人所熟知，需要有文化底蕴，没有文化底蕴而说发展旅游，那是无稽之谈。此外，旅游更需要文化去推动和宣传，一个名人或一部知名的作品，若其出生或事件的发生在某一个旅游地，那无疑就是这个地方旅游的最强推动力；而一个家庭或个人要出去旅游，游览大好河山，体验某些地方的文化特色，则需要有经济基础作为支撑，唯百姓富有而自信，方才会出现旅游业之兴盛场景。

本章节就以此为基点，来说说宋朝的旅游业。

我曾在家乡宁波的旅游部门待过几年，说起旅游业，也算是半个业内人吧，情知旅游须具备吃、住、行、娱、购之五要素，这五要素在旅游业中缺一不可，无论古今概莫能外，只是今天的旅游与古代的旅游不同的是，今天知名的大型的旅游景点皆为国企，需要凭票入内，古代没有景点门票之说，政府只需要管理吃、住、行、娱、购这些环节之中的秩序，比如说去西湖旅游，可以直接进入景区，不需要购买门票，在景区内的任何一个景点游览都不会产生任何费用。但是，如果想要乘船游湖，则需要租船，提供租船的往往是个人商家，有可能会存在恶意抬价、竞争，或是设备陈旧、存在安全风险等情况，此时便需要政府部门介入监管，以保证游客在旅游过程中的利益和安全问题。

总而言之，在宋朝的时候，政府部门并非以经营者的身份出现在旅游业之中，而是监管者以及秩序的维护者。

宋朝的旅游业之所以能得以发展，主要得益于文化和经济的发展，关于文化和经济领域我们在前面的章节中已然有所涉及，这里不再细述，只说文化、经济与旅游的具体的关系，以及宋朝的旅游业是否具备吃、住、行、娱、购等旅游要素。

首先来说文化与旅游的关系。任何一种文化须与人有关，离开了具体的人谈文化，那是不切实际的，所以，所谓的文化，无非是文化人和名人，以苏轼为例，由于他被罢黜，其一生的足迹遍布大江南北，因此，他除了是美食的制造者和推广者之外，还是一张各地的旅游名片。

比如杭州西湖，提到西湖，很多人自然而然就会想到苏堤，那是一条贯穿西湖南北的林荫大堤，是苏轼在元祐四年（1089 年）任杭州知州时疏浚西湖所造，而且并非是苏轼为了增加西湖的景点刻意制造的人工景观，乃是因为在宋朝的时候，西湖还不是著名的景点，甚至可以说有点脏、危险，旱时水涸草长，菰葑滋蔓，涝时湖水内灌，造成城内水灾，苏轼第二次到任杭州时，决心疏浚西湖，当时从湖中挖出来的草泥成山，便利用这些草泥筑成了这条大堤，后又在堤上植柳树，以稳固河堤，为方便行人，堤上又架映波、锁澜、望山、压堤、束浦、跨虹等六桥，此后湖清如镜，长堤似画，杭州百姓为了感谢苏轼，称它为苏公堤。后来苏轼曾作诗曰：

我在钱塘拓湖渌，大堤士女争昌丰。

六桥横绝天汉上，北山始与南屏通。

（注：出自苏轼《轼在颍州，与赵德麟同治西湖，未成，改扬州三

月十六日湖成，德麟有诗见怀次韵》中的其中两句）

到了南宋，西湖之苏堤俨然已为热门旅游之地，随着游人的增多，堤上的商业也日趋繁华，周密在《武林旧事》中如是记录苏堤旅游之盛况：

苏堤一带，桃柳浓阴，红翠间错，走索，骠骑，飞钱，抛球，踢木，撒沙，吞刀，吐火，跃圈，斤斗及诸色禽虫之戏，纷然丛集。又有买卖赶集，香茶细果，酒中所需。而彩妆傀儡，莲船战马，饧笙和鼓，琐碎戏具，以诱悦童曹者，在在成市。

说的是在春暖花开之时，苏堤一带，桃红柳绿，红翠相间，如诗如画，吸引来许多游人，人气旺了后，堤上买卖赶集的人也多了起来，岸上有卖茶酒水果的，也有表演杂耍的，湖中还有游船，船上有人表演歌舞或唱戏。当然，还有卖儿童玩具的，总之，处处有人，处处成市，一派热闹之情景和人间烟火气跃然纸上。

苏轼的一次善举，在造就了一段佳话的同时，亦成就了一处景观，因此苏堤是属于典型的人文景观，因有人而成文，因有人文而形成文化，因文化而使人慕名而往，久之成景，这就是苏堤的魅力所在。河堤到处都是，堤上种植些漂亮的花草树木哪个不会？然为何独苏堤与众不同？无非是苏堤有苏轼耳。

再来说说苏轼与黄州的关系。黄州即今天的湖北黄冈，也就是前文曾提到的"乌台诗案"爆发后，苏轼被贬之地，吃上"黄州好猪肉"的地方。

凡是被贬之所，一般都不是什么好地方，当时的黄州就是一个穷僻之地，既偏僻又穷困，苏轼初到黄州时，居定惠院，发现一株海棠，曾写诗道："陋邦何处得此花，无乃好事移西蜀。"诗中的陋邦指的就是黄州，可见在苏轼的眼里，当时的黄州确实不是一个好地方，由于朝中发生党争，其政敌将他贬去黄州，正是要让他吃些苦头的。

然而，陋邦黄州又是幸运的，苏轼的到来，使它名闻天下，成为了人文旅游胜地。

苏轼到黄州之后，便在此买了块地安顿下来，并将那块地取名为"东坡"，又称自己作"东坡居士"。那是黄州的一块不毛之地，位于山脚下，平时都没人愿意去，因此人迹罕至，据苏轼的《东坡》诗描述，那地方是这样的：

雨洗东坡月色清，市人行尽野人行。

莫嫌荦确坡头路，自爱铿然曳杖声。

下过雨后，东坡这个地方的月色很是清澈明亮，入夜后，这里除了像他这种闲散之人外，几乎没什么人。不过你不要嫌弃这坎坷的坡路，我就喜欢这样的地方，一人一拐杖，一步一铿锵，每行一步便能听到拐杖落地的铿然之音，清清静静，怡然自得。

这或许正是东坡精神吧，生活虽苦，却总能在苦中作乐。

苏轼在东坡不光种了块地，还盖了草屋以栖身，不仅将那块地命名为"东坡"，还给那间草屋取名叫"东坡雪堂"，并自称"东坡居士"，这个名字虽无李白"青莲居士"之禅意，也无白居易"香山居士"之人文底蕴，却十分符合苏轼自己随遇而安、清苦朴素之气质，且似乎也符合当时黄州贫瘠之特色。

说起"东坡雪堂"，我们来看一段苏轼所作的《雪堂记》，读来颇有几分凄凉：

苏子得废圃于东坡之胁，筑而垣之，作堂焉，号其正曰雪堂。堂以大雪中为之，因绘雪於四壁之间，无容隙也。起居偃仰，环顾睥睨，无非雪者。苏子居之，真得其所居者也。

这段话的意思是说，我在东坡的一段高处寻了块废园，用墙将之围起来，建了一座厅堂，由于是在下雪时所建，又在四壁都画了雪，俯仰环顾之间，满目尽是雪，故名雪堂。雪堂虽陋，但我在这里住着很惬意很称心。

文中充满了浓浓的苏氏的乐观主义风格，陋居虽陋，然可栖身，足矣！

有了栖身之所，安顿下来后，苏轼走访黄州各地，写下了《念奴娇·赤壁怀古》《前赤壁赋》《后赤壁赋》等作品。由于苏轼以及苏词的影响力，"东坡"二字很快风闻于天下，成为了黄州的一张旅游名片。在南宋之时，黄州因了苏轼之影响，大量的文人慕名而来，陆游曾不止一次到访黄州，寻名人古迹，南宋的黄州知州曾宏父发现了这个商机后，但凡见到文人到访，便请人在东坡念苏轼的《赤壁赋》等名作。苏轼的影响力加上文人的传播，黄州的旅游业由此便发展了起来，使当地的经济略有改观。

事实上，苏轼在黄州不只留下了《念奴娇·赤壁怀古》《前赤壁赋》《后赤壁赋》等名篇，其著名的"竹杖芒鞋轻胜马，谁怕？一蓑烟雨任平生"这阕《定风波》词，也是在黄州时期所写。

黄州本无景，后因人成景，这也是典型的人文景观。

同样，"一从坡公谪南海，天下不敢小惠州"的惠州，本不过是岭南瘴疠之地，无人问津，《潮汕府志》曰：唐山川之间多瘴疠。惠州被视作贬谪的区域。换句话说，只有被贬的人才会去那种地方。

与黄州一样，惠州是幸运的，苏轼被一贬再贬，晚年到了惠州，使这座城有了生气和人文气息。当然，这对于苏轼而言，则是失望而痛苦的，"以瘴疠之地，魑魅为邻；衰疾交攻，无复首丘之望"（注：语出苏轼《到惠州谢表》）。时年苏轼已是五十九岁高龄了，到了这个年纪，被贬至这瘴疠之地，衰老加上疾病缠身，哪还有回乡的可能？可见当时的苏轼对自己的人生几乎是绝望了。

好在苏轼不是普通人，在官场上虽被人唾弃，可在民间却是大受欢迎，一路上不断有文人或书生慕名来迎，倒是解了些旅途之苦闷，心情也慢慢好了起来，他在《舟行至清远县，见顾秀才，极谈惠州风物之美》的诗中如是说道：

> 到处聚观香案吏，此邦宜著玉堂仙。
> 江云漠漠桂花湿，海雨翛翛荔子然。

说惠州这个地方，被贬至此的官员实在太多了，不是起居舍人，便是翰林学士，那么我被贬至这风景优美之地，又有何不可呢？所谓"此心安处是吾乡"，既来此，则安此便是，因此又有：

> 花褪残红青杏小。燕子飞时，绿水人家绕。
> 枝上柳绵吹又少。天涯何处无芳草！
> （注：词出苏轼《蝶恋花·春景》，为苏轼在惠州时所作）

残红褪时有青杏，燕子飞过有人家，春去春来，变化无定，然天涯何处无芳草，芳草又何处不留香呢？

然而，苏轼到了惠州后留下的岂止是香呢，简直是令这座城蓬荜生辉。

提起惠州，人们便会想到三个地方，一个是合江楼，一个是西湖，一个是罗浮山，这三处地方皆因苏轼而闻名。

合江楼是皇华馆内的一座楼，乃接待朝廷官员之驿馆，苏轼作为贬官，本无资格入住合江楼，然时任惠州太守的詹范对苏轼十分敬仰，因此破例安排其居住，苏轼也并没有白住此楼，寓居于此时，留下了许多诗篇，其中最为著名的是《题合江楼》，以及《寓居合江楼》等作品，区区一驿馆，因了苏轼入住，而成广东六大名楼之一。

在合江楼不远处，有一面湖，叫做西湖。惠州的西湖本来叫做丰湖，苏轼好山水，因此常留恋于丰湖，在他的诗作中，常将丰湖作西湖，如《惠州近城数小山，类蜀道。春，与进士许毅野步，会意处》写道：

> 花曾识面香仍好，鸟不知名声自呼。
> 梦想平生消未尽，满林烟月到西湖。

写这首诗时，苏轼已有几分醉意，不知是有意还是无意，在诗中将丰湖比作西湖。又如《赠昙秀》诗云：

> 人间胜绝略已遍，匡庐南岭并西湖。
> 西湖北望三千里，大堤冉冉横秋水。

见苏轼一口一个西湖，惠州人自是顺水推舟，从此后大家都呼丰湖为西湖，惠州西湖在名声上虽无法跟杭州西湖相比较，但因有了苏轼，而为天下人所知。

另一个地方叫罗浮山。事实上在苏轼之前，罗浮山已小有名气，唐柳宗元《龙城录》载，隋朝有一个叫赵师雄的人游罗浮山，看到林中客栈有一美貌女子亭亭玉立，因入内饮酒，与那女子接近时，只觉芳香醉人，诚可谓是酒不醉人人自醉。赵师雄边与美人交谈边饮，不知不觉便醉了。及至酒醒时，发现竟躺在一株梅花树下，此后"罗浮"或"罗浮梦"便成咏梅之经典比喻。

不过在苏轼之前，罗浮山虽有文人记录，但名气尚不算大，因苏轼有诗"罗浮山下梅花村，玉雪为骨冰为魂"（注：诗出苏轼《再用前韵》）。又有：

松风亭下荆棘里，两株玉蕊明朝瞰。

海南仙云娇堕砌，月下缟衣来扣门。

酒醒梦觉起绕树，妙意有在终无言。

先生独饮勿叹息，幸有落月窥清樽。

（注：诗出苏轼《十一月二十六日松风亭下梅花盛开》，摘录的是此诗的后半段）。

苏轼之后，"罗浮"始为文人引用咏梅之词，自此罗浮山名声大噪，屈大均在《广东新语》中如是云：

梅花村……人多以艺梅为生，牛羊之所践踏皆梅也。冬春之际，以落梅酯酒，于村南麻姑酒田卖之。一茅茨有碑曰："师雄梦处。"

屈大均是清代人，从这则记录中可以看出，由于苏轼的"罗浮山下梅花村"诗句，在清代时，梅花村人就真的以种梅为生了，并且打造了一套完整的旅游产业链，不光有梅，还有梅花酒，以及"师雄梦处"的景点供游人参观。

在苏轼咏梅的作品中，还有一阕令人断肠的《西江月·梅花》，词云：

玉骨那愁瘴雾，冰姿自有仙风。海仙时遣探芳丛，倒挂绿毛幺凤。

素面翻嫌粉涴，洗妆不褪唇红。高情已逐晓云空，不与梨花同梦。

这是纪念侍妾王朝云的词，明为咏梅，实为悼亡，苏轼与王朝云相识于杭州西湖，最后永诀于惠州西湖，不知是命运之捉弄，还是造化之弄人，缘始于西湖，又终于西湖，何其之巧也。这般造化弄人，于苏轼是极为痛苦的，却又为后世留下佳话，王朝云固然香消玉殒了，然却为当地的人文旅游注入了无限的活力。

名人，特别是知名文人的魅力何其巨大呵，以一己之力，可以将黄州的野坡、惠州的山村，变成一道道令人驻足遐想的人文景观！

当然，在宋朝有此能力者不止苏轼一人，如王安石、欧阳修、范仲淹，甚至柳永、黄庭坚、陆游之辈等俱有此超凡之能力。比如范仲淹对旅游的贡献，最典型的是其所作的《岳阳楼记》，此文一出，岳阳楼便名动天下。

范仲淹创作《岳阳楼记》纯属偶然。他与滕子京是好友，庆历三年（1043年）九月，滕子京被告发滥用公款，遭监察御史弹劾，范仲淹知道他是冤枉的，为此极力辩护，滕子京这才免于一劫，官降一级，去了地方上任职。庆历四年，出任岳州知州。

到了岳州之后，滕子京想要得到朝廷的谅解，做了一系列利于民生之事，包括筑堤防洪，重修岳阳楼。

庆历五年，岳阳楼修建完成，但是当时无论是岳州还是岳阳楼，同惠州一样都是属于陋邦，籍籍无名，在这种穷乡僻壤，除非你能做出惊天动地的事来，不然的话，无论做什么都是不会为人所知的。

滕子京想到了范仲淹，时范仲淹正好因为"庆历新政"改革受挫，主动请求出知邠州，同年十一月冬，出知邓州，到了邓州任上，范仲淹也在修建一处景观，叫做百花洲，又修了一座花洲书院，闲暇之余便去书院讲学，一时使邓州名声大振，更使百花洲成为邓州著名的人文旅游景区。

正值范仲淹忙着旅游建设和讲学时，滕子京的书信到了，说我忙活了一年有余，重修了岳阳楼，请兄弟作记，且一求便是两篇文章，一篇是《岳阳楼记》，另一篇是《偃虹堤记》。挚友之请，范仲淹没有理由拒绝，于庆历六年写了这两篇流传千古之雄文。

本是一座普通得不能再普通的楼阁，因了一篇文章而为人所熟知，亦被载入史册，千古留名，不仅在当时成为著名的旅游景观，便是在今天，人们依然还会因为《岳阳楼记》而慕名前往，一睹"衔远山、吞长江"的"气象万千"的千古名楼。

这就是文化的魅力，也是文化之于旅游的巨大的价值所在。

文化之盛，便促进了旅游之兴，这两者是相辅相成的。文化是一个国家之命脉，同样，也是旅游之根本。但旅游这件事具体到个人来讲，要出去旅游必备两样东西，一是时间，二是金钱，这两样东西如缺一而不成游。

先说钱的问题。宋朝当然有穷人，这是毫无疑问的，地域不同造成的经济落差，在不同时期都不同程度地存在，所以，若是有人说某个时代全民旅游，那一定是在吹牛，偏远地区的百姓温饱尚且存在问题，更遑论旅游乎？但是在主要城市，或是在经济发达地区，旅游并不是件奢侈的事情，至少近距离的郊游是不成问题的。

前文提道，由于商品经济的发展，宋朝城市经济开始由坊向市转变，当"坊"这堵墙被打破，"市"就无处不在，加上宋朝的执政者大多是开明之君，且着意于改革，发展经济、教育和文化，到了北宋的中后期和南宋，夜禁早已有名无实，而且为了提高酒税，朝廷可以说是在有意发展夜经济。诚如前文所说的那样，为了把酒推销出去，官府甚至不择手段，城市内通宵达旦，灯火通明，从而带动了街道上的商铺和摊贩的生意。商品和消费增长的同时，手工业、服务业等相关从业者的收入自然也在同步增长。从宋朝经济发展的趋势来看，经济发达地区的商人和百姓应该是比较富足的。

北宋宰相王旦曾说："京城资产百万者至多，十万而上，比比皆是。"（注：语出《续资治通鉴长编》）这说明宋朝的商人是有钱的，老百姓应也是富足的。不过所谓的资产百万者至多，绝大多数是豪门显贵，在高薪养廉的制度下，官员是不缺钱的，如前文提到的包拯，其年收入是两万多两银子，属于正儿八经的高收入群体，每年出去旅游几次，绝对不成问题。

宋人之富庶，连明朝人都羡慕，郎瑛在《七修类稿》中曾作如是感慨：

今读《梦华录》、《梦梁录》、《武林旧事》，则宋之富盛，过今远矣。

说是看了《东京梦华录》这些宋人的笔记之后发现，宋朝之富盛，远胜于明朝。郎瑛差不多生活于嘉靖帝时代，明朝后期经济文化已然相当繁荣了，但比之宋朝，确实稍有不足，至少明朝夜禁是一直存在的，在制度以及社会环境上，相较于宋朝，亦略显压抑，因此，就百姓在生活上的直观感受而言，宋朝肯定要更为宽松自由一些。

再来说说旅游时间的问题。如果老百姓光有钱而没有时间去消费，站在执政者的角度来看，所谓的钱也不过就是些废纸而已，所以每朝每代都会设定节假日，以便促进消费，使金钱流通起来，创造更大的价值。

关于利用节假日促进旅游消费这件事，在宋朝体现得尤为明显。宋朝的官员有公假和私假两种假期，所谓公假指的是春节、元宵、寒食、重阳等这些公共假期，比如春节、寒食、冬至等节日是七天假，休务五天，上元、中元节是三天，休务一天。所谓休务，是指办公，虽说假期实行休假，但是衙门还是得安排工作人员值班，以便接待有需要的百姓；所谓私假是指私人的假期，比如结婚，婚假是九天，如是亲兄弟或姐妹结婚，给假五天。古代远行一般是坐船或坐马车，探亲假比较长，有一百天。给官府打工的工匠也有假期，一般是每旬给一天假，相当于是每工作十天休一天，春节、寒食、冬至各给三天假。

从宋朝的假期结构来看，旅游消费的主力军理应是官员，这个群体有钱也有足够的时间出去。其次是拥有自由时间的商人，以及有一定情怀的文人。普通的打工人或做小生意的商贩，绝大多数只能选择短途旅游，游览名山大川对普通人来说还是件比较奢侈的事情。

既然存在庞大的旅游群体，那么宋朝在吃、住、行、娱、购等旅游要素方面是否具备呢？

答案是完全可以满足旅游所需。吃自然是不消说了，宋朝享乐之风盛行，加上铁锅的出现，一烹即起的热炒迅速普及，大街小巷到处都是美食，无论是描述北宋的《东京梦华录》还是描写南宋的《梦粱录》，只要提到吃，往往罗列一大堆，如说到茶肆，《梦粱录》曰：

> 汴京熟食店，张挂名画，所以勾引观者，留连食客。今杭城茶肆亦
> 如之，插四时花，挂名人画，装点店面。

比如酒店，《梦粱录》曰：

> 酒家亦自有食牌，从便点供。更有包子酒店，专卖灌浆馒头、薄皮
> 春茧包子、肉包子、鱼兜杂合粉、灌大骨之类。又有肥羊酒店，如丰豫
> 门归家、省马院前莫家、后市街口施家、马婆巷双羊店等铺，零卖软
> 羊、大骨龟背、烂蒸大片、羊杂四软、羊撺四件。

比如面食店，《梦粱录》曰：

> 汴京开南食面店，川饭分茶，以备江南往来士夫，谓其不便北食故
> 耳。南渡以来，几二百余年，则水土既惯，饮食混淆，无南北之分矣。

又如特色点心店，《梦粱录》曰：

> 市食点心，四时皆有，任便索唤，不误主顾。且如蒸作面行卖四色馒头、细馅大包子……更有专卖素点心从食店，如丰糖糕、乳糕、粟糕……有馒头店兼卖江鱼兜子、杂合细粉、灌软烂大骨料头、七宝料头。又有粉食店，专卖山药元子、真珠元子……及沿街巷陌盘卖点心：馒头、炊饼及糖蜜酥皮烧饼、夹子、薄脆、油炸从食……及沿门歌叫熟食：肉、炙鸭、鹅、熟羊、鸡鸭等类……就门供卖，可以应仓卒之需。

总而言之，无论大街小巷，城内城外，到处都是食店，或是沿街叫卖的小吃摊。前文曾提道，宋朝街道往往任由小摊沿街叫卖，有时皇帝出行都得让着他们走，由于政策的宽松，只要有人的地方就有市，景区人多的地方就更无须说了，前文摘录的西湖苏堤之上，"又有买卖赶集，香茶细果"，连城区都可以无所忌惮地叫卖，景区更是不消说了。

至于住宿问题，与当时的食品一样，也颇具特色，"汴京熟食店，张挂名画，所以勾引观者"，同样，宋朝的客栈或邸店，也会张挂名画，以彰显优雅之居住环境，由于在旅游的人群之中，以官员或文人为主，故彼时很多客栈都备了笔墨以供游人随时取用。

有人可能会觉得奇怪，客栈之中备笔墨作甚？莫非那些官员在旅途中还要办公？其实客栈中备笔墨是为了方便官员或文人诗兴大发时，能随时提笔写下来，所以当时的客栈除了备笔墨外，一般还提供诗板，很多客栈还允许游人直接将诗作写在墙上，谓之题壁诗，可以说这是宋朝的一大特色，比如宋江喝了酒后，在墙上题了首反诗曰：

> 心在山东身在吴，飘蓬江海漫嗟吁。
> 他时若遂凌云志，敢笑黄巢不丈夫。

这首反诗，后演绎出一桩公案来。此外，最著名的那首墙上所题的诗叫做《题临安邸》，诗曰：

山外青山楼外楼，西湖歌舞几时休？

暖风熏得游人醉，直把杭州作汴州。

此诗可谓是妇孺皆知，然这篇名作最初的发表地乃是在临安旅店的一堵墙上。南宋文人魏庆之所著的诗话集《诗人玉屑》如是描述当时墙上题诗之盛况：

澧阳道旁有甘泉寺，因莱公、丁谓曾留行记，从而题咏者甚众，碑牌满屋。

说的是在一座寺院内，题诗的人非常多，由于寺院提供诗板，因此墙上都挂满了。不过，一般在旅店墙上所题之诗，老板会定期擦除，不然的话，时间一久，后来者就没地方写了。《宋诗纪事》记录了这么一件事：

宣和癸卯，仆游嵩山峻极中院，法堂后檐壁间有诗云：

一团茅草乱蓬蓬，蓦地烧天蓦地空。

争似满炉煨榾柮，漫腾腾地暖烘烘。

其旁隶书四字云："勿毁此诗。"寺僧指示曰："此四字司马相公亲书也。"

说是在宣和五年（1123年），《宋诗纪事》的作者厉鹗游嵩山，在寺院法堂后的檐墙看到了一首诗，诗作者唯恐被人擦除，在诗后专门写了"勿毁此诗"四字，估计厉鹗当时觉得奇怪，这是哪个所题之诗，还不许人擦除？因问寺内僧人，僧人答曰："这是当年司马光亲笔所书。"看来即便如司马光那样的人物，也有题壁之好，更怕题了后被人擦除。

由于旅途中的题壁诗多了，此举渐成旅行途中的一大乐趣，有文采会作诗的，看到前人留下的诗作，会在旁边附和一首，便如当下发帖一般，在下面跟上一帖，亦不失为一桩风雅事。也有一些恶作剧者，模仿女子文风作诗，"其笔画柔弱，语言哀怨，皆好事者戏为妇人女子之作"（注：语出周辉《清波杂志》）。这些戏作往往假借女子口吻，语言哀怨。没有作诗能力的，每到一家旅店，边品酒边阅墙上题诗，一如现在拿手机看网上的段子一般，同样乐趣无穷，"邮亭客舍，当午炊暮宿，弛担小留次，观壁间题字，或得亲朋姓字，写途路艰辛之状，篇什有可采者"（注：语出《清波杂志》）。午间走累了入店，或傍晚入宿，边休息边观壁上题字，看人间百态，或观斐然文采，聊解旅途困乏。

虽然宋朝的题壁诗成风，但也有些地方不太欢迎人去题，如宋人张表臣在《珊瑚钩诗话》说：

予近在镇江摄帅幕，暇时同僚游甘露寺，偶题近作小词于壁间……
其僧顽俗且聩，愀然问同官曰："方泥得一堵好壁，可惜写了。"

作者在镇江时，跟同僚一起游甘露寺，一时词兴大作，提笔在寺院墙上题了阕词，此举正好被僧人看到，那僧人不太高兴地说："刚糊好的墙，可惜又被写了！"原来，到甘露寺墙上题诗的人非常多，僧人刷了又题，题了又刷，循环往复，因此僧人看到又有人在墙上题诗时，非常厌恶。

言归正传，继续说旅游住宿问题。宋朝时期的旅店，功能不同，名称也不尽相同，如前面提到的邸店，可以临时囤放货物，故入住者以商人居多，不能囤放货物专门住人的叫客栈。此外，也有多功能的酒楼，集住宿、饮食于一体，相对来说要高档一些。还有一些饭馆也可住人，往往面向的是普通的旅客。文人雅士喜欢清静，也有住寺院旅舍的。景区之中还有特色的民宿，依山傍水，风景优美，价钱也要高些。

旅店多了后，难免会出现一些乱象，为了规范旅店行业，地方上往往会出台一些条令，以保证旅客的利益，政和七年（1117年），地方官员李元弼著有《作邑自箴》一书，共计十卷，记录了北宋的婚俗、社会、民风、赋税、刑法等事宜，其中"牓客店户"卷，记录了约束旅店的条款，摘录如下：

一、逐店常切洒扫头房三两处，并新净荐席之类，只候官员、秀才安下。
二、官员秀才到店安下，不得喧闹无礼。
三、客旅安泊多日，颇涉疑虑，及非理使钱，不着次第，或行止不明之人，仰密来告官，或就近报知捕盗官员。
四、客旅不安，不得起遣，仰立便告报耆壮，唤就近医人看理，限当日内具病状申县照会，如或耆壮于道路间抬舁病人于店中安泊，亦须如法照顾，不管失所，候较损日，同耆壮将领赴县出头，以凭支给钱物与店户、医人等。

五、客旅出卖物色，仰子细说谕，止可令系籍有牌子牙人交易，若或不曾说谕商旅只令不系有牌子牙人交易，以致脱漏钱物及拖延稽滞，其店户当行严断。

六、说谕客旅，凡出卖系税行货，仰先赴务印税讫，方得出卖，以防无图之辈恐吓钱物，况本务饶润所纳税钱。

七、说谕客旅，不得信凭牙人说作高抬价钱，赊卖物色前去，拖坠不还，不若减价见钱交易，如是久例，赊买者湏立壮保分明邀约。

这些条款主要是对旅店的约束，以及在发生突发情况时的一些预案，以确保店家、旅客的安全和利益。翻译成现代文后大意是说，客房要经常打扫，保持洁净，要勤换席子和被子，如有官员或秀才到店入住，店内不得喧哗，给客人提供一个安静舒适的环境。如果发现行为异常的旅客，要及时就近报官，以免发生不测。如果有旅客在住店时生病，不能驱赶，旅店有义务去请大夫来诊治，完成治疗后报官，由官府出面支付医疗费用。如果旅客需要中介服务，旅店有义务提醒他们，要请有执照的专业的中介机构，以免上当受骗。要告知旅客，如是出售需要纳税的商品，须及时纳税，本处纳税有优惠政策。在售卖过程中，不要听信不良中介说赊卖货物可以抬高价钱，以免受骗上当物钱两空，尽量现金交易。如果交易时必须要赊卖，要告知旅客订立合约，并请担保人签字。

不得不说，地方官员在对旅店和旅客的管理上还是非常人性化的，提醒外地的客商在本地交易时要小心谨慎，以免上当，如果不幸生病了，就医后报官，由官府先行垫付医资，这些人性化的管理条例的出现，正是社会文明之体现。

何为文明？无非是制度的制定使百姓的生活越发便利，官府的管理使人们能感受到温暖，当整个社会越来越便利、有温度，百姓在生活中无后顾之忧、无须担惊受怕时，便是文明的高度的提升。宋朝虽也是处于封建社会，虽在改革的过程中出现了党争，甚至焚书等极端事件，但总体来讲，由于文化的繁荣，文明程度得到了一定程度的普及和提高，整个社会有其温情的一面，老百姓的生活相对来说还是比较安定幸福的。

再来说说行的问题。今天我们出行有水陆空等方式，陆路有车或高铁，水路有船，想要更快一点的还可以坐飞机。古代出行只能选择走水路或陆路，而相对于陆路而言，水路更加快捷一些，按照我们现在的思维方式理解的话，水路出行更像是现在的高铁。

我这么说的理由有二，一是出行成本更低。古代的船只有货船和客船，只要船只足够大，能容纳更多的人，那么分摊到每个人身上时，船票的价钱就会更低廉；二是更快捷一些。陆路出行的话，需要骡马或马车，或者是轿子，但无论是坐车还是坐轿，都需要具备一定的经济能力，虽然说宋朝已然有车马、轿子的租赁，但按天计费的话，若是长途出行，费用还是相当高昂的，加上长途出行，走的不一定都是官道坦途，途中经过山径坡道是常有的事，旅途辛苦不说，也会耽搁行程。

水路就不一样了，除非遇上极端天气，不然的话，大可在船上欣赏两岸之风景，或只管与家人、友人在船上品茗饮酒，完全不需要去管旅途中的事情。

宋朝的水运还是比较发达的，比如说东京，以汴河为中心，将广济河、金水河、惠民河串联起来，形成了四方辐射的运河体系，并通过东京的运河，向南可通往淮水、扬楚运河、长江、江南，向北可通往济水、黄河、卫河等，四通八达。除了这东京四渠之外，北宋时期，又分别在江淮、江汉等区域构建了运河体系，使出行更为方便。

宋朝作为当时世界上最为发达的国家，其造船技术自也是一流的，我们来看几段《梦粱录》里，关于景区的游船、江海船舰以及河船的记载，以窥宋朝船只之情况，先来看景区湖中的游船：

> 杭州左江右湖，最为奇特，湖中大小船只，不下数百舫。有一千料者，约长二十余丈，可容百人。五百料者，约长十余丈，亦可容三五十人。亦有二三百料者，亦长数丈，可容三二十人。皆精巧创造，雕栏画拱，行如平地……盖早出登舟，不劳为力，惟支篙钱耳。

说是杭州钱塘江（左江）以及西湖（右湖）的船最为特殊，湖中大小船只不下百艘，其中有一千料的船只（注：料指古代船只大小的计算单位，俗称船料。"料"字拆分后为"米"与"斗"，即以斗量米的一种单位，古代由于没有吨作为计量单位，船只的运载是以料为单位来计算大小的，而衡量船只的大小则是以造船所用的木料的数量而定），长二十余丈，可容纳百人；有五百料的船，长十余丈，也可以容得下三十至五十人；还有些二三百料的船只，也有几丈长，能坐得下二三十人。这些船只都十分精巧漂亮，航行起来，如履平地，旅客登船，付钱后只管欣赏风景就是了，其他的都不用管，当然更不需要出力了。再来看看《梦粱录》所记录的江海船舰：

> 浙江乃通江渡海之津道，且如海商之舰，大小不等，大者五千料，可载五六百人；中等二千料至一千料，亦可载二三百人；余者谓之"钻风"，大小八橹或六橹，每船可载百余人……江岸之船甚伙，初非一色：海舶、大舰、网艇、大小船只、公私浙江渔捕等渡船、买卖客船，皆泊于江岸。盖杭城众大之区，客贩最多，兼仕宦往来，皆聚于此耳。

浙江是通往海外的主要出口，所以海商的舰船很多，大小不一，大的有五千料，可载五六百人，中等的有一两千料，也可载二三百人，其余的船叫做"钻风"，有八橹或六橹（注：小船以人力驱动，此处以八人或六人摇橹来区分"钻风"的大小），每条船也可以载百余人。平时码头上停泊的船只也有很多，各种各样的船都有，这是因为杭州城大，客商或官员往来很多，凡是通过水路而行的一般都聚集于此。

从浙江码头停泊的船只来看，当时从水路出行的人理应不在少数，从船只的功能来看，大多是客货两运。河内的船亦大抵如此：

> 杭州里河船只，皆是落脚头船，为载往来士贾诸色等人，及搬载香货杂色物件等。又有大滩船，系湖州市搬载诸铺米及跨浦桥柴炭、下塘砖瓦灰泥等物，及运盐袋船只。盖水路皆便，多用船只。如无水路，以人力运之。向者汴京用车乘驾运物。盖杭城皆石板街道，非泥沙比，车轮难行，所以用舟只及人力耳。若士庶欲往苏、湖、常、秀、江、淮等州，多雇舫船、航船、飞篷船等。或宅舍府第庄舍，亦自创造船只，从便撑驾往来，则无官府捉拿差拨之患。若州县欲差船只，多给官钱和雇，以应用度……论之杭城辐辏之地，下塘、官塘、中塘三处船只，及

> 航船鱼舟钓艇之类，每日往返，曾无虚日。

杭州城内河运的船只叫落脚头船（注：落脚头为浙江一带的方言，指可以暂时驻足栖身之地）。这种船所载的一般是来往的官员或商人，并为他们搬运日杂用品。还有大滩船，专门运载商铺的米、柴炭、盐袋以及砖瓦泥灰，因为水路方便，所以这些生活上所用的东西都是用船只来运载的。如果没有水路的话，那就只能靠人力搬运了，以前汴京就常用车子运输，但杭州都是石板路，车辆难行，所以用船会更加方便。如有人前往苏、湖、常、秀、江、淮等诸州，也多雇船，也有富贵人家自己造船的，就像车马一样，自家备有，自然就更加方便了。但大多数人还是以租船为主。杭州是辐辏之地，来往的行人多，所以这里的船没有一日得闲的。

这是水路的情况，由于宋朝的造船技术一流，故不缺船只，出行的话乘坐客船或是租船都比较方便，在运输的船只当中，有官家的也有私人，价钱也相差无几。

至于陆路出行，情况与水路大致相同，富贵人家一般有自备的马车，普通百姓出行一般以租赁为主，《东京梦华录》载："寻常出街市干事，稍似路远倦行，逐坊巷桥市，自有假赁鞍马者，不过百钱。"百钱是一天的租赁价钱，以当时百姓的收入来看，并不算贵，一般人家都租得起，因此，不管是有车还是没车，平时车马出行，已成宋朝百姓之常态，如七夕前后，"车马盈市，罗绮满街"（注：语出《东京梦华录》），每年三月一日城内的皇家林苑金明池开放时，"游人士庶，车马万数"（注：语出《东京梦华录》），中秋观潮时节，"至十六、十八日倾城而出，车马纷纷"（注：语出《梦粱录》），从这些古籍的记载中不难看出，彼时之车马相当于现在的家用车，十分普及。

约在熙宁五年（1072年）左右，有个叫成寻的日本僧人去东京旅游访问，其本人以及随从所用的马匹都是在东京就地租来的，"马人人与钱九百文了，各百文有也"（注：语出《参天五台山记》）。一行八人，加上一名翻译，九人租了九匹马，花了九百文，每匹一百文钱，这与《东京梦华录》记载的"不过百钱"完全一致。

除了马车外，还有骡车。如果是租赁的话，骡车更加便宜一些，只是骡这东西比马走得要慢，只能是用于短途出行或拉货，路途稍远一些，马或马车依旧是不二之选。

以上便是宋朝旅游所要用到的交通工具的大致情况，当然，除了船和马之外，个别富人也有用轿子出行的，比如北宋宰相文彦博"文潞公洛阳居第……日挟家童数辈肩舆，与宾客姻戚共游无虚时"（注：语出叶梦得《岩下放言》）。说是文彦博退休后在洛阳生活，每天坐着小轿与宾客或亲戚一起出游。不过让家童抬轿出游，一般都以短途为主。

在景区也有轿子租赁，还是以那日本僧人成寻为例，其在杭州逗留时，往灵隐寺拜会高僧，返回时坐了轿子，"轿子担二人各五十文"（注：语出《参天五台山记》），由于这轿子是两人一起抬的，因此共花费了一百文钱。后来又从剡县城内去国清寺，一共花了七十文，这说明从景区到城区往返都有轿子可坐。

最后再来说说娱和购二事。旅游中的"娱"指的是景区的娱乐项目，由于宋朝的景区以自然或人文景观为主，景区并没有进行人为开发，因此，在自然以及人文景区，并没有娱乐项目，宋朝的游乐项目多集中在城区的公园，最著名的是东京城内皇家林苑金明池内的"诸军百戏"，这个我们在后面的章节中再具体来说，这里先说购物的事情。

宋朝商业发达，映射到旅游上时，旅游纪念品自也是比较多的，《梦粱录》在说到清明节出游时，"使童仆挑着木鱼、龙船、花篮、闹竿等物归家，以馈亲朋邻里"。可见时人在出游时，会带一些纪念品回去，以馈赠亲友。

宋朝的旅游纪念品分为两种，一种是有地域特色的特产，一种是具有鲜明季节特色的时令物品，如上元节的灯球、日月灯，端午的银样鼓儿、艾花等。

在购买有地域特色的特产时，一般以知名品牌为主，如湖州石家念二叔照子，便是一款较有知名度的铜镜，又如去杭州旅游，知名的旅游纪念品有徐茂之家扇子铺、孔家头巾铺、沈家白衣铺、徐官人幞头铺、钮家腰带铺等，在杭州城内，还有"珠子市"，卖的都是些贵重物品，"如遇买卖，动以万数"（注：语出《梦粱录》），估计只有富人才消费得起了。

时令物品也很多。如端午节有"百索艾花、银样鼓儿花、花巧画扇"（注：语出《东京梦华录》）等物。六月六日州北崔府君生日，庙外有卖"球杖、弹弓、戈射之具"（注：出处同上）之类的戏玩。七夕时，街上有卖泥塑的土偶，制作精美，"悉以雕木彩装栏座，或用红纱碧笼，或饰以金珠牙翠，有一对直数千者。禁中及贵家与士庶为时物追陪"（注：出处同上）。这些纪念品贵的要数千钱，然购买者却依旧很多。

还有一些精致的手工艺品，"又以小板上傅土，旋种粟令生苗，置小茅屋花木，作田舍家小人物，皆村落之态，谓之'谷板'。又以瓜雕刻成花样，谓之'花瓜'"（注：出处同上）。前者是盆景以及微小的田家农舍模型，叫做谷板，后者是把瓜雕刻成各种形状的，叫做花瓜。

及至八月秋社，"各以社糕、社酒相赍送贵戚……归时各携花篮、果实、食物、社糕而散。春社、重午、重九、亦是如此"。立秋后的第五个戊日祭祀土地神，大家都要买社糕、社酒送给亲友，春社、重午、重九等节日皆是如此。

九月卖重阳糕和狮蛮栗糕，买了之后各家彼此互赠。到了冬天，各家开始做腊肉，"腊月内可盐猪羊等肉，或作腊、法鱼之类，过夏皆无损坏"（注：语出《梦粱录》）。这种腊鱼或腊肉冬天做好后，至来年夏天都不会坏。

以上大体就是宋朝旅游的概况，可以看到宋朝是具备旅游五要素的，基本可以满足游客出行。从现有的历史资料来看，宋朝的旅游堪称繁荣，几乎可以说是全民出游，造成旅游繁荣的主要原因就是经济和文化的繁荣，我在前文说过，文化是旅游之根本和命脉，甚至可以说没有文化就没有旅游，在文化的支撑下，加上经济的发展，旅游的繁荣是必然的趋势，下个章节我将重点来说郊游和旅游当中的"娱"的要素。

二、在城市公园和乡野间寻找乐趣

> 岁正月梅已花，二月桃李杂花盛开，三月牡丹开。于花盛处作园圃，四方伎艺举集，都人士女载酒争出，择园亭胜地，上下池台间引满歌呼，不复问其主人。抵暮游花市，以筠笼卖花，虽贫者亦戴花饮酒相乐。
>
> ——邵伯温《邵氏见闻录》

前文曾说到旅游五要素，事实上要促成旅游，或者说要使旅游业繁荣，还有一个更为关键的因素，即社会之稳定。一个动荡的社会，何以遑论旅游，又何以遑论旅游之乐趣呢？

宋朝社会之稳定，以及经济之繁荣，使人们开始追求精神上的享受，文化业的兴起，夜市的繁荣，全民崇尚出游，这些社会现象看似是孤立的，实际上是一环扣一环，环环相扣的，失其一环，整个社会都会为之改变。

在旅游过程中追求精神上享受的方式有三种，一种是游览名山大川，或登高望远，一览众山小，寻求心灵之辽阔，或于幽谷密林中寄托幽思之情；一种是游走人文景观，追寻名人之脚步，怀古寄情；一种是远离喧嚣之闹市，寻一方净土，得以片刻之宁静。故旅游实际上是一种精神上的寄托，在有些人眼中可能会觉得这是一种矫情，花钱买罪受，你要思考、要安静在家里不行吗？

矫不矫情我先不说，不过促成这种趋势的缘由，主要是城市化发展的结果。任何一个时代，在王朝建立之后，均由第一代人开始建设城市，第二代人发展并享受城市带来的红利，第三代在城里出生的人，他们睁眼看到的便是城市之喧嚣，这种所谓的繁华是他们出生时便拥有的，早已深入意识之中，并习以为常，随着年龄和知识的增长，他们便开始向往乡野的宁静以及农家之乐趣。这种心态的形成一般只需要三代人，几十年时间，于是便有权贵或富豪开始往郊区或农村修建园林别墅，便有普通百姓在工作生活之余往乡间游玩，乡村游就这样形成了。

不过，宋朝的社会还有一个特点，即它是休闲型社会，无论是夜市、文化还是旅游，都非常明显地体现出了这一点，下面我们来看看宋朝人的短途出游和乡村游的情况。

宋人爱花是出了名的，为此，春游也就成了宋朝人的一大爱好。

赏花无须去远地，在城内公园或者私人园林皆可实现。宋朝郊区的园林非常多，《东京梦华录》罗列的东京城郊的园林有很多：

> 自转龙弯东去陈州门外，园馆尤多。州东宋门外快活林、勃脐陂、独乐冈，砚台、蜘蛛楼、麦家园，虹桥王家园，曹、宋门之间东御苑、乾明崇夏尼寺。州北李驸马园……西宴宾楼有亭榭，曲折池塘秋千画舫，酒客税小舟，帐设游赏。相对祥祺观，直至板桥，有集贤楼、莲花楼……过板桥，有下松园、王太宰园、杏花冈。金明池角南去水虎翼巷之磨下蔡太师园……州西北元有庶人园，有刱台、流杯亭榭数处，放人春赏。大抵都城左近，皆是园圃，百里之内，并无闲地。

百里之内，并无闲地，亭榭楼阁，放人春赏，这便是宋朝郊区旅游的一大特点，无论是公园还是私人园林，都是对外开放的，这有点像现在的农家乐或农庄，只是我们现在大点的农家乐或农庄也需要门票，彼时无论是景区还是私人园林都是免费的，没有圈地收费之说，不只是不收费，其主人甚至还会招待慕名而来的游客，由此衍生出"看花局"的风俗来。

最早出现"看花局"这个词的书，乃是宋人龚熙正所著的《续释常谈》，其曰：

> 每岁禁烟前后，置酒馔以待来宾，赏花者不问亲疏，谓之"看花局"。故俚语云："弹琴种花，陪酒陪歌。"

看到这样的句子，心中油然生出一股暖意来。什么是文明，这便是。

在清明节前一两天，古人称之为寒食节，又称禁烟节。禁烟指的是禁烟火，倒不是为了环保，禁烟节乃是春秋时期晋文公为纪念介子推而设的节日。传说介子推割肉救主，救重耳出危难，从而成就一代名君晋文公。然介子推不求功名利禄，携母亲归隐，晋文公为了逼其出山，下令放火烧山，没想到介子推坚决不肯出山，居然被大火烧死。晋文公后悔之极，后将之葬于绵山，并修祠立庙，下令在介子推死难之日禁火寒食，以寄哀思。

这便是寒食节的由来，这一天家家户户都不生火，只吃冷食，《续释常谈》里提到的禁烟前后，说的就是寒食节前后，由于寒食节与清明节挨着，习俗也相差无几，无非祭扫、踏青、插柳等，城内有人出来踏青时，园林主人会备下酒和点心待客，这所谓的客不一定是熟人，绝大多数是素不相识的，但无论是主人还是赏花者，皆不问亲疏，大家都大大方方地在园内游玩吃酒。

这就是看花局，而且在宋朝是普遍现象，《邵氏见闻录》也有同样的记载：

> 于花盛处作园圃，四方伎艺举集，都人士女载酒争出，择园亭胜地，上下池台间引满歌呼，不复问其主人。

进出私人园林，是不需要经过主人同意的，颇有点像现在出入公园一般。在《夷坚志》里记录了这么一则小品，说是在姑苏有位叫胡百能的人，居住在祖上传下来的一座名园之中，这一年开春时节，百花盛开，他便打开园门，供人入内赏玩。天气好的时候，"士女群集"，欢声笑语不绝。

从"士女群集"这个词中可以看出，事实上在南北两宋，风气是十分开放的，并不禁止女人出游，无论是踏青还是节假日，皆不乏女子之倩影。

估计胡百能的园子是经常对外开放的，所以面对那么多游人，早已见怪不怪，他自己也"独行散步"，徜徉其中，仿佛也是一位游客一般，在众人的欢声笑语中悠悠然散步，享受这春天的氛围。可见园中人虽多，却没人认识此园的主人。

胡老爷子走到园子的一处角落时，听到从一个幽僻处传来嬉笑声，好奇之下便悄悄地往前去看，发现那边竟有人支起了帐子在露营呢，帐内坐了数名黄衣少年并六七个侍妾。胡老爷子生恐打扰人家雅兴，"亟趋避之"，分明是主人，却恍然误入他人之私处一般，竟急忙逃避，看来这位胡老爷子端的是位可爱之人。

然走出百步，细又想，等闲人是不能穿黄衣的，莫非方才所见的非是等闲人物？由是好奇心大起，又转身回去察看，结果那些人居然不见了，就好像从没来过一样。胡老爷子大为惊奇，刚才这里分明有人的啊，难不成眼花了？再低头看时，见地上有荔枝壳十余枚，个个大如鹅卵，凑近一闻，竟芳香扑鼻，不像是寻常的荔枝壳，于是藏于袖中带回家去。后来他将这些荔枝壳示于友人，人皆云此非凡物也。

《夷坚志》所录，很多奇幻故事，不过我们没必要去计较故事的真实性，单以主人胡百能来说，是个十分可爱、善良且温和之人，他没有富人之骄横，也并无高人一等之态，其行为恰如一个孤独的游人，或是老人，若无其事地徜徉其间，这与我们所熟知的富人形象大相径庭。

事实上无论是今天还是过去，拥有一座私人园林，必是富贵之人无疑，在我们的印象当中，那些园林要么围墙耸立，要么迎来送往的俱是同样富贵之人，那墙内之风景再怎么优美，也与普通人毫无关联，最多不过是路过时匆匆一瞥，羡慕一下罢了。而宋朝私人园林之开放，则是"置酒馔以待来宾，赏花者不问亲疏"，它是平等的，是面向所有人的，因此世间有俚语说，"弹琴种花，陪歌陪酒"，这样一种温和的社会风气，实在教人羡慕之极。

《邵氏见闻录》的作者邵伯温对此现象的解释是："洛中风俗尚名教，虽公卿家不敢事形势，人随贫富自乐，于货利不急也。"说形成这样一种风俗是因为人人都知礼数、明事理，虽然是公卿富贵人家，也并不势利，仗势欺人，人与人之间无论是贫是富，都很快乐，不会因为利益或钱财争个面红耳赤，也不会为了钱而急于钻营。

人人平等而有亲和力，这简直是理想社会的形态。列位看到这里也无须讶异，事实上社会文明的体现，不是说多有钱，也不一定要人人富裕，所谓欲壑难填，究竟多有钱才算富裕，这是没有底的。文明的标准往往是一种亲和力，制度有亲和力，任何制度的出台皆以百姓生活和美、方便为出发点，从而进一步影响人们的思想和心理，使得人与人之间更加亲近，不会为了些许利益而暴露出人性冷漠的一面，也不会为了争利而如野兽一般露出獠牙。人与人争利跟野兽之间争食在本质上是没有区别的，一个社会只有不争，方才称得上文明。

宋朝的私家园林对外开放而"于货利不急"，这是十分难得的一种社会现象，毫无疑问，这正是文明的体现，也是中华文明最为宝贵的一面。类似的事情，在宋朝文人笔记里记载的还有不少，《武林旧事》里也提到一位叫蒋苑使的人，按《梦粱录》的说法，其身份是内侍，不过他的园林不大，不足二亩，然园林虽小，却"花木匼匝，亭榭奇巧"，花草树木密密匼匝，亭台楼榭亦是十分精巧，每到春季赏花时节，他就开放园林，任由游人出入。

敢情这位蒋苑使还是个十分有趣或是爱凑热闹之人，他在人多之时，在园子内设立跳蚤市场，"悉以所有书画、玩器、冠花、器弄之物，罗列满前，戏效关扑。有珠翠冠，仅大如钱者；闹竿花篮之类，悉皆缕丝金玉为之，极其精妙"。把好东西都拿出来向游人展示，进行买卖。不只如此，他还举办"立标竿射垛，及秋千、梭门、斗鸡、蹴鞠"等体育活动，大家也很喜欢蒋苑使的园林，因此别看只有"数亩之地"，然"观者如市"。

蒋苑使这种爱热闹之人，自然不嫌人多，"衣冠士女，至者招邀杯酒。往往过禁烟乃已"。来者皆是客，无论男女，蒋苑使都以酒水招待，这种热闹之场景往往过寒食节时乃止。

内侍是不会缺钱的，蒋苑使在自己的园林里设跳蚤市场自然不是为了钱，若是为牟利，在"观者如市"的情况下，"至者招邀杯酒"，这么做生意，连裤衩都得赔进去，他理应是位开朗之人，恐是晚年寂寞，便找些事情来做，利人利己。

司马光也有私家园林，叫做独乐园。不过他的园林虽称之为独乐园，却也是对外开放的。为何名为"独乐"还要对外开放呢？其在《独乐园记》中讲得十分明白，曰：

> 孟子曰："独乐乐不如与人乐乐，与少乐乐不如与众乐乐。"此王公
> 大人之乐，非贫贱者所及也。孔子曰："饭蔬食饮水，曲肱而枕之，乐
> 在其中矣。"颜子"一箪食，一瓢饮"，"不改其乐"；此圣贤之乐，非愚
> 者所及也。

这段文字的意思是，孟子说，一个人欣赏音乐，不如跟大家一起欣赏，少数
人欣赏音乐，不如跟大众一起欣赏音乐来得更为快乐，这是贵人的乐趣，非一般
贫民或普通人所能达到的境界。孔子说，吃素食喝凉水，枕着胳膊睡觉，依旧乐
在其中，颜子虽一箪饭，一瓢水，同样未改其乐趣，这是圣人的乐趣，非愚昧之
辈可以做到的。

司马光文中提到的贫贱，虽看起来教人有些不适，毕竟人之境界，与贫富无
关，我们姑且将之理解为精神之贫富吧，可能会对私人园林对外开放这件事理解
得更为透彻些，与人分享，甚至出钱免费招待陌生人这种事情，是需要境界的，
所谓独乐乐不如众乐乐，若是想通了，心胸放开了，便会如蒋苑使、胡百能一
般，乐了他人，自己也同样乐在其中，老一辈人常说，吃亏是福，大概也是这
道理。

熙宁四年（1071年），五十余岁的司马光退居洛阳，绝口不言政事。六年，
在洛阳尊贤坊一带买了二十亩地，筑为园，在此后的十五年时间里，潜心编撰
《资治通鉴》，独乐园中有读书堂，按照司马光自己的说法，堂内聚书五千卷，这
里自然便是他读书著文章的地方。

关于司马光的独乐园，在宋人马永卿的《元城语录》中记录了这么一件趣
事，说是在独乐园中有一名园丁，名叫吕直，性情耿直，应该是位非常实诚之
人，所以司马光给他取名为"直"。

独乐园门侧有草屋两间，为平时吕直的起居之所，也是他工作之地。洛阳多
名园，独乐园在洛阳众多园林中并不起眼，然因有司马光居住，所以到了春游时
节，人们皆慕名而来，入园游玩。

或许是出于尊重，也或许是名人居住地，有些游人在入园之时，会给吕直一
些"茶汤钱"，用现在的话说就是烟酒钱，这烟酒钱自然是专门给吕直的，且司

马光也不会去念这些小钱，但吕直耿直啊，攒到一定数量时，就拿去给司马光。

司马光平时要么在读书堂读书著文章，要么在钓鱼庵垂钓，或是在浇花亭弄花，总之在独乐园中独自享受，才不会去管游人，也不可能去理会那些茶汤钱，就问他，这钱为什么要给我？吕直说，这园子是主人的，茶汤钱也理应归主人，如果主人体恤下人，至多分一半给我便是。司马光说，这是你的钱，你自己拿去就是了。哪承想吕直坚持不肯独吞，"再三欲留"，这下把马司光给激怒了，把吕直赶了出去。

吕直还觉得有些委屈，边走边嘟囔："只端明不爱钱者。"意思是说，就你不爱钱吗？我也不是贪财之辈！过了十日，园内多了座井亭，问之方才得知，乃前些日子所得的茶汤钱所建。

吕直之耿直，司马光之淡泊，游人之热情，共同构成了一幅温情、和谐之画面。

宋朝的士大夫或富贵人家不独享私家园林，俨然已成为一种共识，如蔡确的北园，"岁时嘉节，又得与邑人共之。人之游者，往往徘徊而不能去"（注：语出蔡确《繁昌县北园记》）。林敏公的万芝堂，"吾于斯堂，实志邦瑞，游览之乐，与民共之"（注语出林敏公《万芝堂记》）。韩琦的康乐园，"（园）既成而遇寒食节，州之士女无老幼，皆摩肩蹑武（步），来游吾园。或遇乐而留，或择胜而饮，叹赏歌呼，至徘徊忘归"（注：语出韩琦《相州新修园池记》）。大观末年，蔡京罢相，徽宗赐苏州南园，然蔡京也并没有独享，"每春，纵士女游观"（注：语出《吴郡志》）。诸如此类，不胜枚举，不再摘录，免废篇幅。

下面再来说说郊游。

说到郊游，游人最多，规模最大的莫如每年八月中旬的钱塘江观潮。

钱塘江潮被视为世界奇观，记得以前，每年八月中旬，中央电视台都会直播钱塘江潮，我出生在宁波濒海的村庄，驱车的话距离钱塘江并不算远，也就一个多小时的样子，但小时候家里并不富裕，故从未亲临钱塘江，一睹那惊天动地的江潮盛况，因此每年八月，我都会守在电视机前，看央视的现场直播，记得当时的电视机是14英寸，很小，然即便是在那方寸之间观看，潮水铺天盖地汹涌而来时，亦觉惊心动魄，心中莫名激动，感叹那端的是天地之造化，罕见之奇观。

据《梦粱录》记录，每年八月十一日起，便陆陆续续有观潮者出现，及至八月十六、十八日，百姓倾城而出，其中十八日潮水最大，因此人也最多，用《西湖老人繁胜录》的说法是"江岸幕次相连，轿马无顿处"。要是坐马车去，根本找不到停车的地方。不过这种人挤人的现象到二十日便没有了。

人多的地方就有生意可做，在十六、十八日那几天，"自庙子头直至六和塔，家家楼屋，尽为贵戚内侍等雇赁作看位观潮"（注：语出《梦粱录》）。临江附近，家家楼房都被有钱人租去，当作观潮的看台了。江岸上下"十余里间，珠翠罗绮溢目，车马塞途，饮食百物皆倍穹常时"（注：语出《武林旧事》）。沿江上下十余里地，都摆满了地摊，人山人海，车马根本进不去，那些地摊上卖的吃的玩的等货物，要比平时贵上一倍。看来旅游景区货物贵，古今皆然。

江潮来时，"方其远出海门，仅如银线；既而渐近，则玉城雪岭际天而来，大声如雷霆，震撼激射，吞天沃日，势极雄豪"（注：语出《武林旧事》）。此时，潮水疯狂，人也疯狂了。怎么疯的呢？就是冲浪。

为什么我会将冲浪说成是疯狂呢？因为钱塘江潮与普通的潮水不同，其从远处朝岸边扑来之时，已不能用惊涛骇浪予以形容，以冲天潮为例，其在堤岸处一撞，随着一阵轰然大响，潮头直冲云天，此潮最低为两到三米，高时可达十米；又以一线潮为例，诚如周密所描述的那样，"其远出海门，仅如银线"，它在远处的海天之间时，看起来如一条银线，然而此时天际已可闻奔雷之声，而近岸的海面则依旧是风平浪静的，看不出任何危险。潮水再近时，轰隆隆之声越来越大，犹如滚雷自天上飞掠而来，当肉眼能看到潮水时，那横贯天际两端的一线潮已形成一堵巨大的水墙，及至近岸时，由于阻力的增强，潮头越升越高，水汽带着惊雷一般的响声呼啸而至，这时候如果还有人站在海水之中，想逃已经来不及了，潮水挟雷霆万钧之势拍向江岸，卷起千层雪浪，其浪头可达三米以上。

这样的大浪是可以致命的，古往今来，观钱塘江潮时被潮水卷入而殒命者不在少数。在这样的潮水中冲浪，毫不夸张地说是一种玩命的行为。

下面我结合《武林旧事》以及《梦粱录》的记载，给列位复原一下宋朝人在钱塘江冲浪的情景。先来看《武林旧事》中观潮之情景：

> 吴儿善泅者数百，皆披发文身，手持十幅大彩旗，争先鼓勇，溯迎而上，出没于鲸波万仞中，腾身百变，而旗尾略不沾湿，以此夸能。

从周密描写的情景来看，冲浪已形成一种观赏性的表演了，不过这种活动宋朝人不叫冲浪，他们叫得更风雅一些，叫子胥弄潮。意思是数百人皆披发文身，手中持一杆大旗，当潮水来临时，这些人逆流而上，出没于惊涛骇浪之中，并做出各种动作，最后以旗尾沾水少的人获胜。

另外，在《武林旧事》"乾淳奉亲"篇，也有类似的描述：

> 市井弄水人，有如僧儿、留住等凡百余人，皆手持十幅彩旗，踏浪
> 争雄，直至海门迎潮。

很显然，《武林旧事》中记录的这两场冲浪，都是经过精心组织的大型水上体育比赛，《梦粱录》记录的则是民间百姓自发的行为，没有人组织，因此也更加危险，故吴自牧在叙述时，笔下也没留情，其曰：

> 杭人有一等无赖不惜性命之徒，以大彩旗，或小清凉伞、红绿小伞
> 儿，各系绣色缎子满竿，伺潮出海门，百十为群，执旗泅水上，以迓子
> 胥弄潮之戏，或有手脚执五小旗浮潮头而戏弄。

说是杭州有一群不爱惜自家性命的无赖，他们或手持大彩旗，或拿清凉伞，旗杆或伞柄上又系了花花绿绿的缎子，百十人一群，候潮水从远处涌过来时，纷纷执旗迎潮逆流而泅。还有一些更不惜命的无赖，手脚上都绑了彩旗，任由大浪将之掀上潮头，以此为戏。

这种冲浪之行为，作为一项极限运动，在我们现代人的眼中，早就习以为常了，但古代没有专业护具，则完全是在玩命了。当时的郡守见"往往有沉没者"，于是出台了《戒约弄潮文》云：

> 厥有善泅之徒，竞作弄潮之戏，以父母所生之遗体，投鱼龙不测之
> 深渊，自谓矜夸，时或沉溺，精魄永沦于泉下，妻孥望哭于水滨，生也
> 有涯，盍终于天命；死而不吊，重弃于人伦。推予不忍之心，伸尔无家
> 之戒。所有今年观潮，并依常例，其军人百姓，辄敢弄潮，必行科罚。

身体发肤受之父母，那些人以父母所生之躯体，在怒潮中冒险，还以此为荣

自夸，觉得很了不起，一旦发生意外，一个家就毁了，所以今年观潮还是按照常例，允许大家前来观赏，但是，谁要是敢去海里冲浪，就捉去见官法办。

除钱塘观潮外，赏洛阳牡丹也是宋人郊游的一种主要方式。欧阳修在《洛阳牡丹记》中说：

> 洛阳之俗，大抵好花。春时，城中无贵贱皆插花，虽负担者亦然。花开时，士庶竞为游遨，往往于古寺废宅有池台处为市井，张幄帘，笙歌之声相闻。

说洛阳的风俗，大概就是好花。开春时节，城内无论贵贱都要插花，即便是街上挑着货担的货郎，或是做苦力的脚夫，也不例外，总之，好花无分贵贱。等到花开时节，大家都出门观赏。有人的地方就有市场，也有人专门卖花。

洛阳牡丹品种多样，有些名贵的品种千金难买。比如有一种牡丹叫做姚黄，这是一种嫁接的特殊品种，当时有专门从事花木嫁接的人，称之为花园子，据欧阳修的《洛阳牡丹记》说，"姚黄一接头值钱五千"，因此，"洛人甚惜此花"。

宋人周师厚在《洛阳牡丹记》中说，姚黄花开时"特异于众花，故洛人贵之，号为花王"。由于它跟其他的花不同，所以洛阳人特别珍爱，称其为花王，而且此花"每岁不过开三数朵"，所谓物以稀为贵，这下就更觉得珍贵了，所以每当姚黄花开时，"都人士女必倾城往观，乡人扶老携幼，不远千里"。无论男女，都要去一睹芳容，住在乡下的，则扶老携幼，不远千里而来。

为了一睹花开，不远千里往观，可见宋人爱花之甚。当然，也不能怪百姓千里观花，连皇帝也无法拒绝姚黄的魅力，蔡絛在《铁围山丛谈》中说，"元丰中，神宗尝幸金明池，是日洛阳适进姚黄一朵，花面盈尺有二寸，遂却宫花不御，乃独簪姚黄以归"。说神宗游金明池那日，本来戴的是宫花，看到进献的姚黄后，就把宫花扔了，簪姚黄回宫。此情此景，诚如白居易所说的那般，花开花落二十日，一城之人皆若狂，直是已至痴迷之程度。

由于洛阳牡丹名冠天下，在宋朝时已形成牡丹花会，花会的时间以花期为准，一般是在三月初六至三月二十六日，共计二十天。

宋朝的花会，应该是在晚上举行的，文彦博有诗云："去年春夜游花市，今日重来事宛然。列市千灯争闪烁，长廊万蕊斗鲜妍。"从诗中不难看出，当时之花会，已与花灯结合，千灯争闪烁，万蕊斗鲜妍，别说是去花会中游览了，光是看这诗句，便教人神思为之怡然。

宋人张邦基在《墨庄漫录》也有关于洛阳花会的记录：

> 西京牡丹闻于天下，花盛时，太守作万花会，宴集之所，以花作屏帐，至于梁栋柱拱，悉以竹筒贮水，簪花钉挂，举目皆花也。

以这则记录来看，洛阳花会理应是官方举办的，我们也可以理解为官方发起的旅游项目，类似于现在各地举办的桃花节、水蜜桃节，以花为媒，行推动旅游之实。

再来看城市公园的旅游情况。同私人园林一样，城市公园也是免费开放的，包括皇家林苑金明池。在开放日，允许摊贩入内做生意。

金明池在东京城内外所有的园林中是最大最为豪华的，柳永有《破阵子》词云：

> 露花倒影，烟芜蘸碧，灵沼波暖。金柳摇风树树，系彩舫龙舟遥岸。千步虹桥，参差雁齿，直趋水殿。绕金堤、曼衍鱼龙戏，簇娇春罗绮，喧天丝管。霁色荣光，望中似睹，蓬莱清浅。
>
> 时见。凤辇宸游，鸾觞禊饮，临翠水、开镐宴。两两轻舠飞画楫，竞夺锦标霞烂。馨欢娱，歌鱼藻，徘徊宛转。别有盈盈游女，各委明珠，争收翠羽，相将归远。渐觉云海沈沈，洞天日晚。

要说柳永真是天生的词人，这一阕描写金明池之词，如今读来，端的字字珠玑，把金明池之景色以及其热闹之盛况，融于字句之中，即便是没有亲临金明池，也不失为一种享受。

金明池在北宋初期并不是游乐之所，相反，是训练水军的肃穆之地，闲人是不能进去的，太祖、太宗都曾于此检阅水军。乾德元年（963年），太祖诏"募诸军子弟数千人，凿池于朱明门外，引蔡水注之。造楼船百艘，选卒，号水虎捷，习战池中"（注：语出《续资治通鉴》）。雍熙元年（984年），太宗称："水战，南方之事也。今其地已定，不复施用，时习之，示不忘武功耳。"（注：出处同

（上）太宗居安思危，虽说其时南方诸地已平定，但也应时常操练，不忘武功。宋人王应麟在其著作《玉海》中也提到了太宗在金明池检阅水军："每岁三月初，命神卫虎翼水军教舟楫，习水嬉。"

王应麟说的水嬉指的是水军的实战演练，宋敏求在《春明退朝录》中也有类似的说法："太宗于西郊凿金明池，中有台榭以阅水嬉。"以阅水嬉说的就是检阅水军操练，这一点可以在宋人袁曾的《枫窗小牍》记叙中得到证实，他说：

> 余少从家大夫观金明池水战，见船舫回旋，戈甲照耀，为之目动心骇。

从"船舫回旋，戈甲照耀，目动心骇"之词中不难看出，那绝对不是表演，而是实打实的军事演习。

及至真宗时代，金明池还保持着水军操练的习惯，"癸丑，诏：在京诸军选江、淮习水卒，于金明按试战棹，立为水虎翼军"（注：语出《续资治通鉴》）。但是，力度较之太祖、太宗时期已然明显减弱，对水军支持的力度亦大不如前了，大中祥符元年（1008 年），金明池的十艘龙船由于有些年头了，需要重造，因此内品、监吉州造船场冯保奏称：

> 先造成龙船十只，欲以备京师诸池习水战，准省司所降制度为鱼龙之状，今欲将造成者毁拆，依样重造。（注：语出《续资治通鉴》）

意思是说，先前所造的船已不符合要求，故需将旧船拆除，再依样重新打造。但这个要求遭到真宗反对，理由是：

> 金明池所习水战船，盖每岁春夏，都人游赏，朕亦为观之，止欲颁赉诸司及习水戏兵士，此船何须改作？可速指挥省司押令赴阙，勿使改造。（注：语出《续资治通鉴》）

意思是金明池的战船只是用于演练而已，演练之时，百姓都来观赏，我也会去看，这不挺好的吗，改造它干什么呢？

显然，自真宗开始，金明池水军的操练已经开始变味了，到了徽宗朝，俨然已成皇帝及百姓春游时观看水戏的地方，训练水军的要事就这样渐渐荒废了，于是，金明池成了游乐之所，而水军的操练竟也成了园内的一个观赏性娱乐项目。保家卫国的军人，本该有一身过人之本领，于边疆护卫一国百姓之平安，却不想在公园内做着假把势，供人一笑，实在是咄咄怪事。

　　有人谓之两宋为弱宋，从这一点上而论，倒也符合，后来金兵入京，金明池毁于战火之下，也算是在情由之中，不足为奇了。到了金元时期，汴河断流，金明池也干涸了，不复当年模样。及至明朝，因久无人管理，淤积之下，竟不见金明池之踪影，消失在历史的尘烟之中，仿佛曾经一切之繁华，不过是春梦一场，徒留一声叹息。

　　闲话表过，下面我们来看一下金明池的大体布局。

　　金明池位于顺天门外大街的北面，紧挨着另一座皇家林苑琼林苑，其大小为"周围约九里三十步，池西直径七里许。入池门内南岸，西去百余步，有面北临水殿"（注：语出《东京梦华录》）。从《东京梦华录》的描述，以及张择端《金明池争标图》的描绘来看，我们可以这么去理解金明池的格局：

　　金明池是一个非常大的湖，所有的建筑都是建在水中或是依水而建的，《东京梦华录》所说的入池门内南岸，面北有临水殿，这座临水殿就是依水而建的，是皇帝宴会群臣的地方。临水殿的东岸，即金明池的东门，高设彩棚、彩幄，供百姓观赏，又设有酒店饮食之所，我们可以理解为东岸是老百姓观看水戏，以及吃喝玩乐的地方。西面紧挨着临水殿的是宝津楼，为苑内最高的一座楼宇，楼顶乃重檐歇山式，共三重，七层高，广百许丈，依池而建，殿前有广场，阔百余步，广场前是彩楼，彩楼前面有座仙桥水殿，建于水中央，此桥长度南北约数百步，是座拱桥，《东京梦华录》说它"桥面三虹"，是指三拱，中央隆起，看上去如骆驼一般，所以称之为"骆驼虹"。骆驼虹再往外，即金明池的中央，建有水心五殿，《东京梦华录》说"五殿正在池之中心，四岸石甃，向背大殿……河间云水，戏龙屏风，不禁游人，殿上下回廊皆关扑钱物饮食伎艺人作场，勾肆罗列左右"。

　　在金明池开放的时候，水心五殿也不禁游人，并且在殿外的回廊上允许摆摊，实际上金明池就是一座天然的大市场，到处都有摊贩，随时随地都能购物。不过在表演水戏的时候，水心五殿作为天然的大舞台，是要清场的，"每争标作乐，列妓女于其上"。此时，百姓和摊贩只能去东岸。

池正北岸有五座大屋，叫做"奥屋"，是放龙船的地方。金明池的进水口就在奥屋西侧。西岸没有建筑，但种了不少柳树及花草，烟草铺堤，景色优美。只是人们到金明池内主要是图个热闹，因此西岸游人很少，倒是成了垂钓者的好去处。不过在金明池内钓鱼是需要花钱的，得去管理人员那里掏钱取个牌子，如有人来查票，将牌之取出示之。需要注意的是，牌子只是钓鱼的许可证，钓上鱼后，还得花钱买，且往往比市场里的鱼贵上一倍。好在岸边有烧烤的地方，鱼钓上来后，可直接就地烧烤，要是再弄壶酒，在垂柳岸边，临水之地，边吃着烤鱼边饮酒，也不失为一件风雅惬意之事。

这就是金明池的大概格局，大多数建筑都在岸边，依水而建，位于池中央的只有水心五殿，以及连接池岸的骆驼虹桥，除此之外，别无其他。总体看来，水面是空旷的，依旧保留了昔日训练水军的场地，只不过这空旷的水面，后来成了表演之所在。

金明池具体的开放时间是每年三月初一至四月初八，在这一个多月的时间内，每日游人不绝，喧声不断，热闹不凡。下面，我们来看看水军是如何表演的。

按照《东京梦华录》的说法，皇帝临幸金明池一般是在三月二十日这天，换句话说，三月二十日也是最热闹的一天，城内百姓几乎倾城出动，争相往金明池观看。皇帝车驾从城西顺天门外大街而来，至金明池南门外下车，在卫队的引导下入内，进入南门，穿过一条插满彩旗的林荫道，先到临水殿驻足，于此赐宴群臣。

此时，外面的艺人们已经准备完毕，随时都可以开始表演。老百姓聚集于东岸，摊贩也多设于此，喧声如潮。但金明池内由于表演尚未开始，未见丝毫响动。

水殿正前方延伸出去的水棚内，站着两支队伍，一支是仪仗队，一支是卫队，前者代表的是皇家之威严，个个挺胸直背，标枪般地站着，目不斜视，岿然不动。后者是维护临水殿周围秩序的，以防有人闯入。

靠近临水殿的池水上，横列四条彩船，彩船上面候列着的正是等待表演的军人们。在那四条彩船的一侧，又有两条船，船上候列的乃是乐队。在乐队的正对面，也有一条船，这条船比较大，船上搭了座彩楼，楼下有三道门，应该是表演傀儡戏的。

皇帝与群臣饮宴完毕，表演正式开始。乐队船上一名"参军色"上场。与列位解释一下，这"参军色"又称"竹竿子"，其任务是报幕、致辞，实际上就是主持人。主持人致辞跟我们现在也差不多，一般都是美好的、向上的、对偶的颂词，如元宵晚会表演前，主持一般会说："亲爱的观众朋友们，辞旧鞭炮催春潮，迎新锣鼓闹元宵，值此元宵佳节、阖家团圆、举国欢庆之时，我代表所有演艺人员，向大家致以节日的问候！不展芳尊开口笑，如何消得此良辰，今天我们将为大家带来……"

宋朝的参军色念的差不多也是类似于这样的开场白，只不过相比于现在的主持语，彼时用词会更文雅、古色古香一些。

致辞结束，音乐声起，彩楼门帘一掀，只见木偶从里面出来，傀儡戏上场，其表演的正是水傀儡。

水傀儡是指在水上表演的木偶戏，汉代就有了，盛于唐宋，于清朝式微。也就是说从清朝开始这种艺术形式便已绝迹，生在今天的我们，自然无缘目睹，所以，他究竟是如何操作、表演的，在戏剧史上也就成了个谜。为了使列位对这种艺术形式有个初步的了解，我勉强说个大概吧。

关于水傀儡的表演，《梦粱录》和《西湖老人繁胜录》《武林旧事》等书籍虽均提到了水傀儡，但具体是如何表演的，俱无涉及，《东京梦华录》也只提了这么一句：

> 有木偶筑球舞旋之类，亦各念致语，唱和，乐作而已，谓之"水傀儡"。

又云：

> 乐作，彩棚中门开，出小木偶人，小船子上有一白衣垂钓，后有小童举棹划船，辽绕数回，作语，乐作，钓出活小鱼一枚，又作乐，小船入棚。

从这两段记录中，可以总结出两条信息，一是水傀儡表演形式不只限于木偶表演，它融合了魔术、杂技等艺术形式，比如舞旋，是一种难度较高的回旋、旋转的舞蹈，应用到水中表演时，也有船只进行舞旋的表演，如上文提到的"出小木偶人，小船子上有一白衣垂钓，后有小童举棹划船，辽绕数回"，这样的表演难度更高；又如筑球，这是一种以杖击球的体育类或杂技类的表演，应用到木偶上时，就得以木偶拿着木杖击球，难度非常大；二是在木偶表演的同时，又有操纵木偶之人唱念台词，并有配乐。

进行水傀儡表演时，在水上看不到人，人是隐藏在帘后的，帘与前面木偶所在的水域隔开，艺人用竹竿操控木偶，由于在水中表演，有时候表演高难度动作时，幅度又比较大，所以操控木偶的竹竿往往很长，竿子一长，很考验艺人的技术。然对观众而言，由于只能看到木偶在水中做出各种精彩的动作，而看不到操控的人，视觉上更为享受一些。

闲话表过，言归正传。水傀儡表演结束后，水面上又上来两条彩船，船上竖着秋千架，此时，船尾有人爬上高竿展示各种动作，鼓乐声同时响起，忽然，一名艺人翻着筋斗出来，跳至秋千上，秋千越荡越高，当秋千晃出船只至水面时，那人纵身一跃，飞身钻入水中去了，这个节目唤做"水秋千"。

水戏表演结束后，戏船、傀儡船以及乐队船分别有序地往两侧退出，与此同时，二十条小龙船徐徐上前，水军表演正式开始，这也是众多节目中的压轴戏。

每条船上有五十多位军人，俱穿红衣，挺身肃立，两侧有旗鼓铜锣，船头有一名军人舞动彩旗，引导其余军人往船头而行，那领头的军人乃是虎翼军中的指挥使级别的军官。锣鼓声中，又有十条虎头船出场，每条船的船头站了一名锦衣人，其余都是穿青衣短衫、戴长顶头巾的水手，这些人虽也跟水军在一起，但没有编制，是从百姓中招聘而来的拥有较好的水上功夫的临时工，这些人划船的本事很高，一起划桨时，那虎头船端的如猛虎一般，飞驰而来。

小龙船和虎头船现身后，又出来两条飞鱼船，非常精致漂亮，船身涂五彩之色，间或描金，每条船上有五十余人，各穿五彩戏衫，同样是光彩夺目，他们有的持杂色小旗，有的持红伞，船头左右有人指挥引导，有点像领舞之人，船只两侧有乐队，敲小锣鼓、铙、铎等乐器，震天价响。

又有两条鳅鱼船上来，这是独木船，只由一人划动。但别看它是独木船，却十分名贵，整条船用一块完整的木料制造而成，换句话说，它没有拼接，一条船就是一棵完整的树制造的，正是那位采办花石纲的朱缅所进贡，这样的船在民间自然是很难见到的，老百姓也只有在皇帝临幸金明池时方才有机会一睹其面貌。

锣鼓声中，水面上的各种船只忽然转向，面北而行，至北岸，划入奥屋里面，不多久，小船牵引着一条巨大的龙船出来，那大龙船长达三四十丈，宽至三四丈，身披龙鳞，头有龙须，整个船身或雕琢或镂空，镶金饰银，十分地气派豪华。

从这艘大龙船的装饰来看，确实没有拆毁重造的必要，它只是用来表演或观赏的船只罢了，若是战船，船身不可能雕琢或镂空，镶金饰银，这些花里胡哨的装饰都会影响船只的坚固度，一撞即裂，而作为观赏性的船只，它看上去的确威武，能给人造成一定的视觉冲击。

船上有两层楼台，并设有看台、栏杆以及御座，以及上下楼的阶梯。船头有人挥舞着旗帜，在鼓声的配合下，船桨跟着旗帜的节奏划动，速度很快，不一会儿就到了水殿前，靠岸停泊。皇帝率领众臣登上大龙船，上得第二层楼台后，在御座上入座，其余大臣则分列两侧，在栏杆前观看。

大型的竞赛表演开始。此时，从临水殿到骆驼虹桥两端的水里，均插上了红色旗帜，标识水道的距离以及船只要行进的水路。小龙船列于水殿的前方，并分成两列，东西相对，虎头船和鳅鱼船分别排列在小龙船的后方，形成两军对峙之状。

摆好阵势后，位于水殿水棚上的一名军校将手中的小旗由上而下一挥，锣鼓声响，龙船出阵，但它们没有往前冲，船头和船尾的水手在不同的方向划桨，使船只打着圈儿旋转，二十条龙船形成了一个巨大的圆圈，谓之"旋罗"。这时，水殿前的军校又把小旗一扬，圆圈一分为二，不一会儿，形成两个大小相等的小圈，谓之"海眼"。军校的小旗再挥，两个圆圈散开，变成两条直线，并交织在一起，谓之"交头"。

小旗再展，龙船、虎头船、鳅鱼船分头并进，齐往池中央的水心五殿，列阵于水心五殿之东面，头朝临水殿，有风自湖面吹来，船上旗帜猎猎作响，军士俱皆肃立，威风凛凛。这时，有一叶小舟徐徐出来，舟上站着位军校，手执一竿，竿上挂了锦彩（注：彩色的锦缎）、银碗之类的东西，行至水心五殿前方位置时，弯腰将竿子往水里使劲一插，牢牢地插入水中，这竿子唤做"标竿"，各船只慢慢向标竿靠近，列阵于标竿后面。

只见临水殿上的小旗一扬，水心五殿上的船只忽然启动，同时锣鼓喧天，催动各个阵列的船只飞速往前。

最激动人心的时刻到了，位于东岸的百姓齐声呐喊，有的甚至手舞足蹈，边跳边叫，那情形与如今在世界杯现场支持球队的球迷一般无二，个个面红耳赤，扯着嗓子呼喊。

各支船队从水心五殿出发后，前至临水殿前，于此掉头，又沿着划好的水道前往骆驼虹桥，在骆驼虹桥掉转船头后，原路返还，以先到水心五殿前并夺到标竿者为胜。如此一共要进行三场比赛，夺标居多的船队为最终的胜利者。

以上所描述的场景，是根据《东京梦华录》之记录结合我个人的合理想象所得，我平时以写作小说为主，个别地方不免掺入艺术夸张之手法，不过应该已经接近于彼时君民同乐之盛况。

金明池的表演性活动不只这么一次，根据《东京梦华录》的记录，还有"宝津楼诸军呈百戏"的活动，同样，除了有军人参与演出外，还有艺人参演，表演的节目有"扑旗子""爆仗""抱锣""硬鬼""舞判""哑杂剧""七圣刀""歇帐""抹跄""扳落"，以及著名的杂剧演员萧住儿、丁都赛、薛子大、薛子小、杨总惜、崔上寿等同台表演，文戏武戏、杂技魔术齐上阵。舞台也是如梦如幻，神话剧上演时，有烟雾、灯光、烟花配合，限于篇幅，我不再详细描写，列位如有兴趣，可以参阅《东京梦华录》中有关于金明池的描写。

这样大型的游乐活动，一则有皇帝亲自参与，二者有知名艺人的表演，关键还是免费的，哪个肯错过？打个比方，如果某地有一台大型文艺晚会，汇集了全国知名的歌手和演员等艺人，不需要门票，你肯错过吗？将心比心，宋朝人也是如此，于是"每开一池，日许士庶扑博其中，自后游人益盛，旧俗相传，里谚云：'三月十八，村里老婆风发。'盖是日村姑无老幼，皆入城也"（注：语出金盈之《醉翁谈录》）。别说年轻人了，村里的姑娘、老太太都相携入城观赏。

不难想象，那场面一定比过年还热闹。王安石有诗《临津》，描写的正是金明池开放时，男女游园之情景，诗曰：

临津艳艳花千树，夹径斜斜柳数行。

却忆金明池上路，红裙争看绿衣郎。

此诗除了描写男女游园的情景之外，还传递出了另一个信息，即"红裙争看绿衣郎"之句，姑娘们兴致盎然地看着帅气的男子悄声评头论足，此等浪漫温情之场景，与现代何异？

很多人都说，封建时代社会环境的压抑和对人的思想的控制，就是从"存天理、灭人欲"的宋朝开始的，其实这完全是一种误解，以宋朝政治环境之开放，文化思想之自由，君臣之开明，是不可能对人的情欲和思想予以控制的，不然的话，经济、文化、教育的改革和开放又从何而来？

其次，朱熹的生活时代是在南宋，他的思想在南宋末期方才开始流行，故"存天理、灭人欲"之事，从无发生在宋朝，后来科举上的八股文也是从明朝开始的，一直延续至清朝。宋朝也没有禁止过女人出行，这个从我们在叙述旅游的章节中，已于多个角度亦予以证实，无须多论。

在那样的环境下，金明池开放又是人山人海，"红裙争看绿衣郎"其实是种常见的现象，不足为奇。

东京城内除了金明池外，还有一座皇家林苑琼林苑，与金明池南北相对，乃是皇帝宴请新科状元的地方，自太宗太平兴国二年（977年）于此宴请新科进士，此后成为定制。不过在三月初一至四月初八金明池对外开放期间，琼林苑也是同时开放的，不禁游人。

此外，与金明池、琼林苑一样的公园，在东京还有很多，如玉津园、宜春园（注：《东京梦华录》称之为庶人园，"州西北元有庶人园，有创台、流杯亭榭数处，放人春赏"）等，南宋时期，在西湖修了多座御园，纵民游览。

除了公园外，在京的衙门部分区域也是对外开放的，"其他在京官司，不妨公事，任便宴游"（注：语出陈元靓《岁时广记》）。看到这条记录时，我也不免惊讶，衙门对外开放，这在历朝历代实属罕见。

三、跟着宋朝百姓一起去过节

正月朔日，谓之元旦，俗呼为新年。一岁节序，此为之首。官放公私就屋钱三日，士夫皆交相贺，细民男女亦皆鲜衣，往来拜节。街坊以食物、动使、冠梳、领抹、缎匹、花朵、玩具等物沿门歌叫关扑。不论贫富，游玩琳宫梵宇，竟日不绝。家家饮宴，笑语喧哗。此杭城风俗，畴昔侈靡之习，至今不改也。

——吴自牧《梦粱录》

转眼已至最后一个章节，意味着本书行将结束，感谢看到这里并听我絮叨的读者，或许列位阅读此书，不过数日，而我则埋首已数月矣。在写作此书的过程中，因年前有新冠，年后有流感，要在家中照料三岁小儿，俗务缠身，颇多烦恼，使创作之乐趣顿无，实在是件憾事。

本还想写些宋人远游的故事轶闻，以飨读者，毕竟宋人留下来的相关资料还是比较多的，如陆游的《入蜀记》，范成大的《吴船录》，欧阳修的《于役志》等等，通过这些史料，可一窥宋人远游之大概。然综合史料后发现，古代的长途旅行基本与百姓无关，都是士人之宦游，或是学子入京赴试的沿途记闻，也就是说宋朝留下来的这些旅行日记，要么是官员赴任、贬谪某地时，沿途之见闻，要么是学子参加会试时顺道参观游览，总之，他们记录的旅游文字，目的并非旅游。

由于交通工具的限制，长途旅游对普通百姓来说，乃是件可望而不可即之事，只能想象一下诗和远方，以及沿途的所谓的浪漫和自在，不可能真的抛妻弃子，用一年半载甚至更长的时间，来一场说走就走的旅行，那是不现实的。鉴于此，我们在史料上基本见不到普通百姓长途旅行记录，甚至连明代徐霞客那样纯粹的苦旅的文字都找不到。究其原因，无非是宦游造成的，比如陆游、欧阳修由于本身名气比较大，加上官员之身份，每到一地，大多数时候均有当地官员接待，虽难免风餐露宿，遭遇疾风苦雨，也难免在途中染疾，旅游劳顿，但大多数时候都能病有所医，饥有所食，且沿途还能与友人、师长、学生共聚，相对来说，那一路之上心情还是比较愉悦的。

当然，我省略宋人远游之章节，也并非宋人长途旅行皆是宦游之故，还有如前文述及的个人原因，俗事牵绊，几无创作之乐趣，勉强凑字，于己于人无益，只能期望于日后有暇时，再与列位分享宋朝其他事体。

闲话表过，言归正传，这个章节我们跟着宋朝百姓一起去领略下彼时节日之氛围。

先说春节。这是一年之中头一个节日，也是中国人心中最重要的节日，没有之一，故每至春节，过好这个节日也就成了人们心中的头等大事。

王楙在其《野客丛书》曰：“国家官私以冬至、元正、寒食三大节为七日假，所谓'前三后四'之说。"冬至、元正（注：元旦，现在的春节）、寒食为三大节日，都要放七天假，即节前三天、节后四天，可见在大的节假日，古人休假与我们现在差不多。至于节日之习俗，因是传统节日，我们大多数习俗都是从古代沿袭而来，所以，古今过春节的方式跟我们亦相差无几，且来看一段《东京梦华录》对春节的描述：

> 正月一日年节，开封府放关扑三日。士庶自早互相庆贺，坊巷以食物动使果实柴炭之类，歌叫关扑。如马行、潘楼街，州东宋门外，州西梁门外踊路，州北封丘门外，及州南一带，皆结彩棚，铺陈冠梳、珠翠、头面、衣着、花朵、领抹、靴鞋、玩好之类。间列舞场歌馆，车马交驰。向晚，贵家妇女纵赏关赌，入场观看，入市店馆宴，惯习成风，不相笑励。至寒食冬至三日亦如此。小民虽贫者，亦须新洁衣服，把酒相酬尔。

宋朝是禁赌的，太宗时期，就推出了禁赌之条例，"淳化二年闰二月己丑，诏京城蒲博者，开封府捕之，犯者斩"（注：语出《宋史》）。从"犯者斩"的字眼中不难看出，禁赌还是非常严厉的。同样，开赌坊的一旦被查，也要处罚，"开柜坊（赌场）者，并其同罪"（注：语出《宋会要辑稿》）。意思是说，无论是参与赌博的，还是开赌坊的，查到的都要斩首。但是在正月初一至初三，"开封府放关扑三日"，大年的这三天，允许赌博娱乐。

春节的头一天，无论是官员还是百姓，都要去拜年，相互庆贺。大街小巷全是卖各类吃食的店铺和小贩，如城内的马行街、潘楼街这些繁华地段，东宋门、西梁门、封丘门外，以及城南一带，街上全是彩棚，棚内卖的俱是些衣服、头饰、靴鞋和一些好玩的东西。到了傍晚时分，一些富贵人家的妇女出来尽情地观看赌博，有的进入赌场去看，有的则入酒店饭馆吃喝，这样的行为已然成为一种风俗，谁也不会笑话谁。在春节的那几天里，即便是家贫的百姓，也会穿上新的干净的衣服，并把酒款待客人。

看来无论古今，拜年串门、吃吃喝喝是春节永恒不变的主题。再来看《梦粱录》的描述：

正月朔日，谓之元旦，俗呼为新年。一岁节序，此为之首。官放公私就屋钱三日，士夫皆交相贺，细民男女亦皆鲜衣，往来拜节。街坊以食物、动使、冠梳、领抹、缎匹、花朵、玩具等物沿门歌叫关扑。不论贫富，游玩琳宫梵宇，竟日不绝。家家饮宴，笑语喧哗。此杭城风俗，畴昔侈靡之习，至今不改也。

这段文字与《东京梦华录》的记录大体相同，但也有亮点。第一个亮点是"官放公私就屋钱三日"，意思是凡租赁官方房子的，从初一至初三日的这三天免去房租，这个举措钱虽不多，倒也暖人心；第二个亮点是"家家饮宴，笑语喧哗。此杭城风俗，畴昔侈靡之习，至今不改也"。吴自牧认为，家家饮宴是以前沿袭下来的侈靡之习，至今也没改，这个估计永远也改不了，因为辛辛苦苦一整年，到了春节，吃好的穿好的早已形成一种风俗，且人们并不认为那是奢侈，我花自己的钱，过自己的年，图个新年之喜庆和愉悦，有何不可呢？

正月初一出门拜年前，要放"开门炮"，又称"开财门"，一般在早上四五点钟进行，打开门，放新年的第一串鞭炮，将财气迎入门，这才准备出门拜年。也有些人为了早些迎财，子时过后就放"开门炮"了。当然，这只是一种春节之习俗，或是出门拜年前的一种仪式，若是过于当真，便是迷信了。

拜年时，长辈也会给小辈压岁钱，原不过只是图个吉祥，寓意压住邪祟，让后辈能健康成长，后便如吴自牧所说的那样，侈靡成风，压岁钱再无压邪祟之意，倒更像是一种压人之人情，此等俗事，不说也罢，下面我来说一些今已失传，但在宋朝时十分流行的春节习俗吧。

初一日饮屠苏酒之习俗，在宋朝十分流行。苏辙有"年年最后饮屠苏，不觉年来七十余"的诗句，说的是饮屠苏酒乃是按由小而大的次序，彼时苏辙乃是长辈，因此年年都最后一个喝。

根据《岁时广记》的说法，屠者，乃是屠绝鬼气，苏者，言其苏醒人魂，实际上也是图个吉祥。

国人凡事都要论个长幼先后，一般在过节之时，因尊重长者之故，皆是长者为先，那么为什么饮屠苏酒要从最小的开始呢？

据说，后汉"党锢之祸"时，李膺、杜密等人一并入狱，关在同一个监狱中，元旦这一天狱中赐酒，于是几个人一起喝，当时有人提议说，这酒应该从年小者起饮。有人不解，问为什么啊。有人答道："过了年，年小者得一岁，应贺之，年长者失一岁，故后饮殿之。"大家都认为有道理，从此之后，这一习俗便流传下来，每逢过年饮屠苏，年长的人只能"手把屠苏让少年"了。

屠苏酒实际上是款药酒，其为大黄、蜀椒、桔梗、桂心、防风、白术、虎杖、乌头等调制而成。饮屠苏酒时也颇有仪式感，在正月初一当天，饮酒之前，先要捧杯祷告："一人饮之，一家无疾。一家饮之，一里无病。"（注：语出《岁时广记》）说完之后，方才由少而长饮此酒，实际上这也是一种美好的寄托，希望家人在新的一年里无疾无灾。

又有吞鸡子的风俗，也是在初一这一日进行。鸡子说的是鸡蛋，"元旦，当生吞鸡子一枚，谓之炼形"（注：语出周处《风土记》）。周处是晋代人，说明这个风俗在两晋时就有了，其习俗源自道家，所谓"炼形"，指的是修炼形体，得道成仙，在过年的时候生吞鸡子，乃寓意长命百岁。当然，生吞鸡子并不是说要把整个鸡蛋连壳一道儿咽下去，那样做就真的升天了，一般是将蛋打破，将蛋液放入碗里，将蛋黄和蛋清一起吞下去即可。

宋朝人也会在门上贴一幅年画，不过彼时的年画与我们现在所看到的不同，现在的年画很丰富，彼时的年画实际上就是贴门神。所画的门神一般是神荼和郁垒二位捉鬼的神仙，民间俗称"画桃梗"。

画桃梗的风俗源自《山海经》，说是东海有度朔山，上面有棵大桃树，蟠屈三千里，桃树的东北有鬼门，乃万鬼出入之门户。但是门两侧有二位神仙把守，一个叫神荼，一个叫郁垒，专捉害人的恶鬼喂虎。

不过这是《山海经》的记载，这两位神仙的名字在传播过程中，不断变化，到了战国时代，已变成余与和郁雷了。然神仙的名字由于误传，发生了变化，但神仙驱鬼的本质却一直没有更易，后来，人们雕印那二位神仙像，在过年的时候贴于门上，用以驱邪镇宅。

二位神仙除了被当作门神外，他们的名字还会出现在桃板上。春节前后，家家户户都要写桃板，王安石有诗云：

爆竹声中一岁除，春风送暖入屠苏。
千门万户曈曈日，总把新桃换旧符。

诗中的新桃与旧符，就是桃板，又叫桃符，实际上就是春联最初的形态，据《岁时广记》记载，桃板"长二三尺，大四五寸，上画神像，狻猊、白泽之属，下书左郁垒，右神荼。或写春词，或祝祷之语，岁旦则更之"。可见最早的春联乃是用桃木制成的木板，写好内容后钉在门之两侧，这一挂就是一年，来年春节时再换新的。由于宋朝时期挂春联的习俗尚未形成风俗，因此，桃板上有画神像的，也有写春辞的，没有固定的形式。

在农村或偏远些的地区，桃板可能需要自己动手制作，城里就方便多了，大街小巷到处都有卖桃板的，《东京梦华录》云：

> 近岁节，市井皆印卖门神、钟馗、桃板、桃符，及财门钝驴、回头鹿马、天行帖子。卖乾茄瓠、马牙菜，胶牙饧之类，以备除夜之用。

从《东京梦华录》的这条记录中，我们可以看到过年除了桃板、门神外，还有财门钝驴、回头鹿马这些年画，宋朝时期，印刷工业已较为发达，所以这些年画都是印刷品，前者用以招财，后者招禄，福禄寿财一直是中国老百姓所追求的，总盼着团团圆圆、圆圆满满、健健康康，故所有春节的习俗，都具有这些寓意。

胶牙饧是一种麦芽糖，有点类似于今天的饴糖，黏性很大，是过年时常备的一种糖果，《荆楚岁时记》曰："元日，食胶牙饧，取胶固不动之意。"大概的意思是，牙好身体就好，这么黏的糖都没把牙齿扯下来，那么来年定然是健健康康的，百病不侵，也是取吉祥之意。

马牙菜指的是马齿苋，是一种野菜，农村里很常见，不过这种东西至少在我个人看来非常难吃，不知道为何宋人会把马牙菜当作春节必备食物。

燃放爆竹是中国人过年时必不可少的活动之一，已有上千年的历史了，原意是惊鬼，《荆楚岁时记》曰："元日，庭前爆竹，以辟山臊恶鬼也。"《梦粱录》载："是夜，禁中爆竹嵩呼，闻于街巷……声震如雷。"演绎到今天，虽再无惊鬼之寓意，但却成了过年的标志，热闹喜庆之象征，无鞭炮不成年。

元旦之后是立春。立春这个节令对我们现代人来说，就是节气而已，全无节日的氛围了，但完全依靠农业的古代社会，则十分在意立春，《东京梦华录》如是记载立春之情景：

立春前一日，开封府进春牛入禁中鞭春。开封、祥符两县，置春牛于府前。至日绝早，府僚打春，如方州仪。府前左右，百姓卖小春牛，往往花装栏坐，上列百戏人物，春幡雪柳，各相献遗。

这段话的意思是说，在立春的前一天，开封府会进春牛去皇宫，至第二日，皇帝会拿着一条彩鞭打牛，这就叫做鞭春，也叫打春，有劝耕之意。地方上的各州各县也会鞭春。

鞭春的这天，街上也很热闹，小贩会在开封府门前卖小春牛的玩具，小牛身上往往饰以彩色，放在漂亮的牛栏里。

鞭春是一项由国家发起的劝耕的农业活动，除了皇帝及各级官员会参与外，也发布了相关的条令，如《国朝会要》云：

令立春前五日，都邑并造土牛、耕夫、犁具于大门外之东。是日黎明，有司为坛，以祭先农。官吏各具彩杖，环击牛者三，所以示劝耕之意。

从这段资料中可以看到，此时所用的牛并非是真牛，而是土牛，仁宗时期，曾颁布《土牛经》行于天下，土牛作为鞭春的工具，俨然已成风俗。民间鞭春时，有些地方也有用纸和竹子扎成的纸牛。

鞭春的流程大概是这样的，先行祭祀，再抬着制作好的春牛游街，如是在村子里举行，一般要绕村一周，敲锣开道，从者无数，非常热闹。游街完成后，由长者或地方官员执一条彩鞭打牛，直将土牛或纸牛打破为止。牛的肚子里一般都装了稻谷、麦子、菜籽、豆类等各类种子，种子落地时，大家都上去争抢，抢到此种子去播种的话，一定丰收。如是土牛，牛被打破后人们也会去抢牛土，抢到牛首之土的最为吉祥，抢到牛土后，大家会将此土撒到自家的地里，寓意会风调雨顺，五谷丰登，这个环节谓之"争春牛"。

立春之后是人日，这个节令今天估计已很少有人知道了，一般认为起源于汉代，盛于魏晋，至于唐宋更为受重视，约有两千年的历史了，《月令占候图》如是解释人日：

元首至八日，占禽兽。一日鸡，天清气朗，人安国泰，四夷远贡，天下丰熟。二日狗，无风雨，即大熟。三日猪，天晴朗，君安。四日羊，气色和暖，即无灾，臣顺君命。五日马，晴朗，四望无怨气，天下丰稔。六日牛，日月光明，即大熟。七日人，从旦至暮，日色晴明，夜见星辰，人民安，君臣和会。

这段话的意思没有必要去翻译，说的是从正月初一至初七都会吉祥的之类祝祷的话，相传这与女娲有关。说女娲在造人之前，先是依次造了鸡、狗、猪、羊、马、牛等六种牲畜，到了第七日才造出了人，为此，正月初七这一天被定为人日，又叫"人胜日"或"人庆"，我们可以将之理解为人类的生日。既然是生日，自然是要庆祝的，《荆楚岁时记》：

正月七日为人日。以七种菜为羹，剪彩为人或镂金箔为人，以贴屏风，亦戴之头鬓。又造华胜以相遗，登高赋诗。

说是正月初七为人日，要吃由七种菜做出来的羹，这种羹又叫做七宝粥。要剪纸人或镂金箔人，要么贴屏风上，要么戴头上，这种习俗又称戴人胜。也有造花胜的，用纸或金箔做成各种花的形状，相互赠送，然后相约登高去赋诗。

此外，富贵人家在人日这天还要做面茧，面茧类似于馒头一类的食物，有肉馅的也有素馅的。为什么面茧要富贵人家才做呢，普通百姓人家不能做吗？倒也不是不能做，而是在吃面茧的过程中，会在馅里放纸签，上书官名，"以卜异时官品高下"（注：语出《岁时广记》），意思就是说，比如现任官职为县令，若吃到的面茧里的纸签为知州的话，那就寓意要高升了，因此，面茧又名"探官茧"，且探的是"异时官品高下"，普通人家无官无品，自然就没必要探了。

人日过后就是上元节了，又称元宵。宋朝的元宵直比春节还热闹，春节以请客或串门为主，元宵则全城欢腾，看戏观灯，街头巷尾，人山人海，这是一个狂欢的节日，《东京梦华录》如是云：

正月十五日元宵，大内前自岁前冬至后，开封府绞缚山棚，立木正对宣德楼，游人已集御街两廊下。奇术异能，歌舞百戏，鳞鳞相切，乐

声嘈杂十余里。

　　说是在岁前冬至后，开封府就在皇宫前面的街道搭棚了，为元宵节做准备。到了正月十五这一天，魔术、杂技、歌舞百戏轮番上演，声震十余里。到了晚上亮灯之时，《东京梦华录》如是描写：

　　　　灯山上彩，金碧相射，锦绣交辉。面北悉以彩结，山沓上皆画神仙故事，或坊市卖药卖卦之人。横列三门，各有彩结金书大牌，中曰"都门道"，左右曰"左右禁卫之门"，上有大牌曰"宣和与民同乐"。彩山左右，以彩结文殊、普贤，跨狮子白象，各于手指出水五道，其手摇动。用辘轳绞水上灯山尖高处，用木柜贮之，逐时放下，如瀑布状……自灯山至宣德门楼横大街，约百余丈，用棘围绕，谓之"棘盆"，内设两长竿高数十丈，以绘彩结束，纸糊百戏人物，悬于竿上，风动宛若飞仙。内设乐棚，差衙前乐人作乐杂戏，并左右军百戏，在其中驾坐一时呈拽。

　　大意是说晚上彩色的灯一起点亮时，流光溢彩，金碧辉煌，整座城都成了一座灯火之城。朝北的地方，都是彩缎搭成的山棚，上画神仙故事，灯点亮时，看上去更是炫彩夺目，不过上面所画的也并非全是神仙人物，也有在坊市卖药卖卦的小贩的形象。横向排列着三道门户，各挂着彩结金书的大牌子，中间门上写着"都门道"，左右写着"左右禁卫之门"，最上面还有一块更大的招牌，上书"宣和与民同乐"等字，这有点像我们现在的标语。

　　在彩山的两侧，有文殊、普贤菩萨的彩灯，分别跨狮子和白象，手指尖有流水流出。原来，有人用辘轳绞水到灯山的高处，那上面有个水箱，专门用来蓄水，菩萨手指上面流出来的水正是来自灯山上的水箱，像瀑布一般，很是壮观。

　　从灯山到宣德门大街，有百余丈的地方，沿街用棘刺围了起来，叫做棘盆，内设两根长竿，高百余丈，竿身用五彩的布装饰，又用纸糊成的百戏人物的彩灯，挂在那高竿之上，随风晃动，宛如飞仙。在那棘盆的后面，安排了乐队，专门派了官方的乐人以及禁军演戏。

　　《梦粱录》也有类似的记录，不过南宋似乎更为疯狂一些：

杭城元宵之际，州府设上元醮，诸狱修净狱道场，官放公私就屋钱三日，以宽民力。舞队自去岁冬至日，便呈行放。遇夜，官府支散钱酒犒之。元夕之时，自十四为始，对支所犒钱酒。十五夜，帅臣出街弹压，遇舞队照例特犒。街坊买卖之人，并行支钱散给。此岁岁州府科额支行，庶几体朝廷与民同乐之意。

在元宵当天，官府设坛祭祀，同春节时一样，如果租赁了官府的房子，元宵节时照例免除房租三天。民间有很多舞队，这些舞队不一定全是跳舞的，也有舞龙舞狮的，从去年冬至开始入城，一直闹到元宵，到了晚上，官府会拿些钱或酒食给他们。及至元宵，官府更会出来犒赏这些民间艺人。正月十五夜，有禁军出来维护秩序，遇到舞队，照例散钱，那些沿街做生意的小贩也会有赏钱。这些禁军哪里是出来维护秩序的啊，简直是散财童子。

这些犒赏百姓的钱，官府每年都有预算，换句话说在南宋，官府每年元宵都会给百姓发钱。至于所发的钱到底有多少，无从查起，不过应该不会太多，不然每年都照例发钱的话，财政也支撑不起。当然，这仅仅只是我个人的猜测，现在的一些发达国家和地区，节假日也会给百姓发钱，或促进消费，或保障民生，百姓拿到手的钱也有不少，宋朝在当时是无可置疑的发达国家，说不定发给百姓的钱数目不小呢？

有趣的是，在元宵时节《梦粱录》也提到了蒋苑使：

有内侍蒋苑使家，虽曰小小宅院，然装点亭台，悬挂玉栅，异巧华灯，珠帘低下，笙歌并作，游人玩赏，不忍舍去。诸酒库亦点灯球，喧天鼓吹，设法大赏，妓女群坐喧哗，勾引风流子弟买笑追欢。

我在说旅游的时候，曾提到蒋苑使，没想到这位蒋苑使的小园在元宵时也十分热闹，在他的精心装点下，亭台上、珠帘下俱是各种精巧的华灯，其园虽小，然装点则巧，因此游人都不忍舍去。

卖酒的也来凑热闹，这一天诸酒库也张灯结彩，并请来乐队，吹得震天价响，又有女艺人在那儿说说笑笑，专勾引那些风流子弟买笑追欢。

元宵一共要闹五天，从正月十四日始，至十八日止，元宵节过完后，街上的那些山棚都要拆了，为此，十八日晚又称"收灯"，《东京梦华录》有"收灯都人出城探春"的章节，收灯即指正月十八日。晏殊有《正月十八夜》诗云："楼台冷落收灯夜，门巷萧条扫雪天。"唱戏的楼台已人去楼空，灯也收了，夜里自然也没人来了，与元宵时人山人海的热闹相比，现在的门巷更是显得萧条冷清。看来元宵一过，宋朝人也难免患节日病，难舍那喜庆热闹的节日氛围。

元宵过后是寒食，关于这个节日前文略有介绍，这里我就开门见山了，《东京梦华录》云：

> 寒食前一日谓之"炊熟"，用面造枣𩛵飞燕，柳条串之，插于门楣，谓之'子推燕'。子女及笄者，多以是日上头。"

寒食节要断火三天，《岁时杂记》说，"断火三日者，谓冬至后一百四日、一百五日、一百六日也"。因此在寒食节的那三天又有百四日、百五日、百六日的叫法，而在百三日的那天，家家户户都要做很多吃的东西，故寒食节前一天又称"炊熟"，免得禁烟后没吃的东西，那就真的要活生生饿死了。

吃的东西有很多，依据各家各户的经济情况来定，不过可以肯定的是，一次性要准备三天的食物，定然是十分丰盛的，故当时有"懒妇思正月，馋妇盼寒食"之说。

枣𩛵是一种面食，饼状，面上附枣，蒸熟了后用柳条穿起来，挂在门外，因这种面食是为纪念介子推而做的，故又叫"子推燕"。成年子女需举行冠礼或笄礼的，一般都会选在那几天。

由于寒食和清明是挨着的，所以从寒食的头一天开始，一连三天，大家都会出去上坟，以至于出行的人太多，城内都堵车了，且看《东京梦华录》的描述：

> 士庶阗塞诸门，纸马铺皆于当街用纸衮叠成楼阁之状。四野如市，往往就芳树之下，或园囿之间，罗列杯盘，互相劝酬。
> 都城之歌儿舞女，遍满园亭，抵暮而归。各携枣𩛵、炊饼、黄胖、掉刀，名花异果，山亭戏具，鸭卵鸡雏，谓之"门外土"。轿子即以杨柳杂花装簇顶上，四垂遮映。自此三日，皆出城上坟，但一百五日最盛。节日坊市卖稠饧、麦糕、乳酪、乳饼之类。

各大城门的出入口由于人流、车流量太大，发生了拥堵现象。卖纸马的冥器店生意爆火，将祭祀用品摆放在街边，成楼阁之状。这属于侵街行为，若是换在他朝是要没收的，在宋朝只要没有影响交通，就不会有人来管。

郊区已经像市场一样了，在绿树之下、田园之间，杯盘罗列，四处都摆满了祭祀之用品，人人都焚香祈祷，拜祭祝告。

那些爱热闹的少男少女，祭拜完毕后就到处玩耍，要到天黑了方才回城。路上来去的车轿上，都用杨柳以及各种花草装饰着，柳枝和藤叶将车轿的门窗都遮住了，倒是颇具自然之美，也能让后世的我们隔着历史的长河，领略到彼时节日的氛围。

如此连续三天，大家都会出城上坟，但是，一百五日那天的人最多，坊市上自然也最为热闹，不过市场上卖的最多的是，稠饧、麦糕、乳酪、乳饼之类的寒食节特有的食物。

稠饧跟胶牙饧一样，都是一种很黏的糖，宋朝人在寒食、清明时节非常流行吃饧，除了稠饧外，还有醴饧、强饧等，宋祁在《寒食假中作》中有诗云："草色引开盘马地，箫声催暖卖饧天。"卖饧天必是好天气，因此后人将卖饧天引申为艳阳天，我们也能从中看出，卖饧吃饧的习俗不只写入了诗里，更融入了百姓的生活中。

清明与寒食的习俗差不多，不再赘述，来说端午。

端午又叫端五，《岁时广记》说："以五月初一为端一，初二为端二，数以至五，谓之端五。"

古人认为，五月是个毒月，而五月初五则是个毒日，五毒并出，众邪俱至，反正不是什么好日子，所以在这个特殊的节日里，人们要做的就是辟邪消毒，从五月初一那天起，人们就开始为此做准备了，到了端午前一天，家家户户"插五端"，将菖蒲、艾草、葫蒜、榕枝、石榴花这些植物捆绑起来，挂在门前，不过这"五端"也不是固定的，也有挂桃柳等物用以辟邪的，《东京梦华录》说："自五月一日及端午前一日，卖桃、柳、葵花、薄叶、佛道艾，次日家家铺陈于门首。"

然后是"吃五黄"，五黄是指黄花鱼、黄瓜、蛋黄、黄豆、雄黄酒等，古人认为黄色可以解毒辟邪，吃了这五黄，可保整年平安健康。

再是吃"五毒饼"，五毒指的是蛇、蝎、蜈蚣、蜘蛛、蟾蜍等五物，五毒饼并非是把这些毒物抓来剁碎了做成饼，那样任谁也吃不下去，吃五毒饼只是一种象征性的做法，用雕有五毒的模具做成的饼，蒸熟了后吃掉，寓意毒物消失，人们也不会再生病了。

最后是"辟五毒"，具体的做法是系"五彩丝线"，取五行"金、木、水、火、土"的代表色，火为红，土为黄，木为蓝，金为白，水为黑，合五色线搓成一条线缕，又叫长命缕、续命缕等。《风俗通》载："五月五日，以五彩丝系臂者，辟鬼及兵，命人不病瘟。"

此外，还有钉艾人，将艾结为人形，钉在门户上；浴兰汤，古人认为兰草可辟邪避瘟，因蓄兰以浴，《梦粱录》云："五日重午节，又曰'浴兰令节'。"可见端午浴兰汤在当时十分盛行；又有戴钗头符，这一习俗理应起源于道家，《梦粱录》说："符袋者，盖因《抱朴子》问辟五兵之道，以五月午日佩赤灵符挂心前，今以钗符佩带，即此意也。"钗头符乃是用五彩的布做成的小符，很精巧，宋朝的街上也有卖的。总而言之，端午的种种习俗以辟邪祛病为主，期望家人健康。

宋朝人也吃粽子，不过从史料记载来看，宋人吃粽子似乎与屈原关系不大。《岁时广记》说："端五，因古人筒米而以菰叶裹黏米，名曰角黍相遗，俗作粽。或加之以枣、或以糖，近年又加松栗、胡桃、姜桂、麝香之类。近代多烧艾灰淋汁煮之，其色如金。"从这个描述来看，宋朝的粽子跟我们今天的相差无几，不过粽子的品种和形态却很多，"端午粽子，名品甚多，形制不一，有角粽、锥粽、茭粽、筒粽、秤锤粽"（注：语出《岁时广记》）。又说"京师人以端五日为解粽节"（注：出处同上）。在解粽之时，家里人还要比赛一下，谁解开来的粽叶长谁就算赢。

宋朝人也有赛龙舟的活动，可以明确的是，赛龙舟之习俗源于屈原，欧阳修有诗云"楚俗传筒黍，江人喜竞船。深宫亦行乐，彩索续长年"（注：语出《欧阳修集》）。可见"筒黍（筒粽）"最早出现于楚地，据刘敬叔《异苑》载，"粽，屈原姊所作也"。《异苑》是小说家言，不可信，不过可以肯定的是，屈原一定吃过粽子，也就是说在屈原之前，就有端午吃粽子的习俗了，只是屈原投江那日，正是五月初五，久而久之便形成了在过端午的同时祭屈原的风俗。

端午之后便是七夕了。

七夕又叫乞巧，源于汉，东晋葛洪的《西京杂记》说道："汉彩女常以七月七日穿七孔针于开襟楼，人俱习之。"这是古代女子的一种美好愿望，希望能得一双灵巧手，嫁得一个如意郎。

《荆楚岁时记》云："七月七日，世谓织女、牵牛聚会之日，是夕，陈瓜果于庭中，以乞巧。"这大概就是乞巧节最初的愿望，单纯而浪漫。不过到了唐宋后，它渐渐地成了一个娱乐性较强的节日，家家户户出门逛街，以至于街上人山人海，甚至还有七夕的吉祥物，叫做磨喝乐，到处都有卖的，《东京梦华录》云：

> 七月七夕，潘楼街东宋门外瓦子、州西梁门外瓦子、北门外、南朱雀门外街及马行街内，皆卖磨喝乐，乃小塑土偶耳。

磨喝乐是梵文音译，原是佛教天龙八部之一，蛇首人身，汉化后渐成可爱的儿童形象，磨喝乐人偶一般是一男一女成双卖的。儿童在七夕这天都要买一枝新荷叶在手里拿着，乃是效仿磨喝乐之故，因为磨喝乐的手里也持有荷叶，估计是讨个吉祥。不过这个习俗究竟是怎么来的，连宋朝人自己都不知道，吴自牧说："此东都流传，至今不改，不知出何文记也。"（注：语出《梦粱录》）说是小儿持新荷的习俗在东京流传很广，一直沿袭至南宋，但是不知道具体的出处。

全城的小孩和女子无论贫富，这天都要穿上新衣裳，跟过年一样，"倾城儿童女子，不论贫富，皆着新衣"（注：语出《梦粱录》）。同样，在七夕这天逛街的人也很多，在"七夕前三五日，车马盈市，罗绮满街"（注：语出《东京梦华录》）。街上车来车往，又有穿得花花绿绿的满街的女子。

到了初六或初七的晚上，"贵家多结彩楼于庭，谓之乞巧楼。铺陈磨喝乐、花瓜、酒炙、笔砚、针线，或儿童裁诗，女郎呈巧，焚香列拜，谓之乞巧。妇女望月穿针。或以小蜘蛛安合子内，次日看之，若网圆正，谓之得巧"（注：语出《东京梦华录》）。

说是有条件的家庭，会结彩楼于庭院之中，叫做乞巧楼，女子在乞巧楼内焚香膜拜，案前陈磨喝乐、花瓜、酒炙、笔砚、针线等这些乞巧物，拜毕，那女郎便望月穿针引线，如果绣得好，那便是得巧了。也有人抓一只小蜘蛛放在盒里，到了第二日，如果蜘蛛织的网很圆，也可称之为得巧。此外，也有人以放逐河灯的方式来追忆牛郎织女：

以黄蜡铸为凫雁、鸳鸯、龟鱼之类，彩画金缕，谓之"水上浮"。
（注：语出《东京梦华录》）

这些在水上漂的东西都是成双成对的，表达的是一种对未来的美好愿景，或祈家人团圆，或祷早日觅得意中人。

东京有专门的乞巧市，卖的都是七夕节所要用到的东西，《岁时广记》云：

东京潘楼前有乞巧市，卖乞巧物，自七月初一日为始，车马喧阗。
七夕前两三日，车马相次，壅遏不复得出，至夜方散。其次丽景、保康、阊阖门外，及睦亲、广亲宅前，亦有乞巧市，然皆不及潘楼。

说是东京潘楼前有乞巧市场，卖的都是乞巧物，从七月初一开始，这里就已经非常热闹了。到了七夕前的两三天，车马往来更多，勉强挤进去后就再也不能掉头出来了，要到晚上人流才慢慢散去。丽景、保康、阊阖门外，及睦亲、广亲宅前也有乞巧市场，但都不如潘楼热闹。

从乞巧市的热闹程度来看，我们不难推断，宋朝的七夕节是何等热闹。

七夕除了有专门的吉祥物、集市之外，还有一种只在七夕才吃的食物，叫做"乞巧果子"。《东京梦华录》说是"以油面糖蜜造为笑靥儿，谓之果食花样，奇巧百端，如捺香方胜之类"。实际上就是一种甜食，不知列位发现没有，宋朝人委实是太喜欢甜品了。

七夕于今日而言，已是个可有可无之节日，即便有人过七夕，亦是只得其形而不能得其神，针织刺绣已非今日女子所求，心灵手巧也不一定非要具备，如果单以七夕是中国情人节而论的话，已失七夕之魂，因为从七夕的发展历程来看，她实际上是专属于女子的节日，所以又有"女儿节"之称，如一定要以牛郎织女之名，硬是给它安一个"东方情人节"的称号，与"乞巧、女儿"这些七夕节的关键词相去甚远。可见也并不是国人抛弃了七夕节，而是时代抛弃了它。

过了七夕后便是中秋了。中秋与春节、清明、端午并称为我国四大传统节日，然实际上在宋朝以前，人们却不怎么过中秋。

中秋节起源于古老的"祭月节"，我们的先祖认为，月亮的运动与农业生产和季节变化有莫大的关系，从而引起对"月神"的崇拜，故于每年秋分举行祭月，为此，秋分祭月这一习俗便流传了下来。

不难看出，这本来是个比较严肃的节日。到了汉代的时候，除了祭月外，又衍生出敬老、爱老的意味来，如果不出意外的话，中秋节无疑会与重阳节重合，会发展成一个属于老年人的节日。

到了唐朝，意外来了。

《唐逸史》记录了这么一个故事，说是鄂州人罗公远在中秋夜陪唐玄宗赏月，玄宗也是位文雅人，看着眼前那若银盘一般的明月，一时感叹万千。罗公远见状，说道："圣人可有兴趣往月宫一观？"玄宗大喜，只见罗公远将手中的那根拐杖往空中一掷，那拐杖本为赤玄之色，及至空中，忽地化作一道银光，横亘于天地之间，玄宗定睛看时，俨然一座银光灿灿的银色大桥。

二人登上此桥，行数十里，面前精光夺目，寒意袭人，玄宗问是何处，罗公远道："我们到月宫了。"

玄宗又上前几步，入得宫门时，见有仙女数百，皆素练宽衣，舞于广寒宫前，衣袂飘飘，仙音萦绕，玄宗觉得此曲绝妙，因问道："此为何曲？"

罗公远答道："《霓裳羽衣曲》也。"玄宗遂记其声调，回去之后，召来伶官乐工，按其所记之调谱曲，因成《霓裳羽衣曲》。

不知道列位有没有这样一种感受，即无论是小说或影视，凡是涉及唐朝，必多玄幻志怪，因此，我们在看到玄宗游广寒宫这样的桥段时，不会感到惊讶，但如果这样的桥段出现在宋朝，让真宗或仁宗去游广寒宫，倒也不是说不行，但总觉得有那么些格格不入之感。

事实上这就是文化，一朝有一朝的文化，汉之雄武、唐之绮丽、宋之风雅，各个不同，那么中秋节沿袭至唐朝时发生变化，也就不足为奇了。

类似于唐玄宗游广寒宫的记录，在唐人笔记里还有很多，如《开元传信记》《异人录》《明皇杂录》《集异记》等许多书里均有记载，流传甚广，又将嫦娥奔月、吴刚伐树、玉兔捣药等传统的民间故事融入中秋之中，无形之中给中秋披上了件绮丽神秘、浪漫奇幻的外衣，当时的文人也没有落后，留下了许多关于中秋的传世之作，如李商隐的"嫦娥应悔偷灵药，碧海青天夜夜心"，张若虚的"春江潮水连海平，海上明月共潮生"，张九龄的"海上生明月，天涯共此时"。

可见，唐朝是将中秋与神话融合定型的阶段，使严肃的中秋充满了浪漫主义色彩。到了宋朝后，由于那是个休闲型社会，人们崇尚的是享受和玩乐，于是就把中秋节过成了一个全民狂欢的节日，使中秋真正平民化，亦开始有了烟火气，也是在宋朝，才正式确定八月十五为中秋节。

我们先来看一段宋朝中秋节的场景：

> 中秋节前，诸店皆卖新酒，重新结络门面彩楼花头，画竿醉仙锦旆。市人争饮，至午未间，家家无酒，拽下望子。
>
> 中秋夜，贵家结饰台榭，民间争占酒楼玩月，丝篁鼎沸。近内庭居民，夜深遥闻笙竽之声，宛若去外。闾里儿童，连宵嬉戏。夜市骈阗，至于通晓（注：语出《东京梦华录》）。

这段话说的是北宋时中秋节的场景。中秋前，五谷丰登，新谷收上来后就要酿新酒，在新酒开卖之前，酒家都要把门面装饰一番，再挂上横幅广告，以招徕顾客。去买新酒的人也很多，得抢着买，过了午后就没酒了，于是店家扯下酒旗，回家过节去了。

到了中秋的这天晚上，有钱人家会把亭台楼榭装饰一番，使之更有节日之氛围。民间百姓则争占酒楼临窗的位置，边饮酒边赏月。酒店内弦乐之声鼎沸，不绝于耳。附近的百姓家里，也能遥闻笙竽之声，隐隐约约的，仿如来自天外云间。街巷里的儿童也趁着这节日的氛围嬉闹，夜深了尚未回去，夜市在这天更是通宵不绝。

再来看一下南宋中秋节的情形：

> 此际金风荐爽，玉露生凉，丹桂香飘，银蟾光满，王孙公子，富家巨室，莫不登危楼，临轩玩月，或开广榭，玳筵罗列，琴瑟铿锵，酌酒高歌，以卜竟夕之欢。至如铺席之家，亦登小小月台，安排家宴，团子女，以酬佳节。虽陋巷贫窭之人，解衣市酒，勉强迎欢，不肯虚度。
>（注：语出《梦粱录》）

说是王孙公子、富豪人家无不登高楼赏月，或于高台之上，摆着一桌丰盛的菜肴，再邀乐队歌女助兴，对月高歌，方尽中秋之兴。至于那些商贾之家，也要叫来子女，安排家宴，于小小月台之上赏月饮酒，虽铺排的没王孙、富贵人家那么大，但一家团聚，也是其乐融融。那些贫困的家庭，也不肯虚度佳节，便是脱了衣服典当，也要买些酒菜来，与家人团聚。

当然，解衣市酒只是一个比喻，并不是说当时所有的贫困人家都去典当了衣服买酒菜，只能说在商品经济的发展之下，人们的消费观念也在随之变化，诚如我们现在说的"有钱没钱，回家过年"一样，节日是一定要过的，只是个中滋味，便唯有己知了。然而，对于我们中国人来说，还有什么比之家人团圆更重要的事呢？正所谓"清风明月本无价，近水远山皆有情"，享受当下珍惜眼前人，方才是普通人该做之事。

浙江还有放水灯的习俗，《武林旧事》载："此夕，浙江放'一点红'羊皮小水灯数十万盏，浮满水面，烂如繁星，有足观者。或谓此乃江神所喜，非徒事观美也。"

此外，拜月的习俗在宋朝依旧流行，《醉翁谈录》记录了宋人中秋拜月的情景，曰：

> 京师赏月之会，异于他郡。倾城人家子女，不以贫富，自能行至十二三，皆以成人之服服饰之。登楼，或于中庭焚香拜月，各有所期。男则愿早步蟾宫，高攀仙桂……女则澹伫妆饰，则愿貌似嫦娥，圆如皓月……旧传是夜月色明朗，则兔弄影而孕，生子必多。

古人有男不拜月，女不祭灶的说法，因此拜月多是女子和小孩。此时全城的小孩，无论贫富，从蹒跚学步的三岁孩童，到十二三岁即将成年的少年，都要穿上成人的衣服和服饰。登月拜月，所求者各不相同，男子则希望金榜题名，平步青云，女子则希望容貌若嫦娥一般美丽动人，已婚妇女求的是多生贵子。

宋朝业已出现月饼的雏形，说是雏形乃因北宋时期还没有"月饼"这个词，只有宫中流行吃一种叫"宫饼"的食物，民间称之为"小饼"或"月团"。苏轼应也是吃过这种宫饼的，因在《留别廉守》诗中有"小饼如嚼月，中有酥与饴"之句，后人常以此句谓之北宋已有月饼，实际上这与真正意义上的月饼相去尚远。为什么这么说呢？

众所周知，《东京梦华录》《梦粱录》《武林旧事》等著作，是目前我们了解南北两宋最直接的资料，如要作为补充的话，还有《醉翁谈录》《岁时广记》《西湖老人繁胜录》等，在这些史籍中，说到中秋的条目时，无一例外，都没提到中秋吃月饼的习俗。而《梦粱录》和《武林旧事》在熟食的条目中都有"月饼"字眼，跟包子、馒头这些四时皆有、随处可见的点心混在一起。

这肯定不是巧合，只能说明一点，宋朝有月饼，但跟中秋无关，宫廷在中秋时有吃宫饼的行为，但尚未在民间真正流行开来。换句话说，宋朝实际上还没有出现我们认为的真正意义上的月饼，我们现在认为的真正意义上的月饼要到明朝方才出现：

> 士庶家俱以是月造面饼相遗，大小不等，呼为月饼。（注：语出沈榜《宛署杂记》）

在明朝的时候，官民方才做这种圆形的饼，大小不等，称之为月饼。

过完中秋后很快就冬至了，古语云冬至大如年，在宋朝人眼里冬至与元旦、寒食等重要节日并无区别，非常重要，故又称"亚岁"，冬至前夜称为"冬除"，《岁时广记》云："冬至既号亚岁，俗人遂以冬至前之夜为冬除，大率多仿岁除故事而差略矣。"意思是说，冬至既然被称作亚岁，仅次于首岁春节，那么大家就认为冬至的前夜应该就是冬除，与除夕对应起来。从这段话中不难看出，宋朝人对冬至的重视程度。又有《东京梦华录》云：

> 十一月冬至。京师最重此节，虽至贫者，一年之间，积累假借，至此日更易产衣，备办饮食，享祀先祖。官放关扑，庆贺往来，一如年节。

说是京师里的人很重视冬至，辛苦了一年，在这一天一定要置办新衣，备好饮食，并祭祀先祖。同元旦一样，冬至的这一天官府也不再禁赌，人们往来庆贺，节日的气氛与春节无异。

到了南宋，人们同样重视冬至，在《梦粱录》里除了与《东京梦华录》有类似的记载外，还发现了一句我们熟悉的句子："官放公私就金三日。"看来南宋每逢大节，官府都会免去官家房舍的房租，虽说每个重要节庆日只免三天，但一年加起来也能省不少。况且元宵时节，官府有专门的预算，去给街头的百姓发钱，从老百姓生活的角度来看，南宋似乎要比北宋更为幸福一些。

当然，从另一个角度来看，南宋人应该会比北宋的人更为奢侈一些，特别是从我们今天的角度去看，南宋留给我们的可能就只剩"纸醉金迷""直把杭州作汴州"等诸如此类的印象了。但是，我们是站在历史的尘烟之上俯瞰、远观的，虽会更为立体、客观，然随立体、客观而来的则是冷静，越是冷静越没有温度，就像看影视剧一样，虽然也会被感动，但是彼此心里都清楚，那只是影视剧，与自己的生活无关。所以今天的我们谁也不能代表南宋百姓，谁也无法知道他们当时对生活环境的直观感受。

不过从史料记载来分析，南宋的百姓应该是幸福的，他们花钱似乎没有什么后顾之忧，花了就花了，《醉翁谈录》载："俗谚有'肥冬瘦年'之语，盖谓冬至人多馈遗，除夜则不然也。"这句话的意思是说，南宋吴地有句谚语叫肥冬瘦年，这是因为冬至的时候大家都把钱花得差不多了，以至于到了除夕经济上有些紧张。

我们来看一下南宋人过冬至的场景：

> 冬至，朝廷大朝会庆贺排当，并如元正仪，而都人最重一阳贺冬，车马皆华整鲜好，五鼓已填拥杂遝于九街。妇人小儿，服饰华炫，往来如云。岳祠城隍诸庙，炷香者尤盛。三日之内，店肆皆罢市，垂帘饮博，谓之"做节"。（注：语出《武林旧事》）

在冬至这天朝廷会举行祭祀仪式，其礼如春节。城里人最重视冬至，妇人小儿都穿着好看的新衣，车马都洗得干干净净，焕然一新，五更时分，天还没亮呢，街上就已经堵塞了。岳王庙、城隍庙的香火很旺，很多人一大早起来就会往寺庙烧香。三天之内，街上的店铺都不开门，大家都过节去了。

北宋时期冬至放七天假，南宋五天假，同春节一样，从"店肆皆罢市"之语可见，彼时的人们对待冬至真与春节无异。

冬至也有其专门的食品，叫做馄饨。此风俗沿袭于唐朝，《岁时杂记》载："北宋都城开封人家，有冬至吃馄饨之俗，故有'冬馄饨，年馎饦'之说。"同样，南宋在冬至也有吃馄饨的习俗，不过花样更多一些，"贵家求奇，一器凡十余色，谓之'百味馄饨'"（注：语出《武林旧事》）。一碗馄饨有十多种颜色，估计每种颜色味道也不一样，所以称之为百味馄饨，这纯粹是吃个新奇。

那么为何要在冬至日吃馄饨呢？《历义疏》给冬至的定义是：

> 太阴之气，上干于阳，太阳之气，下极于地，寒气已极，故曰
> 冬至。

用大白话说就是，冬至是阴阳之气交会之日，阴气未退，一阳甫生，犹如盘古开天辟地之前的混沌之状，所以《燕京岁时记》说："夫馄饨之形有如鸡卵，颇似天地浑沌之象，故于冬至日食之。"馄饨外形如鸡蛋，很像天地混沌之时，所以要在冬至日吃馄饨，有打破混沌、开辟鸿蒙之意，寄托了人们对未来生活的美好向往。

到了明清时期，过冬至的风气渐淡，只保留了吃馄饨的习俗，又不知从何时起，北方一带兴起了冬至吃饺子的风俗，及至今日，冬至对我们来说，不过是一个节令而已，再无节日之氛围。

最后来说说除夕吧。所谓过年，过的就是大年三十这一天，如是远方之游子，由于路途遥远，到家时已过了除夕，在除夕夜未能与家人坐在一起吃年夜饭，虽不能说这一趟就白跑了，但心中定然是有遗憾的。

古代也有春运，但规模远没有今天的这么大。原因有三，一是古代人口没有今天的多，二是受交通工具所限，要是想在七天假期之内回家过年不切实际，三是古代长期在外的一般只有两类人，一是客商，运的是南北之货物，常年都在旅游中，二是官员，要么在京为官，要么在外地任职，但即便是官员，除非是请了探亲假，不然的话想在过年七天假期之内回家过年的可能性也不大，以地方官为例，官署事务千头万绪，俗务缠身，岂是想走就能走得了的？恰如今天的我们，别看交通发达了，水陆空等出行的工具随便选，可又有几人能够实现来一场说走就走的旅游？京师的官员来自全国各地，大多也无法回家过年，现在的绿皮火车走几千里路，尚需几天几夜时间，彼时坐船或坐马车回家，恐是人未到家年已过完了。因此，每年除夕，皇帝都会和臣子一块儿过年，《东京梦华录》如是描写宫中的除夕夜：

> 至除日，禁中呈大傩仪，并用皇城亲事官。诸班直戴假画，绣画色

衣，执金枪龙旗。教坊使孟景初身品魁伟，贯全副金镀铜甲装将军。用镇殿将军二人，亦介胄，装门神。教坊南河炭丑恶魁肥，装判官。又装钟馗、小妹、土地、灶神之类，共千余人，自禁中驱祟出南薰门外转龙弯，谓之"埋祟"而罢。是夜禁中爆竹山呼，声闻于外。士庶之家，围炉团坐，达旦不寐，谓之"守岁"。

　　傩仪是一种祭神驱鬼的仪式，盛行于商周时期，是一项较为严肃的祭祀活动，从魏晋到唐宋，渐趋娱乐化，宋朝时期那些扮演钟馗、灶神之类的人，已非巫婆或道士了，乃用乐人替代，后世流传的傩舞、傩戏应是由此而来。

　　宫里举行傩仪的这天，还会调动城内的禁军，戴各式面具，穿各色彩衣，手执金枪龙旗，进行表演。教坊使孟景初身材魁梧，穿一副镀金的铜盔甲，扮作将军。又有禁军镇殿将军二人，也穿甲胄，扮作门神。教坊司的南河炭本身长得就丑，身子肥胖，因此他扮作判官。此外，还有扮作钟馗及其小妹、土地、灶神等众神的，共一千多人，从宫中随着锣鼓声出来，一路上灯火通明，烟火萦绕，浩浩荡荡地沿街而行。

　　苏轼有《荆州十首·其七》有"爆竹惊邻鬼，驱傩聚小儿"之句，单从傩仪的规模来看，的确十分热闹，又有"万户与千门，驱傩鼎沸"（注：此词句据《岁时广记》摘录，作者未知）之句，不难想象，当那一千多人从皇城内敲着锣鼓出来时，街上观看的人一定很多，人们摩肩接踵，攘攘熙熙，该是番怎样热闹的场景！

　　这支队伍从宫里出来后，出南薰门转向龙弯。龙弯的具体位置不得而知，但出南薰门后已到了东京外城，属于郊区了，玉津园也在南薰门一带。驱傩队伍在这儿就停了，叫做"埋祟"，意思是将邪祟从京师赶出来了，埋于此地，从此后，宫里宫外、家家户户，皆太太平平。

　　从宫里出来到南薰门外的这一段路很长，有几里地，埋祟后沿原路返回，宫里就开始放爆竹了，这爆竹一响，年味就来了，官员或百姓家，此时一家人围炉团团坐着，边吃东西边聊着天，至天亮方止，谓之"守岁"。

　　民间也有傩仪，只是规模要小一些，因此宫里举办的叫大傩仪，民间的叫小傩仪。不过虽是小傩仪，规模小些，但服饰却跟宫里是一样的，《岁时广记》载："傩虽古礼而近于戏，亦必朝服而临之者，无所不用其诚敬也。"意思是说，傩近乎于戏，既然是戏，那么民间举行小傩仪时，百姓穿朝服也就没有什么关系了。

同傩仪一样，燃爆竹也是除夕夜不可或缺的一部分，它不只是图个热闹，《该闻集》云"爆竹辟妖"，虽是源于古人之迷信，然中国之传统节日无非如此，样样习俗，不过图个吉祥平安，因此即便是正月初一出门，也要"先于庭前爆竹，以避山臊恶鬼"。

隋代杜公瞻说："俗人以为爆竹燃草起于庭燎。"意思是民间燃放爆竹或烧柴的习俗，都源自庭燎。

所谓庭燎，指的是在屋前烧火，这种习俗在今天的农村依旧可以看到，南方多竹，所以烧的多为竹子，竹子一燃，必会发出爆响，因此，袁文在《瓮牖闲评》里说："岁旦燎竹于庭。所谓燎竹者，爆竹也。"

这大体就是旺火驱鬼或爆竹驱邪的由来。这样的行为，如果硬是要细究的话，的确不可思议，几乎所有的传统习俗都是不可理喻的，但它经过几千年的传承、演变，已然深入国人之血脉，不去做这么一件事，似乎这个年就没过完整，那么毋庸置疑，它便是传统文化中不可或缺的一部分。

及至宋朝，由于在爆竹里加了火药，更接近于现代的炮仗，样式也多，有单响、双响、连响等，《武林旧事》如是介绍炮仗的种类：

> 至于爆仗，有为果子人物等类不一。而殿司所进屏风，外画钟馗捕
> 鬼之类。而内藏药线，一爇连百余不绝。

这是说到了南宋时期，炮仗已不再单一，有各种人物或植物形状的炮仗。而在宫里，花样就更多了，文中提到的"屏风"应指烟火架子，外面画了钟馗捕鬼的画，内藏导火线，这些导火线连接了很多个炮仗或烟火，点燃导火线后，响声不绝，声震如雷，火树银花，灿烂争艳。

鞭炮一响，年味骤浓，后来由于鞭炮本身所具有的热闹和喜庆氛围，人们虽不再相信燃爆竹驱鬼之说，但过年放鞭炮这个习俗却被保留了下来。

除了燃爆竹、庭燎之外，宋朝人还有在除夕燃皂角的习俗。除夕当晚，一家人聚于一处空房之内，门窗俱闭，点火烧皂角，不多久，屋内烟熏火燎，至大家都被熏出眼泪水来时，方才开门出去，说这可以辟疫气。

前文提到"冬馄饨，年馎饦"之说，宋朝人冬至吃馄饨，过年吃馎饦，馎饦

是一种面片汤，最早出现在《齐民要术》，其云：

> 挼如大指许，二寸一断，著水盆中浸。宜以手向盆旁挼使极薄，皆急火逐沸熟煮。非直光白可爱，亦自滑美殊常。

可以看出馎饦很薄，二寸一截，很短，煮时要用急火，看上去光白，口感理应是又滑又嫩。又有欧阳修云："汤饼，唐人谓之'不托'，今俗谓之馎饦矣。"可以说是一口馎饦下去，年味直上心头。

过年除了吃馎饦外，还有"消夜果子盒"，我们可以将它理解为果盘或装零食的食盘，专门为过年守岁时准备的食物。《梦粱录》载，盒内装的是"诸般细果、时果、蜜煎、糖煎及市食，如十般糖、澄沙团、韵果、蜜姜豉、皂儿糕、蜜酥、小螺酥、市糕、五色萁豆、炒槌栗、银杏等品"。零食很多，多以甜品为主。

过年时买一大堆吃的东西，放在桌前，以备守岁，这基本与我们现代相差无几，此外，宋朝人过年与我们做的相同的事还有：

> 士庶家不论大小家，俱洒扫门闾，去尘秽，净庭户，换门神，挂钟馗，钉桃符，贴春牌，祭祀祖宗。（注：语出《梦粱录》）

在除夕这一天，无论家小家大，富贵贫穷，都要里里外外打扫一番，去尘秽，净庭户，然后贴门神、挂春联，谓之除旧迎新，并祭祀祖宗，以祈在新的一年健康平安。

祝福家人健康平安，几乎是贯穿整个春节的主题，我借花献佛，在这里也祝阅读本书的读者诸君健康平安，最后，我以一阕范成大的《卖痴呆词》结束本书的内容，为何要以这阕词作为结语呢？列位看了便知，词云：

> 除夕更阑人不睡，厌禳钝滞迎新岁；
> 小儿呼叫走长街，云有痴呆召人买。
> 二物于人谁独无？就中吴侬仍有余；
> 巷南巷北卖不得，相逢大笑相揶揄。
> 栎翁块坐重帘下，独要买添令问价。

儿云翁买不须钱，奉赊痴呆千百年。

卖痴呆是宋朝南方吴中一带的除夕风俗，据传旧时苏州一带人们相互之间戏称呆子，时日一久，苏州几乎人人都被称之为呆子了，为此，在除夕这天深夜，大人们都忙着守岁迎新，小孩则跑出去玩了，他们成群结队在大街小巷喊，卖痴呆啦，有痴呆卖！谁来买我的痴，谁来买我的呆……

这两样东西谁没有呢？吴中地区不仅人人都有，且还有许多盈余的呢，所以从街南卖到街北，都没人要，这帮小孩重新聚在一起时，相互指着对方哈哈大笑。

这是一种游戏，也是一种习俗，反映的是一种期望，值此除旧迎新之际，人们不只希望"爆竹一声除旧"，更希望这些小孩能健康快乐地长大，他日成栋梁之材。于是乎就有老人来相问，这痴呆是如何卖的？小孩说，老人来买不用钱，奉赊千百年。这正是老一辈对小辈之寄望也。

《岁时杂记》有卖懵之条目，《武林旧事》也提到了卖懵，其实都是卖痴呆的风俗，以史料所载情况估计，此风俗应该不是吴中独有，至少在南宋杭州也有卖懵的风俗，《武林旧事》的原话是：

如饮屠苏、百事吉、胶牙饧、烧术、卖懵等事，率多东都之遗风焉。

从"率多东都之遗风"之句不难看出，北宋东京也有卖懵的风俗。

不过在我们今天看来，这个风俗颇有点小孩卖萌的意思，既有文化底蕴，又使除夕多了几分童趣。